근세 백년

# 중국문물유실사

근세 백년

# 중국문물유실사

장자성 편

박종일 옮김

인간사랑

「원명원 유물」, 퐁텐블로궁 소장

「건륭제 갑옷과 옥여의(玉如意)」, 프랑스 군사박물관 소장

「건륭황제 옥산(玉山) 황제친필 난정서」, 미국 미네아폴리스 워커아트센타 소장

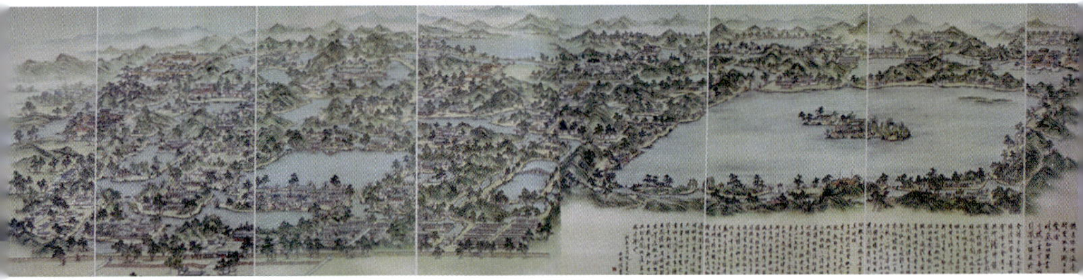

「원명원 전도」

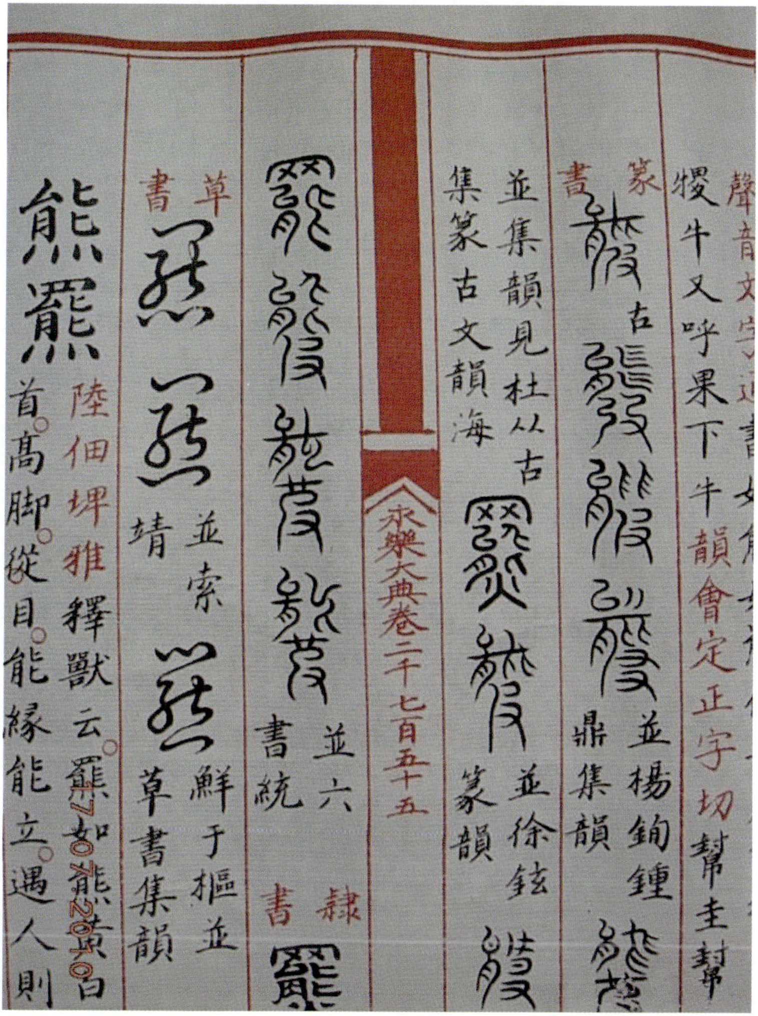

「영락대전」

「막고굴 벽화」

「막고굴 벽화」

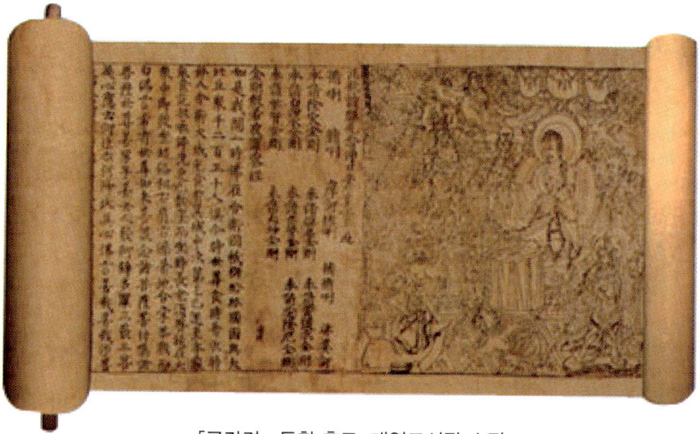

「금강경」, 돈황 출토, 대영도서관 소장

「돈황 벽화」, 하버드대학 포그 박물관 소장

「돈황 불번(佛幡)」, 대영박물관 소장 스타인 수집품

「인로불살(引路普薩)」, 비단 채색화, 막고굴 장경동, 대영박물관 소장

「막고굴 벽화」

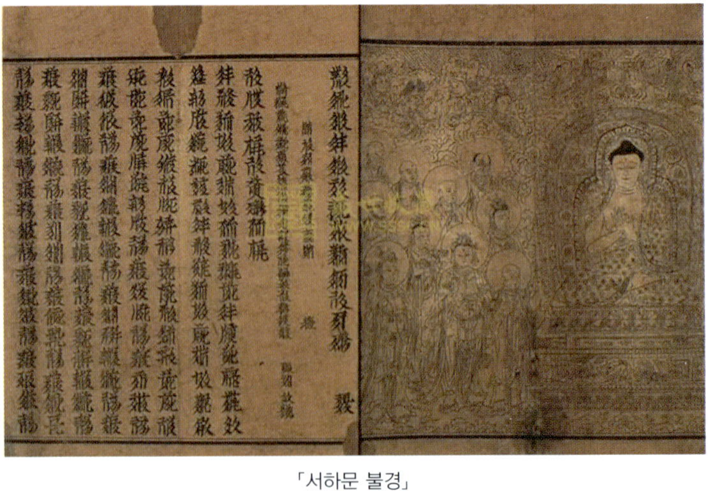

「서하문 불경」

「날개달린 천사 벽화」, 미란 출토

「모직물 조각」, 오렐 스타인 발굴, 누란 출토

「동국공주전잠종도(東國公主傳蠶種圖)」, 단단오일릭 출토(오렐스타인) 벽화, 대영박물관 소장

「부처와 비구」, 미란 불교사원 유적

「베제클릭 석굴 벽화」

「청동 상존(象尊)」, 프리어 미술관 소장

「청동 호식인유(虎食人卣)」, 일본 천옥(泉屋) 박물관 소장

「동진 시대 고개지(顧愷之)의 여사잠도(女史箴圖)」, 대영박물관 소장

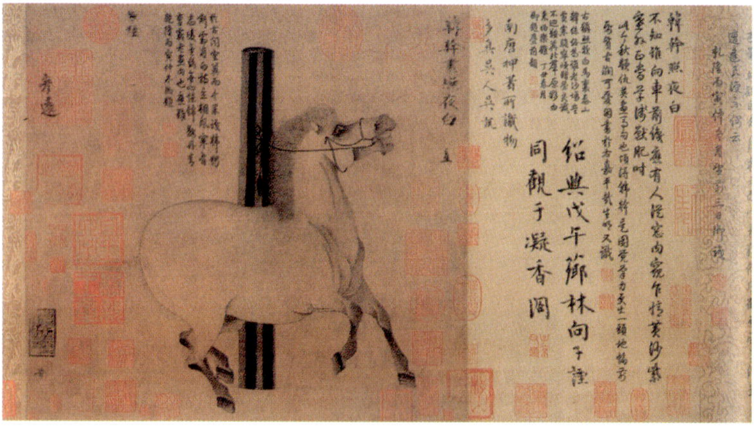

「당 시대 한간(韓干)의 조야백도(照夜白圖)」, 뉴욕 메트로폴리탄 미술관 소장

「동진 시대 고개지(顧愷之)의 낙신부도(洛神賦圖)」 부분, 대영박물관 소장

차례

## 3부 혼란 중의 유실 265

## 저자 서문을 대신하여

정흔삼(鄭欣淼)*

문물이란 무엇인가? 문물은 무엇을 말해줄 수 있는가? 몇 마디 말로써 이 질문에 명쾌한 답변을 내놓을 수는 없다. 그러나 한가지만은 분명하게 말할 수 있다. 문물은 역사와 문화의 담체(擔體)이며, 한 국가의 흥망성쇠와 영욕을 진실하게 기록하고 있으며, 한 민족의 문화적 축적의 결정체이자 대중의 정신적 추구의 집합이다. 문물은 물질로 표현된 역사이며 문명의 증빙이다. 중국은 세계에 널리 알려진 오래된 문명국가이다. 대량의 중국문물은 중화민족을 구성하는 56개 민족의 지혜의 결정체로서 다양한 지역의 문명 정수를 흡수하고 중화민족의 응집력, 구심력, 기개를 표현하고 있다.

그러나 아편전쟁 이후, 특히 20세기 전반기에 중국이 반(半)식민지 반(半)봉건사회로 전락하자 중화민족은 고난의 깊은 늪 속으로 빠져

* 중국 고궁박물관장

들었다. 국가주권과 민족의 존엄은 남김없이 상실되었고 제국주의 열강과 대소 군벌이 중국의 대지를 무력으로 짓밟았다. 이들은 혹은 무력을 동원하거나, 혹은 교묘한 속임수를 사용하거나, 혹은 불법적으로 도굴하거나, 여기에 더하여 학자의 탈을 쓴 거간꾼 또는 각양각색의 중개인으로 위장하여 중국의 문물을 훑어갔다. 이들은 관부와 결탁하고 내외의 모리배들과 손을 잡았다. 중국문화사에서 이름난 문물이라면 이들의 손길에 더럽혀지지 않은 것이 없었다. 이들은 가져갈 수 있는 것은 모조리 가져갔고 옮길 수 없는 것은 그냥 부숴 버렸다. 이들의 탐욕의 치열함이나 이들이 사용한 수법의 악랄함은 필설로 표현하기 어렵다. 이 시기의 중국은 세계 각국 문화 강도들이 몰려들어 멋대로 문물을 훔치거나 불법 도굴할 수 있는 천당이었다. 조상의 유산은 찢기고 흩어져 이국으로 흘러나갔다. 이 참담한 시기를 되돌아 볼 때 중국인이라면 분노를 느끼지 않을 수 없을 것이다. 지금 우리에게 남아있는 자랑스러운 문물들이 지나치게 저평가되고 있음을 생각한다면 7천년 문명사의 찬란함을 들먹일 수는 없다. 이국에 흩어진 중국문물의 수많은 정수를 생각할 때 가슴이 아프다면 중화문명의 장구함에 대해 자부심을 가질 수는 없다. 이 시기의 역사를 회고하지 않을 수 없다면 우리는 탄식에만 그칠 것이 아니라 무거운 책임감을 느껴야 할 것이다.

백 년 전, 19세기 말에서 20세기 초에 중국 문물이 유실된 중요한 네 가지 계기가 있었다. 첫째는 "영·불 연합군"이 "정원 중의 정원"이라 불리던 원명원에서 저지른 역사에 유례가 없는 야만적인 약탈과 방화, 둘째는 "8국 연합군"이 북경에서 자행한 황실 보물에 대한 약탈의 광풍이었다. 이 사건으로 누대에 걸쳐 축적된 나라의 귀중한 보물이 대량 유실되었는데, 연합군의 총사령관 폰 발더제(Alfred Graf von Waldersee)도 다음과 같이 인정했다. "이때 중국이 입은 약탈과 훼손의 상세한 숫자는 영원히 밝혀낼 수 없겠지만 막대했다는 점은 의심의 여지가 없다." 이 두 차례의 대규모 약탈을 통해 북경에서는 "원·명 이래로 축적된, 위로는 제도 관련 문물과 아래로는 나라의 진기한 보배에 이르기까지 깨끗이 사라졌다." 셋째는 스타인, 헤딘, 펠리오, 오타니 같은 부류들이 "문화 현지조사"와 "지리탐험"의 미명 아래 중국의 서북 지역에서 저지른 석굴과 벽화와 고대 문화유적에 대한 도굴이었다. 이들의 도굴 덕분에 현재 중국 국내에 남아있는 돈황 문서는 2만여 건에 불과한데 영국의 대영도서관에는 13,700여 건, 프랑스 파리 국립도서관에는 6천여 건, 러시아 레닌그라드 아시아민족연구소에는 12,000여 건, 영국 인도총독부 도서관에는 2천여 건, 일본 미츠이(三井)문고에 77건, 오타니(大谷)대학에 38건, 류코쿠(龍谷)대학에 7건이 소장되어 있다. 소재를 확인할 수 있는 문서만 하더라도 국내에 소장된 것보다 해외에 흩어진 것이 두 배가 넘을 뿐만 아니라 미국, 스웨덴, 오스트리아, 한국 등지에 흩어져있는 돈황 문물의 소장처와 수량은 확인조차 할 수가 없다. 넷째는 19세기에서 20세기로 접어들던 시기에 대량으로 유실된 갑골로, 백 년 전 발견된 날로부터 갑골은 참담한 재난을 입기 시작했다. 처음에는 약재로 팔리다가 세상 사람들이 가치를 알고 난 뒤로는 다시 세계 각국의 문물 중개상들이 각종 명목으로 찾아내 훑어갔다. 어떤 불완전한 통계에 의하면 안양 소둔에서 출토된 근 20만개의 갑골 편 가운데서 일본, 미국, 영국, 독일, 스웨덴, 스위스, 프랑스, 러시아, 벨기에로 흘러나간 것이 26,700여 편이라고 하며 그 중에서 일본의 소장량이 가장 많아 12,443편에 이른다고 한다.

1911년 신해혁명(辛亥革命) 이후 내우외환이 겹치는 가운데 전국 각지에서 도굴이 성행한데다 일본군의 약탈과 전화로 인한 훼손, 간상 모리배의 절취 등을 겪으며 중국의 문물은 썰물처럼 나라의 문턱을 넘어나갔다. 1922년, 마지막 황제 부의가 큰 상자 여섯 개에 1,200여 건의 서화 명품을 가득 넣고 자금성을 나갔으니 이는 "지켜야 할 자가 스스로 도둑질한 꼴"이었다. 부의가 갖고 나간 진기한 문물들은 그의 행적을 따라 북경, 천진, 장춘 등지를 22년이나 떠돌면서 도중에 팔아서 현금으로 바뀐 것도 있고 남은 것들은 최종적으로 장춘의 소백루에 보관되었다가 "만주국" 병사들에게 약탈되었다. 조사한 바에 따르면 1,200여 건의 궁정문물 가운데서 최상품 대부분이 나라 밖으로 유실되었다. 1928년 청 왕조 동릉(東陵)의 건륭황제와 자희태후(慈禧太后)의 능침을 군벌 손전영의 부대가 야만적으로 도굴할 때 부장된 진귀한 보배들은 씻은 듯이 사라졌고, 그 중 대부분이 손전영이 무기를 사들일 때 이국 타향으로 흩어졌으니 그 막대한 손실의 규모는 지금까지도 알아낼 방법이 없다. 이밖에도 일본군이 중국의 문물을 대규모로 약탈해갔다. 이 시기의 가장 유명한 문물약탈 사건은 북경원인 두개골의 실종이라 할 것이다. 아흔 고령인 중국과학원 고고학 전문가 가란파(賈蘭坡) 선생은 지금도 이 일을 잊지 못하여 인생의 황혼녘에 "계속해서 '북경인'을 찾자"는 운동을 시작했다. 존경스러운 이 노학자는 2, 3, 4호 "북경인" 두개골을 직접 발굴한 적이 있다. "인류로 하여금 자신의 과거를 진정으로 다시 인식하게 만든" 귀중한 문물은 지금은 어디까지 흘러갔을까?

신 중국 성립 이후 10년 동안 벌어진 "4대 구습타파" 운동의 광풍 속에서 우매무지한 자들에 손 안에서 얼마나 많은 문물이 버려지고 부서졌는지는 아무도 모르지만 우리 모두가 그 책임을 회피할 방법이 없거니와 지금도 일부 소수민족 불량배들이 고분 도굴, 문물 절도, 문화재 밀수를 벌이고 있다.

인류는 새로운 세기를 맞았다. 문명화된 인류라고 한다면 문명의 역사를 훼손하는 비극을 멈출 때가 되었다. 우리가 중국문물 유실이란 굴욕의 역사, 고통의 역사를 드러내는 까닭은 문명의 존엄을 지키고 아울러 인류 자신의 존엄을 지키고자 함이다. 과거를 망각함은 배반이다. 많은 독자들, 특히 청소년 독자들이 이 시기의 뼈아픈 역사를 이해할 수 있도록 편자는 각종 사료를 훑어가며 이 책을 썼다. 독자들이 해외에 흩어진 귀한 문물에 대해 관심을 갖고 문물을 불법적으로 취득하고 판매하는 행위를 야만적인 행위로 인식하게 될 때 편자의 충정과 희망은 충분한 보상을 받았다고 할 것이다.

# 1부
# 문명사에 유례가 없는 약탈극

대포소리와 함께 막이 열린 중국의 근대사는 재난과 굴욕으로 가득 찼다. 동서양 식민자들과 침략자들의 야만적인 학살과 약탈은 중국에 거대한 물질적 손실과 정신적 상처를 주었을 뿐만 아니라 역사문화 유산도 유례를 찾을 수 없는 훼손과 유실을 겪었다. 중국 문물의 정수가 집중되어 있던 북경이 그 피해 행렬의 선두에 있었던 것은 자연스러운 일이었다.

북경은 유구한 역사를 갖고 있다. "북경인"이 북경 역사의 서막을 열었다고 한다면 지금까지 그 역사는 70여만 년이 된다. 기원전 11세기에 주(周) 무왕(武王)이 소공(召公) 석(奭)을 봉한 때로부터 1949년 중화인민공화국이 성립되기까지 북경은 계(薊), 연(燕), 전연(前燕), 대연(大燕), 중연(中燕), 요(遼), 금(金), 원(元), 명(明), 대순(大順), 청(淸)과 중화민국(초기)의 도성이었다.

기나긴 역사 과정에서, 특히 원·명·청 이래로 역대의 통치자들은 모든 힘을 기울여 도성을 건설하고 북경에 많은 고문물을 모아들이고 진귀한 보배들을 쌓아놓았다. 그러나 이 모든 것들이 1860년의 영·불 연합군과 1900년의 "8국 연합군"이 북경을 점령한 동안에 파괴되고 약탈당했다. 수백 년을 내려오며 황실 궁정에 쌓여있던 귀한 문물들이 깨끗이 사라졌다.

# 1
# 완벽하게 파괴된 원명원

"어느 여름날, 두 명의 강도가 여름 궁전에 침입했다. 한 명이 물건을 깨끗이 쓸어 담는 동안 한 명은 불을 질렀다. 승리자들이란 원래부터가 강도로 변하기 마련이다. 승리자들은 여름 궁전의 보물을 모조리 훑어갔고 훔친 물건은 나눠가졌다."

프랑스의 저명한 작가 빅토르 위고가 말한 두 명의 강도란 영국과 프랑스를 가리키며, "여름 궁전"이란 바로 중국의 원명원(圓明園)이었다. 1860년 10월, 영·불 연합군이 저지른 야만적인 원명원 약탈과 방화는 인류문명사에서 가장 비참하고도 고통스러운 재난 가운데 하나이자 중국 근대문물의 대량유실의 서막을 연 사건이었다.

## 조경예술의 극치

원명원은 북경 서쪽 교외 해전구(海淀区) 북부에 있으며 청 황제의 별궁이었다. 1709년 청 강희제(康熙帝)는 명 귀족의 저택이었던 이 곳을 수리하여 넷째 황자 윤정(胤禛, 훗날의 옹정제雍正帝)에게 하사하면서 원명원이란 이름을 지어주었다. 그 후로 옹정, 건륭(乾隆), 가경(嘉慶), 도광(道光) 등 여러 황제가 150년 동안 사용하면서 지속적으로 수리하고 확충하여 규모가 웅대하고 경치가 수려한 별궁으로 만들었다. 옹정, 건륭, 가경, 도광, 함풍(咸豊) 등의 황제는 여름과 가을이면 더위를 피해 이곳으로 와 정무를 처리했다.

원명원은 원명원, 장춘원(長春園), 만춘원(萬春園)(동치제同治帝 이전에는 기춘원綺春園이라 불렀다) 등 세 정원으로 구성되어 원명삼원이라고 부르기도 했다. 그밖에도 주위에는 창춘원(暢春園), 청의원(淸漪園), 정의원(靜宜園), 희춘원(熙春園) 등의 부속 정원이 있었다. 원명삼원을 중심으로 한 이곳에는 동쪽 근춘원(近春園)에서 시작하여 서쪽으로 향산(香山) 일대에 이르기까지 중국 리수로 20여리에 걸쳐 여러 건축물이 늘어서 있었고, 전체 면적은 5천여 무(畝)로서 인공으로 구축한 웅대하고 수려한 대형 산수정원이었다. 강남의 이름난 몇몇 정원의 풍경을 그대로 옮겨왔을 뿐만 아니라 서양 조경건축의 특징을 창조적으로 이식하는 등 당시 알려진 국내외의 조경예술을 집대성하였다. 평지에 겹겹이 산을 쌓고 물을 끌어들여 그 속에 정교한 조경 건축을 짓고 나무와 꽃을 널리 심은 위에 구릉이 끊어지고 이어지기를 거듭하며, 굽어진 물가에 정자를 세우고 물 가운데 섬을 쌓고 다리로 잇는 등 광활한 공간을 크고 작은 백여 곳의 산수풍경으로 분할하였으며, 같은 풍광이 한 곳도 없었다. 경내의 수면은 원명삼원 전체 면적의 4/10, 대중소 수면의 돌아가는 물길은 서로 이어져 하나의 완전한 강과 호수의 수계를 형성했다. 또한 경내에는 크고 작은 흙산과 돌산이 250여 곳이 있어 물은 산을 따라 돌아가고 산은 물이 있어 더욱 그럴 듯하니 원명원 전체가 몽롱한 물안개 속의 강남 풍경을 재현하였다. 그래서 사람들은 원명원을 일컬어 "정원 중의 정원", "세계 정원의 극치"라고 불렀다.

원명원 내에는 빼어난 풍경이 40곳이 있어서 이를 "원명원 40경"이라 불렀고 풍경의 특색을 따라 다르게 불렀다.

장춘원은 건륭 10년(1745)에 짓기 시작하였고 관원총령(管園總領)이 정식으로 설치된 1751년 무렵에는 담회당(澹懷堂), 함경당(含經堂) 옥영롱관(玉玲瓏館), 사영재(思永齋), 해악개금(海嶽開襟), 득전각(得全閣), 유향저(流香渚), 법혜사(法慧寺), 보상사(寶相寺), 애산루(愛山樓), 전상범(轉湘帆), 총방사(叢芳榭) 등 중앙과 서쪽의 주요 경관이 기본적으로 완성되었다. 그 후 천원(蒨園)과 소유천원(小有天園)이 이어서 지어졌다. 그러나 장춘원의 동쪽 경관(영청재映清齋, 여원如園, 감원鑑園, 사자림獅子林)은 건륭 31년에서 37년 사이에 대규모로 증축된 것들이며 서양식 건물도 이때 함께 지어졌다. 장춘원의 전체 면적은 1천 무, 편액이 걸린 건물만 약 200곳이 되었다.

기춘원은 원래 이친왕(怡親王) 윤상(允祥)에게 하사된 저택으로서 대략 강희 말년에 짓기 시작하였고 후에 다시 대학사(大學士) 부항(傅恒)에게 하사되었다가 건륭 35년(1770)에 정식으로 황제의 정원으로 편입되면서 기춘원이란 이름이 붙어졌다. 그 후 기춘원의 북쪽에는 성친왕(成親王)에게 하사되었던 서상촌(西爽村)과 장경화순공주(莊敬和順公主)에게 하사되었던 함휘원(含暉園)이 대규모의 수리와 개축을 거쳐 편입되어 전체 면적이 1,000무로 늘어났고 청의 황제들이 거주하는 주요 정원의 하나가 되었다. 이 무렵이 원명삼원의 전성기였다. 가경제가 처음 "기춘원삼십경(綺春園三十景)"이란 시를 지은 후로 20여 곳의 경관이 지속적으로 증축되었는데, 당시 비교적 이름난 경관으로는 부춘당(敷春堂), 청하재(淸夏齋), 함추관(涵秋館) 등 30여 곳이 있었다. 편액이 걸린 건물만 100여 곳이 되었다. 기춘원의 궁문은 가경 14년(1809)에 세워졌는데 원명원 정문이나 장춘원 궁문보다 반세기 뒤에 세워졌기 때문에 "신궁문"이라 불렀고 지금까지도 그렇게 불리고 있다. 도광 초년부터 시작하여 기춘원 동쪽 부춘당 일대를 개축하여 황태후를 모셨는데 서쪽은 도광제와 함풍제 등 황제가 계속 사용했다.

원명원 조경의 주제는 물이었고, 그래서 강남의 뛰어난 경관을 직접 채용한 곳이 적지 않았다. 원명원 후호(後湖)에는 그 둘레를 따라 중국 전체의 강역을 지칭하는 "구주(九洲)"를 상징하는 9개의 작은 섬을 만들었다. 섬마다 조성된 작은 정원이나 경관은 각자 특성을 갖고 있으면서 다른 섬의 그것들과 어우러져 하나의 완전한 풍경을 만들어 냈다. 호수 북쪽 기슭의 상하천광은 악양루(岳陽樓)에 올라 동정호(洞庭湖)를 바라보는 경관을 연상케 했고 서쪽 기슭의 단단탕탕(壇壇蕩蕩)은 항주(杭州)의 화항관어(花港觀魚)와 흡사하여 속칭 금어지(金魚池)라 하였다. 원명원 북쪽의 수목명슬(水木明瑟)은 서양식 분수의 기법을 응용하여 물을 실내로 끌어들였고 물의 힘을 이용해 선풍기를 돌렸다. 건륭황제는 이곳에서 피서를 즐겼다. 장춘원 서호 가운데 있는 해악개금(海嶽開襟)은 백옥으로 만든 원형 기단 위에 3층의 정자를 지었는데 멀리서 바라보면 바닷가에서 신기루를 보는 듯 했다.

복해(福海) 가운데 있는 봉도요대(蓬島瑤臺)는 신화에 나오는 신선이 사는 봉래섬을 본따 만들었고 원래 이름은 봉래주(蓬萊洲)였다. 옹정황제는 원명원 동호(東湖) 가운데에 겹겹으로 큰 돌을 쌓아 크고 작은 섬 3개를 만들게 하였는데, 이는 전설에 나오는 봉래, 영주(瀛洲), 방장(方丈)이란 "삼선산(三仙山)"을 의미했고 섬 위에는 전각을 세웠다. 복해의 네 기슭에는 따로 경관을 조성하였다. 복해의 동서, 남북의 폭은 각기 500~600m, 주변의 작은 수면까지 합하면 전체 수면 면적이 35헥타르로 북경 북해공원의 면적과 비슷했다. 이곳은 수면이 넓고 경치가 수려하여 단옷날이면 대규모 용주(龍舟) 시합이 벌어졌다. 팔월 보름이면 황제가 이곳에서 관등놀이를 즐겼고 겨울에 얼음이 얼면 황제는 가마썰매를 탔다. 복해는 원명원에서 수상오락의 중심이었다.

원명원의 특징 중의 하나는 전국 각지, 특히 강남의 여러 명승 경관을 대량으로 모방하였다는 점이다. 건륭제 홍력(弘曆)은 6차례나 강남을 순시하였으며 서쪽으로는 오대산(五臺山)과 동쪽으로는 태산(泰山)을 순시하였고 열하(熱河), 성경(盛京), 반산(盤山) 등지를 돌아보았다. 그는 가는 곳마다 마음속에 꼽아두었던 명승지를 찾았다. 황제는 수행한 화원들에게 경치를 화폭에 담게 하였고 이를 모방하여 원명원을 지었다. 이렇게 황제가 가본 곳을 직접 모방하여 원명원 내에 지은 경관이 4~50곳이었다고 한다. 항주의 서호(西湖) 10경은 이름까지 그대로 원명원 내에 옮겨졌다.

원명원의 서봉(西峰)은 경치가 뛰어나 옹정과 건륭 두 황제는 칠월 칠석이면 이곳에서 잔치를 열었다. 이곳에서는 멀리 북경 서산이 바라보이고 강의 서쪽 기슭에는 우거진 소나무 숲 사이로 쏟아지는 폭포가 보였다. 좌석임류(坐石臨流)는 소흥(紹興) 회계산(會稽山) 자락에 있는 난정(蘭亭)을 모방하였는데, 옹정제 때에 지어졌고 속칭 유배정(流杯亭)이라 하였다. 원명원에 지은 난정은 기암괴석이 둘러섰고 여러 갈래의 격류가 흐르는 가운데 벽이 터진 겹처마 세 칸 정자가 서 있었다. 건륭 44년에 역대 유명 서예가들이 쓴 "난정서(蘭亭序)" 서첩 6건을 수집하고 여기에 대학사(大學士) 우민중(于敏中)과 건륭제 자신이 쓴 글씨를 더해 "난정팔주책(蘭亭八柱册)"을 만들었다. 건륭제는 이 정자를 팔각형으로 개축하면서 기둥을 돌로 바꾸고 기둥마다 서첩 글씨 한 폭씩을 새기게 하였는데 바로 이것이 유명한 원명원 난정팔주(蘭亭八柱)이다. 곽연대공(廓然大公)은 반산(盤山) 정기산장(靜寄山莊)의 운림석실(雲林石室)을 모방하여 겹겹이 돌로 쌓아 만들었는데 후에 가서 쌍학재(雙鶴齋)라고 불렀다. 가경제는 쌍학재를 찬양하는 시까지 남겼다. 무능춘색(武陵春色)은 도연명(陶淵明) 『도화원기(桃花園記)』의 예술적 정취를 모방하였는데 강희제 말년에 지어졌고 옹정제 때에 와서는 도화오(桃花塢)라 불렀다. 건륭제는 이곳에서 독서를 즐겼고 복숭아나무 만 그루가 심어져 있었다고 한다.

원명삼원 내의 전각, 누각, 정자, 관재(館齋) 등 각종 조경 건물의 면적은 도합 16만㎡, 자금성 전체의 건축면적보다 1만㎡가 더 넓었다. 원내의 건축은 역대 궁정 건축양식의 우수한 점을 섭취한데다 평면배치, 외관조형, 건물군의 조합에 있어서 궁정식 규범의 속박을 벗어나 다채롭고 창조적인 건축양식을 채택했을 뿐만 아니라 중국의 남방과 북방에서도 쉽게 찾아볼 수 없는 건축양식을 도입했다. 이러한 원명원 전체의 배치를 바탕으로 하면서 개별 구역에서는 그 지형에 어울리는 부분 배치를 고려해 각 부분 배치가 인근의 배치와 어우러지게 하였으므로 경관은 천태만상이면서도 자세히 들여다볼수록 자연스럽고 조화로운 전체미를 구현하였다. 프랑스 선교사 왕치성(王致誠, J. D. Attiret)은 다음과 같이 묘사한 적이 있다. "원명원의 건축은 형식의 변화가 비교적 많고 비슷한 모양이 없어 기존의 틀을 벗어났다. 원명원 내의 작은 궁전 하나라도 모두가 특이한 모형을 보고 모방한 듯하고 멋대로 배치한 듯하나 근처의 건물과 비슷한 것이 하나도 없다. 모두가 하나같이 흥미 있는 것들이어서 한번 훑어보고서는 경관의 묘미를 파악할 수 없다. 반드시 조금씩 자세히 살펴보아야 한다." 청의 황제들은 여러 가지 즐거움을 맛보기 위해 장춘원 북쪽에 서양식 조경 건축을 세웠는데, 속칭 "서양루"라고 하였다. 이곳은 해취원(諧趣園), 선법교(線法橋), 만화진(萬花陣), 양작롱(養雀籠), 방외관(方外觀), 해안당(海晏堂), 원영관(遠瀛觀), 대수법(大水法), 관수법(觀水法), 선법장(線法墻) 등 10개의 건축과 정원으로 구성되었다. 서양루는 건륭 12년(1747)에 계획을 세운 후 24년(1759)에 기본 골격이 완성되었다. 서양 선교사들-낭세녕(郎世寧, G. Castiglione), 장우인(蔣友仁, B. Michael), 왕치성-이 설계를 지도했고 중국의 장인들이 건설했다. 건축양식은 르네상스 후기의 바로크 양식을 따랐지만 정원 설계와 건축물의 장식에 있어서는 중국의 전통기법을 채용한 바가 적지 않았다.

서양루의 중심 개념은 당시 사람들이 "수법(水法)"이라 부른 인공 분수였다. 독특한 구조를 가진 대표적인 분수는 해기취(諧奇趣), 해안당, 대수법 세 곳으로 빼어난 경관을 갖추고 있었다.

해기취는 건륭 16년 가을에 완성되었고 서양원의 첫 번째 건축이었다. 해기취는 3층 건물, 누각의 남쪽에 대형 연못이 있었고 연못 안에 동으로 만든 학과 양, 서양 석어(石魚)가 입에서 물을 뿜어 올렸다. 누각의 좌우 양쪽으로는 굽은 회랑이 팔각 정자로 연결되어 있었는데 그곳에서 서양과 중국의 음악을 연주했다.

해안당은 서양루 안에서 가장 큰 궁전이었다. 주 건물의 정문은 서쪽을 향하고 계단 앞에는 큰 연못이 있었는데, 얼굴은 짐승이고 몸체는 사람인 동으로 만든 12지신상이 연못의 좌우로 팔(八)자 모양의 행렬을 이루고 있었다. 12지신상은 순서에 따라 매 시각마다 한 차례씩 물을 뿜어 올렸는데 정오에는 12지신이 한꺼번에 물을 뿜어 올렸다. 사람들은 이 12지신 분수시계를 "수력종(水力鐘)"이라 불렀다. 서양식 나체 조각상 대신에 12지신상을 채택한 설계는 동서양 결합의 걸작이라고 할 것이다.

대수법은 서양루에서 가장 웅장한 분수였다. 건축 기법은 감실(龕室) 식이었고 감실 안에 사자머리 석상이 있어 그곳으로부터 물이 흘러내릴 때 7층의 물막을 형성했다. 건물의 전면 아래쪽에는 타원형 국화모양의 분수 연못이 있었다. 연못 중앙에는 동으로 만든 매화록(梅花鹿) 한 마리가 머리 뿔에서 8줄기의 물줄기를 뿜어 올렸고 사슴의 양쪽으로는 사냥개 10마리가 사슴을 향해 입에서 물을 쏘아댔는데 그 장면을 속칭 "사냥개가 사슴을 쫓는다(獵狗逐鹿)"고 표현했다. 대수법의 앞쪽 좌우로는 거대한 네모꼴 13층 분수탑이 하나씩 세워져 있었고 탑의 꼭대기에서 물기둥이 솟아올랐다. 분수탑의 둘레에는 동 파이프가 88개씩 세워져 탑과 함께 물을 뿜어 올렸다. 황제는 맞은 편 관수법에 앉아 전체 분수가 가동되는 모양을 감상했다. 영국의 사신 매카트니(G. Macartney)와 네덜란드의 사신 티칭(Isaac Titsingh)은 이곳에서 분수를 "참관"한 적이 있었다. 전해오는 말에 따르면 모든 분수가 작동할 때는 산사태가 난 듯 물소리가 몇 리 밖에서도 들리고 분수 가까이 있는 사람들은 손짓 발짓으로 대화했다고 한다.

만화진은 유럽식 미궁을 본 따 만든 정원이었다. 만화진의 특징은 꽃무늬 벽돌을 넉 자 높이로 쌓아올려 만(萬)자 모양으로 만든 미로였고 그래서 정원의 이름도 "만화진"이었다. 원명원의 전성기에는 추석이 되면 황제가 정원 중앙의 정자에 앉아 있고 궁녀들이 노란색 비단

「서양루 대수법구역 복원도」

을 씌워 만든 연꽃등을 들고 미로에서 길을 찾는 놀이를 벌였다. 가장 먼저 지름길을 찾아내 황제가 있는 곳으로 달려온 궁녀에게는 상이 주어졌다. 만화진은 일명 황화진(黃花陣), 또는 황화등(黃花燈)이라고 불렀다. 입구에서 중앙의 정자까지는 직선거리로는 30여 미터밖에 되지 않았으나 막다른 길이 많아 빠져나가기가 쉽지 않았고, 황제는 높은 곳에 앉아 연등이 이리저리 길을 찾아 흘러 다니는 모양을 보면서 즐겼다.

서양루 구역의 면적은 원명삼원 전체 면적의 1/50에 지나지 않았으나 중국에서 처음으로 시도한 서양식 조경의 성공작이자 동서양 조경기술의 교류라는 의미를 갖고 있었다.

원명원이 이름 높았던 이유는 조경은 물론 상당히 풍부한 황실의 보물을 소장하고 있었기 때문이었다. 프랑스의 대작가 빅토르 위고는 다음과 같이 말한 적이 있다. "노트르담의 보물을 한 곳에 다 모아놓아도 방대하고 당당한 이곳 동방의 박물관과는 겨룰 수가 없다." 원명원의 각 전각에는 셀 수 없이 많은 자단목(紫檀木) 가구, 정교한 쇄문(碎紋)자기와 법랑 병과 잔, 금·은 실을 넣어 짠 비단과 카펫, 순금으로 도금한 프랑스 시계, 정교하고 아름다운 원명원 전경도, 보석으로 상감한 수렵도, 풍경과 인물이 살아 있는 듯한 벽화, 중국 각지의 최고급의 예술품과 유럽에서 건너온 특이한 장식품 등이 가득했다.

원명원에는 보기 힘들고도 역사적 가치가 풍부한 전적이 소장되어 있었다. 문원각(文源閣)은 황실의 4대 장서각 가운데 하나였고 건물의 조형은 영파(寧波)의 범(范)씨 집안 천일각(天一閣)을 본 따 지었다. 원명원의 여러 전각에는 『사고전서(四庫全書)』, 『고금도서집성(古今圖書集成)』, 『사고전서회요(四庫全書薈要)』 등 진귀한 도서문물이 소장되어 있었다. 『회요』는 필사본 2부만 만들어졌는데 한 부는 자금성에, 한 부는 장춘원 함경당의 동쪽 칸 "미유서실(味腴書室)"에 보관되어 있었다. 유명한 순화헌(淳化軒)은 오직 『순화각첩(淳化閣帖)』의 모사본만 보관하기 위해서 지어졌다.

원명원은 중국의 명예이자 자랑이었다. 그러나 비교할 수 없는 조경 걸작과 보기 힘든 예술품들은 침략자들의 약탈과 파괴의 목표물이 되었다. 그들은 원명원에 소장되어 있던 보물 전체를 깨끗이 쓸어갔을 뿐만 아니라 원명원 자체를 깡그리 불태워버렸다.

## 야만적인 약탈

1857년 12월, 영·불 침략자들은 제2차 아편전쟁을 일으켰다. 3년에 가까운 전투를 거쳐 1860년 10월에 영·불 연합군은 북경성 아래에 도착했다. 3년 동안의 전투에서 중국 군대와 인민의 저항에 부닥쳤던 영·불 연합군은 막대한 대가를 치러야 했다. 북경에 도착한 후 연합군은 중국정부에 "배상"을 요구했다. 그들의 눈길은 희대의 보물이 가득한 원명원을 향하고 있었다.

연합군은 원명원을 약탈하기 전에 다음과 같은 우스꽝스러운 포고문을 내다붙였다. "이 우주에서 제왕처럼 존귀한 인물일지라도 거짓과 속임수를 범했다면 마땅히 져야 할 책임과 형벌을 피할 수는 없다. 이에, 청 황제가 전에 한 말을 지키지 않고 화약을 위반한 점을 문책하기 위해 18일에 원명원을 불태우기로 결정하였다. 모든 위약 행위에는 인민은 관여하지 않았기 때문에 인민에게는 결코 위해를 가하지 않을 것이고 오직 청 황제와 그의 정부에게만 징벌을 가하지 않을 수 없다." 원명원을 방화 약탈하기 전에 침략자들 사이에서는 청 정부에게 어떻게 보복할 것인지를 두고 치열한 논쟁이 벌어졌다. "심사숙고한 끝에 원명원만 파괴하기로 결정했다. 이것이 청 문종(文宗) 본인만 처벌하고 인민에게는 영향을 주지 않는 유일한 방법이었다."* 다른 나라에서 생명과 재산을 약탈하기 전에 이처럼 거침없이 말한 경우란 역사에 유례가 드물다.

대규모의 방화가 있기 전에 야만적인 약탈이 먼저 행해졌다. 10월 8일, 영·불 연합군은 소수의 청군 호위병이 지키고 있던 원명원에 난입하여 약탈을 시작했다. 장교들에게는 약탈의 우선권이 주어졌다. 그들이 지나간 후 병사들에게 "자유롭게 약탈"해도 좋다는 명령이 내려졌다. 웅장한 황실 정원의 기세에 눌린 연합군 병사들은 찬탄을 금할 수 없었다. "거대한 미궁, 크고 작은 바위들로 만들어진 겹겹의 산, 그림 같은 풍경, 최고급 향남목(香楠木)으로 만들어진 방들을 상상해보라. 상하천광(上下天光) 앞으로는 호수와 연못들이 서로 맞물려 온통 푸른빛이다. 지붕은 누런 유리기와를 덮었고 몇 군데 공연장과 의상실에는 언제라도 공연을 할 수 있도록 배우들의 의상이 완벽하게 준비되

* C. S. Leavenworth, 『중국을 겨눈 화살』

어 있었다. 무대와 그 부대시설은 대부분 면적이 5무 내외였고, 주위의 여러 사당에는 이상한 신들이 모셔져 있다. 궁전 내부에는 중국 고대의 미술작품으로 가득 찼는데 아름답고도 극히 가치가 높은 것들이다. 멋진 나무들과 진기한 꽃들이 즐비하고 건물의 양식은 가지각색이다. 중국인들의 뛰어난 조경기술은 세계가 알아주었다. 모든 경관이 치밀하고 정교한 계획 아래 세워졌기 때문에 작은 언덕 하나, 작은 골짜기 하나가 모두 자연과 같다. 자단목 기둥 위에 얹힌 지붕들은 은은한 광채를 내뿜었다. 여기저기 널려있는 중국식 다리를 건널 때면 무어라 명확히 표현할 수 없고 상상할 수도 없는 가볍고도 모호한 정취를 느끼게 하였다."**

병사들은 명령을 받자 다투어 문을 박차고 들어갔다. 산처럼 쌓인 진기한 물건들이 눈앞에 펼쳐졌다. "방 한 칸마다 값을 알 수 없는 물건들이 가득했다. 어떤 것들은 중국산이었고 어떤 것들은 유럽에서 온 것들이었다. 모든 방의 홀에는 엄청나게 값진 병과 항아리들이 있었고 비단과 자수 작품으로 가득 찬 방도 있었다. 물건들이 어지럽게 흩어져 있었고 닥치는 대로 집어갔다. 가져가기에 무거운 것들은 그냥 부숴 버렸다."*** 병사들은 삼삼오오 떼를 지어 궁전, 방, 누각, 정자를 휘젓고 다니며 조금이라도 가치 있는 물건을 찾아다녔다. "누구도 어떤

---

** Henry B. Loch, *Personal Narrative of Occurances during Elgin's Second Embassy to China*.

*** D. F. Rennie, *The British Arms in North China and Japan, 1860*.

물건을 가져가야 할지 알지 못했다. 금붙이를 만나면 은은 버렸고 보석이나 보석이 상감된 물건을 만나면 금붙이는 버렸다. 이 사람은 경태람(景泰藍) 화병을 좋아했고, 저 사람은 수놓은 겉옷에 눈독을 들였고, 또 어떤 사람은 다가올 겨울을 생각해서 외투를 골랐다." 모두가 이 기회를 놓치지 않았다.

약탈자들은 가져갈 수 있는 물건은 모조리 가져갔고 가져갈 수 없는 것들은 찢거나 짓밟거나 부숴 버렸다. "부술 수 없는 물건들은 가능하면 훼손시켜 가치 없는 물건으로 만들어 버렸다." 약탈에 허용된 시간이 짧았기 때문에 물건들을 자세히 살펴볼 수가 없었다. 수많은 금붙이들을 황동으로 오인해 그냥 부쉈다. "그들은 닫힌 문을 열고 들어갈 때 문고리를 열고 빗장을 푸는 일이 번거로워 그냥 발로 걷어차 문을 열었다. 병사들은 들어가서 바로 탁자부터 뒤엎었다. 뒤집어진 서랍에서는 진기한 필사본 서적들이 쏟아져 나왔으나 병사들의 눈에 그것은 담배 피울 때 쓰는 불쏘시개일 뿐이었다. 몸을 돌리다 우연히 거울과 마주친 병사는 거울 속의 인물이 마음에 들지 않는다며 의자를 들어 거울을 깨버렸다. 어떤 병사는 벽에 걸린 그림 속의 신사가 자신을 비웃는다며 대검으로 화폭을 찢어버렸다. 아름다운 비너스 조각상의 얼굴에는 즉시로 수염이 그려져 인형 때리기 놀이의 표적이 되었다. 오랜 전투를 치른 병사들의 눈에 거슬리는 물건들은 그 자리에서 사격연습의 표적이 되었다. 그들은 재미로 물건을 부쉈다. 파괴를 즐기는 것은 인간의 천성이라서 제약을 가할수록 기회가 왔다하면 더 광포하게 부수게 되는 법이다."* 영국군의 한 장교조차도 병사들의 파괴행위에 대해 탄식했다. "약탈과 유린이 지나쳤지만 더 나쁜 것은 파괴였다."

원명원 방화 약탈에 참가했던 한 영국군 장교는 50년이 지난 후 쓴 회고록에서 당시 원명원에 들어가 약탈하던 상황을 상세하게 묘사했다.

"정원을 가로질러 가자 곧바로 대전이 나왔다. 대전 안에는 매우 큰 경태람 화병 하나만 남았고 나머지 물건은 모조리 사라지고 없었다. 오른 쪽에 있는 작은 방으로 들어가자 그곳에는 표지에 제목이 적힌 작은 책들이 가득했다. 나는 그 책들이 원명원 내의 소장품 목록이라고 생각했다."

"나는 또 특이한 모양의 화분 하나도 찾아냈다. 화분은 금으로 상감하였고 상감된 금과 금 사이에는 흰색 산호를 연마하여 글자를 새겼다. 화분에는 진흙이 차 있었고 진흙 속에는 약 한 척 높이의 황금 나무가 심어져 있었다. 나뭇가지에는 남색 과일이 달려 있었는데 그 씨는 붉은 옥이었다. 이밖에도 나는 최상급의 주단(綢緞) 수십 필을 주워 모을 수 있었다. 나는 약탈한 물건들을 7개의 광주리에 담았다. 광주리는 정문에 있는 위병소에서 가져왔고 위병소를 지키던 프랑스군 장교는 광주리를 운반할 중국인 일꾼(사실은 포로)까지 붙여주었다. 나는 정문 빗장 옆의 쇠고리에 묶여 있던 말에 올라타고 7명의 중국인들에게 나의 약탈물을 지고 앞에서 걸어가게 했다. 나는 말을 타고 총

---

* D. F. Rennie, *The British Arms in North China and Japan, 1860.*

을 든 채 뒤에서 그들을 호령하며 북경의 막사로 돌아왔다."

### 약탈 현장에서의 매매

원명원 안의 각 궁전의 무거운 문은 누구나 약탈할 수 있도록 활짝 열렸다. 영국군 사령관 그랜트(J. H. Grant)의 명령으로 원명원에 불을 지르기 전에 약탈물품은 모두 경매방식으로 판매되었다. 판매대금은 병사와 장교들에게 계급에 따라 상여금으로 지급되었다. 주단은 대부분 인도계 영국 병사들이 약탈했다. 병사들은 큰 수레를 동원해 물건을 날랐고 병영 안에다 좌판을 벌이고 방금 약탈한 장물을 팔았다. 처음에는 주단 한필에 2위안이었으나 머지않아 한 필에 10위안에서 20위안까지 올랐다. 좌판 위에 널린 황실용 비단은 종류가 다양했다. 얇은 것이 있는가 하면 두꺼운 것도 있었고, 흰색, 남색, 노란색, 보라색, 석청색, 고동색, 무늬가 있는 것, 무늬가 없는 것도 있었다. 모두가 값이 오를 때까지 기다렸다 팔았다. 병영 전체가 시장바닥이 되었다. 15야드 혹은 20야드의 비단을 8실링 4펜스면 살 수 있었다. 아내와 형제자매에게 주기 위해 다투어 비단을 사는 병사들 때문에 병영 안은 난장판이 벌어졌다.

"경매는 이틀 동안 계속되었다. 경매는 찾아온 모든 사람들에게 쾌락을 선사했다. 대체로 인간들이란 아무런 가치도 없는 물건을 두고 서로 경쟁하면서 터무니없이 높은 값을 지불한다. 너무 높은 값을 부르는 것을 보면 웃음을 참을 수 없다. 만약 그런 물건들을 공짜로 준다고 하면 가져가려는 사람은 거의 없을 것이다. 어떤 사람은 약탈 자체를 즐겼다. 그런 사람들은 그들이 지금 팔고 있는 물건을 획득할 수 있는 기회를 준 군대란 조직에 감격하고 있었다. 갈수록 기온이 내려가고 있었기 때문에 가죽 옷들이 매우 높은 가격에 팔려 나갔다. 두터운 옷가지들의 가격이 갑자기 올라갔다."*

대약탈을 겪은 후에도 원명원 담장 안에는 적지 않은 물품들이 남아 있었다. 영·불 연합군의 병사들 중에서 값나가는 물건을 찾으려고 몰래 빠져나와 돌아다니는 병사가 적지 않았다. "영국 사절 매카트니가 도광 황제를 알현하면서 예물로 바친 쌍두마차가 원명원 담장 바깥에 있는 작은 집에서 발견되었다. 마차는 한번도 사용된 적이 없는 상태였다. 청 황제는 가마나 스프링이 없는 중국 마차를 선호했음이 분명했다. 매카트니가 바친 또 다른 예물인 소총이 완전한 상태로 같은 장소에서 발견되었다. 천문관측 장비와 과학 기구들 사이에서는 총신이 두 개인 영국제 소총과 화약이 채워진 주석통이 발견되었다. 펀잡 출신 병사들로 구성된 제15부대는 많은 금괴를 발견했는데, 분배할 때 장교 한 명당 9천 파운드가 넘게 돌아갔다."

## 불타는 원명원

약탈과 파괴의 광풍이 지나간 후 장물 경매의 흔적을 지우기 위

* R. Swinhoe, *North China Campaign of 1860*.

해, "청 황제에게 엄중한 처벌을 내리고 보복의 흔적을 남기기 위해", "찬란한 피서 행궁을 남김없이 태워버리기로" 결정하였다. 영국의 수상 파머스톤은 원명원 소각을 승인하면서 "진정한 기쁨"을 표시했다.

대규모 방화는 두 차례로 나눠 실시되었다. 첫 번째 방화는 10월 6일에서 9일까지 실시되었고 주요 대상은 원명삼원이었다. 병사들은 명령에 따라 방화지점으로 달려갔다. 원명원의 대문을 들어서면 울창한 숲과 계곡이 펼쳐지고 곳곳에 건축물이 즐비하게 늘어서 산등성이까지 이어져 있었다. 명령이 내려지자 곧 숲 속에서 짙은 연기가 피어오르기 시작했다. 삽시간에 수십 곳에서 짙은 연기가 솟아올랐고 잇달아 큰 불기둥이 폭발하였다. 연기가 하늘을 가렸다. 역대의 문물을 소장한 궁전과 전각들이 모두 불길에 휩싸여 사라졌다. 직접 방화에 참가한 한 병사는 다음과 같이 말했다. "세상에서 유일무이한 건축물을 이제는 다시는 볼 수 없게 되었다. 인류는 이런 건물을 다시는 짓지 못할 것이다."

이와 동시에 한 무리의 기병대가 원명원 바깥의 건물에도 일제히 불을 질렀다. 정대광명(正大光明) 궁전 안에 있던 병사에게 마지막 명령이 내려졌다. 그곳에도 불을 지른 후 부대는 즉시 북경으로 귀환하라는 명령이었다. 정대광명전은 비교 대상을 찾기 어려운 걸작 건축이었다. 금박과 채색의 배치는 균형이 잘 잡혀 있으면서 품격이 두드러졌다. 목제 천정은 정교한 조각과 금박으로 뒤덮였고 새겨진 꽃무늬는 독특했다. 대전의 마루는 잘 연마된 대리석으로 덮였고, 대리석 판 하나하나는 정교하게 연결되어서 이음새를 알아 볼 수 없었다. "문 왼쪽

「원명원 서양루 폐허」(1879년 무렵의 모습)

벽 상단부에는 등거리 투영 방식으로 그린 피서행궁과 주변의 전각을 그린 거대한 그림 한 폭이 걸려 있었다. 이런 회화기법은 중국인들이 뛰어난 솜씨를 보이는 분야이다. 이 작품은 멋대로 붓질을 하여 쳐다보면 유치한 통상적인 풍경화와는 비할 바가 아니었다." 궁전 안의 보좌는 자단목으로 만들었다. 정교한 세공을 가한 보좌는 아름다운 꽃을 새긴 난간이 사면을 둘러싼 높은 대좌 위에 놓여 있었다. 보좌 곁의 병풍은 남색 비취와 공작 깃으로 장식하고 그 위에다 다시 홍보석과 벽옥을 붙였다. 방 안의 네 벽 쪽에는 조각과 상감이 정교하고 아름다운 탁자가, 탁자 위에는 여러 개의 벽옥 병, 자기 병, 각종 진기한 골동품이 놓여 있었다. 또한 대전 내에는 몇 개의 프랑스제 큰 시계가 있었다. "한 곳에서는 지난해에 반포한 황제의 칙령이 쌓여 있었고 중국의 경전들이 황제가 언제라도 찾아볼 수 있도록 잘 정리되어 있었다. 이 책들은 인쇄도 미려할 뿐만 아니라 책의 가장 자리에는 황제의 친필 서명이 있었다."

명령을 받은 몇 명의 병사가 즉시 불을 질렀다. "지붕이 화염에 쌓여 곧 무너져 내릴 것 같았다. 백 야드 밖에서도 불길이 내뿜는 열기를 느낄 수 있었다. 나무들이 튀는 소리와 함께 지붕이 내려앉았다. 궁전의 문이며 작은 건물들도 모두 불길 속에 무너져 내렸다. 세계에서 가장 아름답고 웅장한 궁전이라고 하는 원명원은 흔적도 없이 사라졌다."

방화에 직접 참여한 한 장교는 다음과 같은 기록을 남겼다. "돌을 깐 길을 따라 담장을 끼고 돌다가 담장이 꺾이는 지점에서 짙은 연기가 나의 얼굴 쪽으로 확 달려들었다. 맹렬한 화염이 연기를 뚫고 치솟았다. 불기둥은 나뭇가지보다도 몇 척이나 더 높이 솟아올랐다. 금칠을 한 대들보와 찬란한 유리기와가 모든 것을 집어삼킬 듯한 불길 속에 쏟아져 내렸다. 불타는 방들에는 진기한 골동품, 청대 이전의 경태람 자기, 상자마다 가득한 서적과 각종 조각, 건륭 시대에 외국 선교사들이 황제를 알현하는 장면을 그린 그림 등이 있었다. 극히 귀중한 물건들, 꽃무늬를 수놓은 장막, 금칠을 한 성스러운 불상들이 불길 속에서 사라져 갔다."

이 장면을 바라보면서 장교는 다음과 같이 기록했다. "건물 내에 모셔진 귀신들 상에 대해서는 아무런 동정심도 일지 않았지만 수백 년 전에 지어진 몇몇 건물들이 불길 속에 무너져 내리는 모습을 보면서 창조주의 작품을 훼손하는 듯한 느낌이 들었다. 이 건물들이 창조주가 만든 자연이란 작품 속에 남았다면 자연은 한층 더 사랑스럽고 아름다웠을 것이다."

두 번째 대규모 방화는 10월 18일과 19일에 있었다. 이때의 방화는 주로 향산, 옥천산(玉泉山)과 만수산(萬壽山) 등지의 전각이 대상이었다.

영·불 연합군의 폭행은 중국 인민의 분노를 불러일으켰을 뿐만 아니라 전 세계의 양식 있는 인사들로부터도 비난을 받았다. 1861년, 프랑스의 위대한 작가 위고는 친구에게 보내는 편지에서 다음과 같이 썼다. "프랑스 전체의 교회당이 소장한 문물을 한 곳에 모아도 동방의 이 거대하고도 아름다운 박물관과는 비교가 되지 않는다. 이곳에는 예술작품이 소장되어 있을 뿐만 아니라 풍부한 금은 제품도 소장되어 있었다. 진실로 빛나는 전공이여! 승리자 한 사람은 배낭에 가득 채웠고 다른 승리자도 이를 본받아 상자에 가득 채워 유럽으로 가져왔다. 두 승리자는 손을 맞잡고 의기양양하게 유럽으로 돌아왔다. 그러나 그들의 행적은 두 강도의 역사일 따름이다. 지금까지 우리 유럽인들은 이런 행위를 야만이라고 불러왔다. 역사의 심판정에서는 한 강도를 프랑스라고 부를 것이고 다른 강도를 영국이라고 부를 것이다."

이대교(李大釗)는 원명원 유적을 돌아보고 다음과 같은 시를 남겼다.

| | |
|---|---|
| 원명원은 두 차례나 약탈당했으니, | 圓明兩度昆明劫, |
| 옛 조상이 돌아오면 알아보지 못하리. | 鶴化千年未忍歸. |
| 슬픈 피리 소리 그치지 않고, | 一曲悲笳吹不盡, |
| 남은 재는 저녁노을 속에 날린다. | 殘灰猶共晚烟飛. |

## 원명원 유실문물을 찾아서

1860년 원명원 약탈과 방화 이후로 원명원의 옛 소장품과 보물들 중에서 현재 중국 내에 남아 있는 것은 많지 않고 진기한 문물들이 대량으로 해외로 흘러나갔다. 원명원 문물이 가장 많이 모여 있는 곳은 영국의 대영박물관과 프랑스의 퐁텐블로(Fontainebleau) 박물관이며 그밖에 미국, 일본, 서유럽의 각국 박물관과 개인 소장가도 원명원 문물을 소장하고 있다. 유실된 문물은 상(商)·주(周) 시대의 이름난 청동기, 역대의 도자기, 고대 명인의 서화작품, 청 황제의 옥새와 옥여의(玉如意), 시계, 금으로 만든 탑, 금으로 만든 종, 옥경(玉磬) 등 궁중 진설물, 청대의 자기·칠기·옥기·상아조각·법랑, 경태람, 산호·마노·호박·수정 등의 보석, 목조각 등 정교하고 아름다운 예술품이었다. 이 밖에도 외국 사절이 진상한 예물과 무수한 금은보석이 있다.

대영박물관은 18세기 중엽에 짓기 시작하여 1759년에 정식으로 개관하였다. 이 박물관의 동방미술관 소장품은 소량의 중앙아시아, 남아시아, 일본 문물을 제외하면 대부분이 중국 역대의 진기한 문물이며 수량은 2만여 건에 이른다!

광서(光緖)황제의 영어교사였던 장덕이(張德彝,1847-1918)는 청 정부의 영국, 이탈리아, 벨기에 주재 공사를 역임했다. 그는 1866년에 중국의 첫 번째 유럽시찰단의 일원으로 유럽을 둘러보고 귀국한 후 일기체의 여행기 『항해술기(航海述記)』를 썼다. 이 책의 내용에 따르면 그는 동치(同治) 5년(1866년) 4월 초4일에 영국 런던에 도착하였다. 어느 날 아침 성이 돌(突)씨라는 친구가 찾아와 인사를 나누고 함께 시내를 둘러보기로 약속하였다. 두 사람은 마차를 타고 10여 리를 가서 어느 곳에 이르렀는데 그곳 실내는 널찍하고 깨끗했다. 그곳 상품 진열대의 아래위로는 모두가 중국 원명원에서 잃어버린 물건들이 진열되어 있었다. "자세히 살펴보니 황제가 입던 용포와 담비 털 마고자, 황제의 조주(朝珠), 태후가 쓰던 조주와 보석 장신구, 골동품, 서화, 불상, 금계(金鷄)·중천마(中天馬)·은서(銀鼠)로 만든 옷 등 모두가 황실에서 쓰던 물건이었다."

1860년 원명원이 약탈된 후 영국군이 원명원에서 약탈한 문물의 일부는 빅토리아 여왕에게 바쳐졌고 일부는 경매를 통해 팔려나갔다. 여왕에게 바친 원명원 문물은 대영박물관에 보관되었는데 그중에는 중국의 국보급 문물이 다수 있다. 중국 고대 회화의 명품으로 평가받는 동진(東晋)시대 화가 고개지(顧愷之)의 작품 『여사잠도(女史箴圖)』가 이런 경로를 거쳐 런던 대영박물관에 소장되어 있다. 또한 화곤(和坤)이 원명원에서 훔쳐왔다가 훗날 재산을 몰수당할 때 원명원으로 돌아간 가로 3척, 세로 2척의 백옥마(白玉馬)도 영·불 연합군이 약탈해간 후 대영박물관에 소장되어 있다. 그밖에 대영박물관이 소장하고 있는 원명원 소장품으로는 상·주 시대의 유명한 청동기, 역대의 도자기, 옥여의, 시계, 금탑, 옥경 등 궁중 진설품이 있다. 또한 청대의 자기, 칠기, 옥기, 상아조각과 법랑, 경태람, 산호, 호박, 마노, 수정, 목조각 등 정교하고 아름다운 예술품이 있다.

현재 런던의 또 다른 박물관(빅토리아 박물관) 내에 소장된 원명원 예술품으로서는 유리 그림인 『만수산 아래에서 오랑캐를 접견하는 황제(皇帝在萬壽山下接見蠻人)』가 있는데, 그림 속 황제는 가경황제일 가능성이 높다. 유리그림 회화기법은 대략 18세기 중엽에 유럽으로부터 전래되었다. 이 기법에서 사용되는 기교와 물감은 중국 전통예술과는 완전히 다른데, 이 그림은 서양의 원근법을 적용하는 동시에 중국 회화의 정교하고 미세한 표현 기법도 함께 적용하고 있다. 이 그림은 낭세녕에게서 배운 중국인 제자가 그렸을 가능성이 높다.

프랑스 각지의 박물관에 흩어져 있는 원명원 문물은 숫자도 많고 작품의 수준도 높다. 청 말의 외교관 설복성(薛福成)이 쓴 『영·불·이·벨기에 4국 근무일기(出使英法意比四國日記)』에는 다음과 같은 구절이 있다. “광서 16년(1890년) 윤2월 30일, 아침 식사를 마친 후 파리 동방박물관을 참관하다.” 그는 중국 전시실에서 “원명원의 옥인(玉印) 두 개가 진열되고 있음을 발견했다. 하나는 ‘보합태화(保合太和)’라고 새겨진 사각 청옥 인장으로 큰 편이고, 다른 하나는 ‘원명원인(圓明園印)’이라고 새겨진 사각 백옥 인장으로 비교적 작은 편이었다.”

광서 30년(1904년), 변법운동의 영수 강유위(康有爲)는 유럽 11개국을 돌아본 후 『이탈리아 기행(意大利游記)』과 『프랑스 기행(法蘭西游記)』이란 유명한 저서를 내놓았다. 그는 파리를 여행하던 중 박물관에서 본 원명원 약탈 문물의 소장 상황을 상세히 기술하였다. “내무부(內務府)에서 쓰던 옥인(玉印)과 수정인(水晶印)이 무수히 진열된 것을 보고 신하된 자로서 차마 기록할 수가 없다”는 그의 글은 망국의 비애를 절절하게 표현하고 있다. “아! 원대한 포부를 가지고 매일 긴 상주문을 써 올렸는데…… 이 인장들을 바라보니 한 시대를 호령하며 세상에 누구도 견줄 수 없었던 존엄한 왕권이…… 어찌 백년도 가지 못하고 옥새가 여기까지 흘러나왔단 말인가. 옛날 북경에서 보았던 무수한 칙령에는 모두 이 인장이 찍혀 있었으나 그 실물은 보지 못했는데 어쩌다 오늘 여기서 쓰다듬게 되었는가!”

“국립 기메 박물관은 1879년에 문을 열었는데 이곳 역시 마음을 아프게 하는 곳이다. 내무부에서 관리하던 진기한 물건들이 이곳 진열장을 가득 채우고 있다. 세상 사람들이 보지 못했던 물건들이 백여 가지나 있다. 맑은 빛이 뿜어져 나오는 벽옥과 수석 덩어리는 크기가 5~6촌이다. 한 척 높이의 백옥 큰 병, 역시 한 척 높이의 백옥산(白玉山)에는 산봉우리와 누각과 인물들이 정교하게 조각되어 있다. 오색영롱한 옥쟁반, 옥벼루, 옥병풍, 옥경(玉磬), 옥나한은 흠잡을 데가 하나도 없고 대부분 글자가 새겨져 있다. 옥병은 전부 11개인데 크기는 다양하고 한결같이 화려하고 정교하다. 어떤 옥제품에는 기춘원 물건이란 글자가 새겨져 있고 아랫 부분에는 정교하게 용을 조각하였다. 옥으로 만든 양은 크기가 3촌 가량으로 매우 화려하고 정교하다. 여의 역시 백 여 개나 되는데 붉은 옥에다 푸른 옥 또는 백옥을 상감한 걸작이며 순백 옥도 있다. 모두 맑고 화려하다. 그밖에 수정 여의, 자기 여의도 맑고 정교하다. 동과 철로 만든 여의는 헤아릴 수 없을 정도로 많다. 새기거나 칠하거나 조각한 족자, 쟁반, 잔, 대접은 수없이 많고 모두가 뛰어난 보물이다."

"황제의 글씨가 들어간 자기가 유난히 많다. 황제가 쓴 6폭 '인심석옥(印心石屋)' 글씨, 금을 칠한 종이 위에 쓴『인심석옥도』3폭, 비빈의 책봉첩, 그 밖에 수정 또는 칠기 병과 쟁반, 무수한 인물상 등 모두가 누대에 걸쳐 쌓아온 중국의 정수인데 여기까지 흘러온 모습을 보니 가슴 아플 뿐!"

프랑스의 퐁텐블로 궁은 국왕 루이 6세 시기(1137년 무렵)에 처음 지어졌다. 1528년 이후로 역대 제왕들의 수리와 증축을 거쳐 화려하고 아름다운 지금의 모습을 갖추었다. 현존하는 건물은 13세기 생루이 시대의 성, 역대 여섯 국왕이 수축한 왕궁, 다섯 곳의 크기와 모양이 다른 정원, 네 시기를 대표하는 네 곳의 화원이다. 이곳 "푸른 샘"(퐁텐블로의 본래 의미) 주위 2,500헥타르 삼림은 예로부터 수렵과 피서로 이름난 곳이다.

퐁텐블로 궁의 중국관은 나폴레옹 3세가 왕비 으제니를 위해 지었다. 1860년 영·불 연합군이 원명원을 약탈한 후 중국원정군 사령관 몽토방(Cousin de Montauban) 장군이 원명원에서 약탈해 온 '전리품'을 나폴레옹 3세와 으제니 왕비에게 바쳤고, 왕비는 퐁텐블로궁 1층에 중국박물관을 꾸미고 '전리품'을 보관하기 시작했다.

중국관은 왕비 한 사람이 소장품을 감상하기에 편하도록 홀, 전시실, 테이블과 의자, 소파로 꾸며졌다. 1863년에 중국관을 진열한 후 1975년까지 변함없이 전시했다. 이후 1985년에 수리에 들어가 1991년에 공사가 끝나 다시 개방했다.

당시의 수리공사에서는 1865년에 작성된 중국관 소장품 목록이 있었기 때문에 전시실의 원래 모양을 그대로 유지하는데 문제가 없었다. 중국관 내의 배치는 홀, 테이블과 의자, 소파 등을 그대로 유지하고 다만 냉난방 시설만 추가했다. 제2제국 시기부터 천정에 걸려 있던 세 폭의 거대한 자수 작품을 이때 수선했고, 일부 전시품도 표구를 다시 하는 등 소규모 수선을 거쳤다.

건륭제 연간에 제작된 세 폭의 거대한 "자수 작품"은 천정 전체의 공간을 차지하고 있다. 세 폭의 도안은 자세히 살펴보면 미세한 차이가 있지만 불경에 나오는 삼세불과 그들의 제자인 18명의 나한 및 4

대 금강을 묘사하고 있다는 점에서는 차이가 없다. 도안의 내용으로 미루어 보면 이 세 폭의 거작은 원명원 내의 한 불당 또는 몇 곳 불당에 안치되어 있던 물건임이 분명하다. 이런 종류의 작품은 프랑스 내의 거의 모든 박물관에 한 두 점씩은 전시되고 있다. 퐁텐블로 궁 중국관 벽에는 삼국지 혹은 수호지에 나오는 얘기를 묘사한 자수 작품도 걸려있다.

중국관의 가장 눈에 잘 띄는 위치에 거대한 불탑 하나가 놓여 있는데 높이는 대략 2m로 자금성 고궁박물관에 현존하는 불탑과 기본적으로 같은 모양이다. 불탑은 청동에다 금을 도금하였고 각 층마다 녹보석으로 상감하였는데 건륭제 연간의 불탑에서는 흔히 볼수 없는 것이다. 사료를 살펴보면 장춘원 함

「원명원 유물」, 퐁텐블로궁 중국관 소장

경당의 불당 내에 이런 모양의 불탑 두 기가 안치되어 있었다는 기록이 나온다. 고궁박물관 혜요루(慧曜樓) 불당 내에 같은 모양의 불탑 하나가 있다.

금탑의 좌우에는 한 쌍의 용 조각이 놓여 있는데 고궁박물관과 피서산장 등의 황제 보좌 앞에 놓여 있는 청동용과 같은 모양임을 보면 이 용 조각 한 쌍은 원명원 정대광명전의 황제 보좌 앞에 놓였던 물건임이 분명하다.

금탑 앞에는 금도금한 편종 2편과 경태람 기린 하나가 있다. 두 편의 금편종은 원명원에만 있던 16편으로 된 금편종 가운데 2편이다. 안타깝게도 나머지 14편은 어디로 갔는지 알 수 없다.

경태람 기린은 체구가 둥글고 머리 부분은 살아있는 듯 생동감을 느끼게 하며 두 귀는 길고 사지는 짧아 전체적으로 매우 사랑스러운 모습이어서 으제니 왕비가 아꼈다고 한다. 이 기린은 중국관으로 오기 전에는 튈르리 궁의 으제니 왕비 침 실에 놓여 있었다.

중국관 천정에는 커다란 경태람 등(燈)이 걸려 있고 그 아래에는 짐승발 받침이 있는 커다란 경태람 사각 합(盒)이 놓여 있다. 여러 가지로 미루어 볼 때 이 합은 청안전(淸晏殿)에서 얼음과 과일을 담을 때 쓰던 그릇임이 분명하다. 중국관 내의 찬장에는 다섯 개 한 세트로 된 거대한 경태람이 놓여 있는데 이 정도 크기의 경태람은 현재 중국 내에서는 매우 드물다. 가운데 놓여 있는 것은 향로이고 양쪽에 대칭으로 촛대와 꽃병이 한 쌍씩 놓여 있다. 다섯 기물은 모두 고리형 도안을 갖고 있고 색깔은 각기 남색, 황록색, 비취색, 붉은 마노색, 밝은

「원명원 유물」, 퐁텐블로궁 중국관 소장

노란색이다.

중국관 내에는 유리로 만든 작은 찬장 몇 개가 있는데 그 안에는 원명원에서 약탈해 온 청동과 옥그릇 등 진기한 예술품이 있다. 기물을 진열한 위치를 보면 종류의 구분이 없고 공간의 크기와 기물의 용적에 따라 적당히 늘어놓았다. 이 예술품들을 종류별로 분류해보면 청동기, 옥기, 자기, 칠기, 금은제품, 법랑 등으로 나뉜다.

청동기 가운데는 주 왕조 시대에 향을 피우던 청동 정(鼎)을 모방한 기물이 있다. 이 정은 주조 솜씨가 정교하고 모양이 안정되어 있으며 소박한 장식이 달려 있다. 정의 몸체는 깊고 둥글며 입이 위를 향해 열려 있고 양쪽 대칭으로 귀가 달렸으며 몸체 상부에는 편평한 부조가 새겨져 있다. 두 모서리에는 용 도안이 있어 돌출적인 변화를 주고 몸체 전체에 도철문(饕餮紋)이 있다.

옥기로는 옥주전자, 옥주발, 옥정(鼎), 옥합, 옥필세(筆洗), 옥삽병(揷屛)이 있다. 이들 옥기는 훌륭한 재료를 골랐고 세공도 정교하여 옥기 중의 명품이라고 할만하다. 어떤 옥삽병에는 황제가 지은 시를 새겨 금을 칠해 놓았다. 어떤 옥필세와 옥합에는 회방서원(匯芳書院), 경운당(耕雲堂) 등 원명원 내의 경관 이름이 새겨져 있다. 옥필세 하나는 재료 자체가 매우 구하기 힘든 것인데다 세공도 정교한 최상품이다. 이 옥필세는 호박색을 띄고 있으며 전체 모양은 타원형이다. 윗도리를 벗은 남자 아이 넷이 필세의 언저리를 붙잡고 기어오르는 모양을 조각하였는데 아이들의 머리는 박박 깎았고 작은 눈은 장난기를 가득 머금고 있다. 통통한 몸에서 아이들의 생기발랄함이 드러나고 있다. 이 옥필세는 고궁박물관에 소장된 아이들이 놀이하는 모습을 새긴 붓걸이와 쌍을 이루는 문방구이다. 필시 원명원 내의 근정친현이나 함경당 같은 곳에 있던 황제의 서재에 놓였던 물건임이 분명하다. 그밖에 백옥 붓걸이 하나는 인물과 나무줄기, 흐르는 물이 생동감 있게 새겨져 만든 이의 깊은 뜻을 드러내고 있다.

자기류로서 중국관에 가장 많이 소장되어 있는 종류는 주발(碗), 항아리(罐), 주전자(壺), 접시(盤), 자기조각 등이다. 차유용이관(茶釉龍耳罐)은 조형미가 뛰어나고 유약의 색깔이 맑아 같은 종류의 자기 가운데서 일품이라고 할 수 있다. 청화대완(青花大碗)은 선이 부드럽고 몸체가 두터우며 밝고 맑은 소리를 낸다. 바닥은 둥글고 장식이 없고 도안은 밝은 부분도 있고 어두운 부분도 있다. 안쪽 벽은 나뭇가지 도안이고 바깥벽은 나뭇잎 도안이며 가지에 달린 과일은 비슷한 모양이나 나뭇가지는 각기 모양이 다르다. 나뭇잎 도안은 한층 더 정교하며 물결무늬가 외벽 전체를 감싸고 있다. 외벽 도안의 중심은 여섯 송이의 연꽃이며, 연잎을 배경으로 연꽃을 돋보이게 한다. 이 청화완이 성화(成化) 연간의 작품이라면 예술적 가치는 더욱 높겠지만 실물을 보지 않고는 단정할 수가 없다.

자기 가운데는 강희 연간의 오채대반(五彩大盤)이 두 점 있는데 중국관 내의 테이블 위에 놓여 있다. 두 점의 오채반은 비교적 크고 도안은 수호지 혹은 삼국지에 나오는 이야기에서 차용하고 있으며 인물, 말, 경치 등이 매우 생동적이고 도안의 배치도 특이하다. 이 두 점의 접시는 강희 연간의 일품임이 분명하다.

대부분의 자기는 강희오채와 건륭분채(粉彩)인데, 그 중 건륭 분채루공훈로(粉彩鏤空熏爐)가 특별히 눈을 끈다. 그밖에 천화호(千花壺)는 몸체에 각종 꽃이 그려져 있는데, 변화가 무궁하고 들쭉날쭉한 배열이 오히려 흥취를 돋운다. 매화, 국화, 연꽃, 모란 등의 도안이 몸체를 가득 덮고 있다. 여러 꽃들이 한데 모여 있지만 유약의 명암 덕분에 화려하지 않은 꽃이 하나도 없다. 중국관에는 여덟 신선 인물을 그린 자기조각도 있다.

칠기는 수량은 많지 않으나 모두 일품이다. 그중 붉은 칠을 한 합은 조각이 상당히 정교하다. 도안은 백자도(百子圖), 건축, 꽃과 나무, 바위 등인데 윤곽이 부드럽고 형상은 생동감이 넘친다. 매우 좁은 공간 안에 수많은 얘기를 담아내면서도 전체적인 배치는 조화를 이루고 있다. 백자도 중에서 아이들의 모습이 같은 것이 하나도 없다. 어떤 아이는 노래하고 춤추고, 어떤 아이는 술래잡기를 하고 있다. 이 칠합은 당시 장인들의 기술수준이 매우 높았음을 보여준다.

금은제품 중에서 가장 눈길을 끄는 것은 금관(金罐) 한 쌍과 금합(金盒)이다. 금관의 몸체는 여의화문(如意花紋)이 찬란한 빛을 뿜고 있다. 한 금관의 귀 한쪽은 떨어져 나가고 없다. 이 한 쌍의 금관과 금합은 당시 원명원 안의 장식이 얼마나 호화로웠는지 설명해준다. 어떤 자료에 의하면 이 금관과 금합은 군대가 나폴레옹 3세와 왕비에게 바친 것이 아니라 으제니 왕비가 다른 박물관에 진열되어 있는 것을 보고 탐을 내서 옮겨왔다고 한다. 그 자료에는 다음과 같이 기록하고 있다. "몇 가지는 여름궁전(원명원)에서 왔지만 중국원정군 사령관이 수집한 물품은 국왕이 가져온 것은 아니다. 그 중에서 한 쌍의 금관은 기법이 매우 뛰어나며 가치는 2만 5천 프랑 정도이다."

소형의 경태람 제품이 비교적 많은데 사발(盆), 병, 항아리 등이 있다. 그 중 한 쌍의 경태람에 그려진 도안은 분석에 따르면 낭세녕이 그린 미녀도라고 한다.

진주와 유리로 만든 장신구들은 테이블 위에 전시되어 있다. 그 중 큰 조주 한 줄에는 특별한 사연이 있다. 일반적으로 조주의 구슬은 108알인데 이 조주의 구슬은 154알이다. 몽토방 장군은 황제의 조주와 황태후의 조주를 합쳐 하나의 조주를 만들어 으제니 왕비에게 바쳤다. 그런데 왕비는 뜻밖에도 달가워하지 않았다. 왕비는 중국원정군 장교들이 주머니에 금은보화를 가득 채워 귀국했다는 소문을 들었기 때문에 자신에게 바쳐진 선물이 너무 적다고 생각했다. 몽토방 장군은 왕비에게 따로 마차 세 대 분량의 선물을 보내기로 결정했다. 으제니 왕비가 나폴레옹 3세에게 보낸 청 황제의 군도(軍刀)와 투구 등은 현재 프랑스 군사박물관에 전시되어 있다.

1973년 5월 중국의 저명한 문물감정가 사수청(史樹靑)이 중국출토문물 전시 대표단과 함께 프랑스에 도착했다. 5월 12일, 그는 파리 동남쪽 70km 지점에 있는 퐁텐블로 성을 관람하고 다음과 같이 묘사했다. "중국관 문 앞에는 석사자 두 마리가 있었다. 전시관이 소장하고 있는 중국문물은 천여 건, 그중에서 320건을 전시하고 있는데 모두가 원명원을 약탈하던 당시에 가져온 것이다." 그는 중국관 내에서 금칠한 긴 테이블, 그 위에 진열된 상·주 시대의 청동기와 명·청의 관요에서 생산한 자기들을 보았다. 중요한 자기 작품으로는 선덕(宣德) 요에서 생산한 청화대완(青花大碗), 강희·옹정·건륭 3대의 오채와 분채 병·관·화분 등, 명 경태람 향로·존(尊, 술단지)·곡(斛, 용기)·조등(弔燈, 매다는 등)이 있었다. 여의, 투구, 비단으로 만든 작품, 상아, 대형 코뿔소 뿔 한 쌍이 눈길을 끌었다. 그 밖에도 건륭황제의 장수를 기념하여 만든 『어제팔징모념지보기(御製八徵耄念之寶記)』 벽옥책이 있었다. 건륭황제가 쓴 무량수경 글씨를 수놓은 자수 작품은 벽이 모자라 천정까지 구부러져 걸려 있었다. 건륭 연간에 만들어진 대금탑과 소금탑은 모두 녹송석(綠松石)으로 상감하였다. 금탑 하나는 높이가 약 5척, 현재 북경 고궁박물관에 진열된 금탑과 완전히 같은 모양이다. 그밖에 비취, 마노, 산호, 수정, 문죽(文竹), 황양목(黃楊木), 상아, 칠기 등 공예품들이 있었다. 특히 눈을 끄는 것은 궁정에서 사용하는 맬 가마였다. 전하는 얘기에 따르면 이 약탈된 가마는 프랑스로 건너온 후 나폴레옹 3세의 왕비가 탄 적이 있다고 한다(그러나 박물관장은 태국 국왕이 이 맬 가마를 바쳤다고 설명했다).

프랑스 파리국립도서관이 소장하고 있는 원명원 문물은 다음과 같다. 중국의 궁정화가 심원(沈源)과 당대(唐岱)가 공동으로 그린 비단 채색화 『원명원사십경도(圓明園四十景圖)』, 이란태(伊蘭泰)가 만든 서양루 동판화 20폭, 『원명원국화미궁도(圓明園菊花迷宮圖)』, 낭세녕이 그린 건륭황제의 무공을 찬양하는 『게뎅-올라전투(格登鄂拉斫營)』 등이 그것이다.

파리 기메 박물관(Musée Guimet)이 소장하고 있는 원명원 예술품으로서 중요한 것은 다음과 같다. 낭세녕이 그린 『건륭초상』은 41세 때의 건륭을 그린 좌상이며 황제의 곁에는 두 명의 대신이 서 있다. 이 그림은 낭세녕이 중국 붓을 사용하여 그렸고 중국과 유럽 회화기법이 융합된 작품이다. 화가는 인물 얼굴의 음영을 아주 가볍게 표현하면서도 건륭황제의 내면을 잘 드러내고 있으며 황제 곁의 대신들도 위엄이 있다. "건륭백화자기병(乾隆百花磁器瓶)"은 조형미가 뛰어나고 병의 몸체에 그려진 각종 꽃 도안이 조형미를 더욱 돋보이게 한다. 전체적인 모양은 팽이 형상이다. 꽃 도안을 그리면서 사용한 대량의 법랑안료에 포함된 분홍색과 서양 안료는 다른 색채와 잘 어울리고 유화에 가까운 느낌을 주면서도 수채화의 느낌을 주는 매우 아름다운 건륭 시대의 빼어난 예술작품이라 할 수 있다.

프랑스 개인들이 소장하고 있는 원명원 문물도 적지 않다. 1860년 영·불 연합군이 원명원을 약탈한 후 프랑스군은 원명원의 진귀한 문물 일부를 왕실에 바쳤고 이것들은 박물관에 소장되었으나 대부분의 원명원 문물은 개인의 손에 들어갔다. 어떤 유물은 그 후 경매에 나와 팔렸으나 일부 유물은 지금까지도 개인의 수중에 있다.

미국의 여러 박물관도 수많은 원명원 문물을 소장하고 있다. 양계초(梁啓超)는 광서 19년(1893년) 5월에 뉴욕 박물관을 참관하면서 그곳에 "중국 궁전 내에서 사용되던 기물이 아주 많음"을 보고 놀랐다. 그는 그 문물의 대략 절반이 원명원에서 나온 것이며 나머지 절반은 미국이 8국 연합군에 참여했을 때 북경 자금성에서 약탈해간 것임을 알았다. 소장 예술품 중에서 함풍황제가 사용하던 회중시계는 러시아 황실이 보내온 선물이라고 한다. 이 시계는 "상감이 정교하기가 비할 데가 없다. 시계의 직경은 한 촌(寸)이 되지 않으며 껍데기에는 한 쌍의 나체 미녀가 어깨로 폭포를 받치고 있고, 폭포 아래에 새 두 마리가 목욕을 하고 있는 조각이 새겨져 있다. 시계바늘이 움직이면 폭포에 물안개가 휘날리니 기교의 정교함이 이를 데가 없다." 이밖에도 "옥조각, 금조각, 고금의 자기가 수백 건"이라 하였다.

클리블랜드 예술박물관이 소장하고 있는 원명원 예술품으로는 낭세녕이 그린 『건륭황제와 11 비빈상』이 있는데 그림 속 청년시절의 건륭황제는 용감하고 늠름하다. 건륭황제는 이 그림을 세 번 보았다고 한다. 첫 번째는 그림이 막 완성 되었을 때, 두 번째는 70세가 되던 해, 세 번째는 퇴위할 때였다.

뉴욕 메트로폴리탄 미술관에는 강희제의 옥여의가 소장되어 있다. 이 여의는 매우 진귀한 백옥석을 깎아 만들었고 크기가 18x5x2.38인치이며, 색깔은 흰색 가운데서 투명한 녹색이 뿜어 나온다. 손잡이 끄트머리에는 큰 글씨로 "어제(御製)"라고 새겨져 있다. 아래쪽의 명문은 다음과 같다. "삼가 바라건대 해마다 풍년이 들고 천하의 일이 모두 뜻대로 이루어지기를 바라며 신하 오경공(吳敬恭) 바침"이라 적혀 있다. 전시목록은 이 정교하고 아름다운 옥여의가 영·불 연합군에게 약탈된 후 파리의 경매장에서 구입한 것이라고 설명하고 있다.

미네아폴리스 워커아트센타에 소장된 원명원 예술품으로서는 건륭제의 대형 옥산이 있다. 이 옥산은 녹색을 띈 백옥석으로 만들었고 맑고 차가운 녹색 빛이 뿜어져 나온다. 높은 산봉우리와 깊은 계곡이 있고 산의 바위 아래는 정자와 집이 조각되었으며 집 앞에는 백합화가 둘러싼 연못을 조각하였다. 산꼭대기 절벽의 편평한 정상부에 건륭황제가 왕희지(王羲之) 글씨를 모사하여 쓴 『난정서』가 새겨져 있고 글씨는 붉은 색으로 칠했다. 이 작품은 건륭 49년(1784년)에 만들어졌다(설명은 원명원 관리처가 제공한 자료에 의함).

### 국보의 귀향

국내외에 널리 알려진 예술품의 보고 원명원을 영·불 연합군이 약탈 방화한 후 부지기수의 진귀한 문물이 세계 각처로 흘러나가 중국인의 마음속에 영원한 상처가 되었다. 원명원 문물이 약탈당한 후로 백여 년 동안의 추적에도 불구하고 대다수 원명원 문물은 얼굴을 드러내지 않았다.

2000년 4월, 홍콩의 크리스티와 소더비 두 경매상이 각기 4월 30일과 5월 2일에 1860년 영·불 연합군이 약탈해 간 원명원 문물을 경매한다는 소식이 들려왔다. 이 소식을 접한 후 중국 사회각계에는 큰 파문이 일었다. 모두 국보의 향방에 관심을 쏟았다.

국가문물국은 즉각적으로 두 경매사에 원명원 문물의 경매 중단을 요구하는 공한을 보냈다. 문물국은 경매사가 내놓은 네 가지 국보는 "전쟁 기간에 약탈당한 문물"임을 강력하게 지적했다. 현대 국제법 원칙에 따르면, 전쟁으로 인해 약탈 또는 유실된 문물은 마땅히 원래 있던 곳으로 돌아가야 하며 시한은 없다. 중국정부는 1996년에 『국제

통일사법협회 문물반환에 관한 협정』에 서명하면서 중국은 역사상 불법으로 약탈당한 문물을 추적하여 찾아올 권리를 갖는다고 선언했다.

두 경매사는 중국정부의 항의에도 불구하고 예정대로 경매를 진행했다. 중국인들은 중국인의 민족적 자존심을 무시하는 약탈물의 경매에 항의하는 시위를 벌였다. 홍콩시민들의 항의의 열기가 가장 높았다. 이 문물은 굴욕적인 중국역사의 증거이며 경매사의 행위는 중국인의 자존심을 상하게 하는 것이라는 여론이 홍콩시민들 사이에 퍼져나갔다. 시민들은 여러 가지 항의 활동을 통해 홍콩특구 당국에게 경매를 중지시키고 사법절차를 통해 관련 문물을 회수하라고 요구했다.

4월 30일, 경매는 시작되었고 세계 각처에서 지켜보았다. 오후가 되자 원숭이 머리 동상과 소머리 동상이 경매장에 모습을 드러냈다. 원숭이 머리의 경매 시작가는 200만 홍콩달러였다. 경매장 내의 경쟁이 열기를 더해가는 가운데 상고머리의 한 남자 고객이 많은 사람의 눈길을 끌었다. 그는 진열대에 오른 원숭이 머리 동상을 거듭 살펴보면서 계속해서 호가를 높여갔다. 그는 호가를 부를 때마다 20만 또는 30만 달러씩 높였고 그의 호기가 현장을 압도했다. 나중에 밝혀진 바이지만 그는 북경의 보리(保利)그룹이란 회사를 대표한 역소호(易蘇昊)란 사람이었다. 응찰가를 부르는 소리가 여기저기서 터져 나왔고 경매 진행자는 영어와 중국어 두 개 언어로 통역하느라 바빴다. 호가가 400만 홍콩달러를 넘어가자 역소호와 회색 정장을 입은 여자 고객 한 사람만 남았다. 이 여자 고객은 신분을 드러내지 않는 매수희망자와 전화통화를 하면서 희망 가격을 제시했다. 끝까지 남은 두 사람은 팽팽

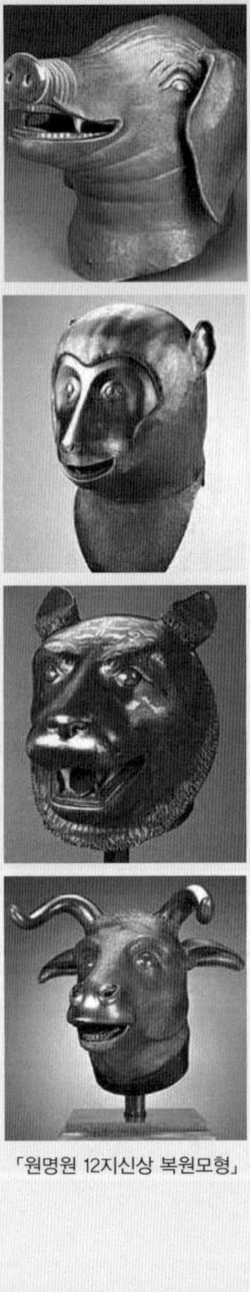
「원명원 12지신상 복원모형」

하게 맞섰다. 25번 째의 호가를 부르는 차례에서 역소호가 740만 홍콩달러(중개수수료를 포함하면 818만 홍콩달러)를 제시하자 상대방은 손을 들고 말았다. 3분이라는 짧은 시간 안에 원숭이 머리 동상의 가격은 개시가보다 4배 가량 올랐다.

얼마 후 소머리 동상도 200만 달러부터 경매에 들어갔다. 이번의 경매는 전황이 바뀌었다. 역소호와 "신비의 고객"만 가격을 제시하고 더 높은 가격으로 반격을 거듭하는 가운데 나머지 고객들은 관전만 하고 있었다. 1분 이내에 21차례의 호가가 나왔다. 최종적으로 보리그룹이 700만 홍콩달러로 이겼다. 경매가 끝난 후 역소호는 이렇게 말했다. 경매에 참여한 이유는 이 두 문물이 중국인의 민족적 정서와 연결되었고 중국인들에게 지난날의 상처를 상기하게 해주기 때문이며, 국보가 밖으로 흘러나가지 않도록 하기 위해서였다.

크리스티 경매사가 중국정부의 경고와 중국인들의 항의를 무시하고 두 건의 경매를 진행한 후 5월 2일에는 소더비 경매사가 두 건의 원명원 문물 경매를 시작했다. 하나는 호랑이 머리 동상이었고 다른 하나는 건륭묘분채루조육각병(乾隆描粉彩鏤雕六角甁)이었다. 결과는 마찬가지로 북경에서 온 고객이 손에 넣었다. 앞선 경매에서 각계의 중국인들이 반드시 손에 넣겠다는 정서를 보여준 만큼 나중의 경매는 전 세계인의 주목을 받았다. 보리그룹은 두 번째의 경매에서는 가격이 훨씬 더 올라갈 것으로 예상하고 있었지만 중도 포기는 고려하지 않았다. "돈의 문제가 아니라 중국의 존엄에 관한 문제였기 때문이다."

오후 2시 20분, 육각병에 대한 경매가 시작되었다. 개시 가격은 420만 홍콩달러였다. 참가자들은 두 사람을 주목했다. 한 사람은 북경어를 쓰는 중년 남자, 다른 한 사람은 외부와 전화 통화를 계속하면서 영어를 쓰는 외국인이었는데, 호가는 한 번 부를 때마다 50만 달러씩 올라갔다. 6분 만에 1,900만 홍콩달러(중개수수료를 포함하면 2,100만 달러)에 낙찰되었고, 최종 매입자는 북경시 문물공사를 대표한 유암(劉岩)이었다. 그는 북경시 인민정부의 지지가 있어서 국보를 가지고 돌아갈 수 있게 되었다고 말했다.

호랑이 머리 동상의 경매 개시가는 300만 홍콩달러, 7~8분 동안에 세 사람이 37차례 호가를 냈다. 최종적으로 1,400만 홍콩달러(중개수수료 포함 1,544만 홍콩달러)에 낙찰되었는데, 매입자는 보리그룹의 역소호였다.

경매가 끝난 후 역소호는 다음과 같이 말했다. "경매에 나온 문물들은 반드시 매입해 우리의 후손들에게 넘겨주어야 한다, 후손들에게 나라의 치욕을 잊지 않게 해야 한다." 또한 그는 단호하게 말했다. "우리가 찾아가지 않으면 누가 찾아갈 것인가!"

## 2
# 황실 보물의 약탈

1900년은 20세기가 시작되는 첫해였지만 심각한 재난에 빠져 있던 중국은 새로운 세기의 서광이 아니라 더욱 무거운 고통을 맞이했다.

1900년 한 해 동안에 당시 국제무대에서 최강국인 8개국(영국, 미국, 독일, 프랑스, 러시아, 일본, 이탈리아, 오스트리아)이 자국 교민과 공사관을 보호하고 의화단 토벌을 돕는다는 명분을 내세워 연합군을 구성하여 중국에 출병했다. 그들은 우세한 무력을 마음껏 휘둘러 중국의 병사와 인민을 살해하였다. 북경에 진입한 후에는 대규모 약탈을 자행했는데, 지속된 시간과 미친 범위, 약탈에 참가한 인원수, 약탈물을 처분한 수법의 다양성으로 볼 때 세계사에서 유례를 찾기 어렵다.

대규모 약탈은 북경이 함락된 1900년 8월 15일에 시작되어 1901년 9월 신축조약(辛丑條約)이 체결되면서 8국 연합군이 철수할 때까지 1년을 넘게 지속되었다. 8국 연합군 총사령관인 독일인 발더제는 후에 다음과 같이 인정했다. 북경을 점령한 후 8국 연합군의 약탈 활동은 북경성이 함락된 날부터 시작되었고 "최소한 8일 동안 지속되었다."

그 후에도 연합군은 의화단을 찾아낸다는 명분으로 계속 주머니를 채우거나 반은 공적이고 반은 사적인 약탈을 계속했다. 먼저 도착한 병사가 걷어서 막 떠나고 나면 뒤따라온 부대가 약탈을 계속했다. 뒤에 온 부대는 "늦게 온 손해를 보충하기 위해" 체계적으로 약탈했다. 연합군은 점령지역 분할을 완료한 후 각자의 점령지역 안에서 각종 약탈행위를 계속했다. 이 일에 관해, 제국주의 열강의 하수인이었지만 비교적 공정했던 모스(H. B. Morse)*는 다음과 같이 말했다. "외국 군대의 북경 약탈은 난폭하기는 했지만 체계적이었다. 그들은 처음에는 북경성 내 아무 곳에나 흩어져 마음 내키는 대로 약탈했다. 그 후로는 분대 단위로 치안을 담당하도록 지정된 지역 내에서 약탈을 진행했다." 8국 연합군은 북경에서 철수하기 직전까지 각종 약탈활동을 멈추지 않았다. 이들의 약탈활동은 황궁인 자금성에서부터 시작하여 북·중·남해와 이화원(頤和園), 천단(天壇)과 지단(地壇), 능침, 관공서, 왕공귀족들의 저택, 심지어 민간의 주택과 상점에까지 미쳤다.

## 자금성(紫禁城) 약탈

자금성은 1421년(명 영락 19년)에 완공된 후 1900년까지 480년의 역사를 갖고 있었다. 이곳은 명·청 두 왕조에 걸쳐 역대 제왕들이 정무를 처리하고 생활하던 공간이었다. 성내의 건물 총 면적은 약 9,000

---

* 모스는 청 정부가 초빙한 세관직원이었다(1874-1908). 중국의 정치와 경제에 관한 여러 권의 학술저서를 남겼다. 대표작은 *The International Relations of Chinese Empire*(3 Vols.)(1910-1918년 출판)이다[역주].

여 칸, 크게 보아 남과 북으로 구역을 나눌 수 있다. 남반부에는 태화전(太和殿), 중화전(中和殿), 보화전(保和殿)으로 구성되어 있으며 이를 전삼전(前三殿)이라 부른다. 전삼전 좌우로는 각기 문화전(文華殿)과 무영전(武英殿)이 있다. 남반부는 국가적인 의식이 치러지는 장소로서 외조(外朝)라고 불렀다. 북반부에는 건청궁(乾清宮), 교태궁(交泰宮), 곤녕궁(坤寧宮)으로 구성되어 있으며 이를 후삼궁(後三宮)이라 부른다. 후삼궁 좌우로는 대칭으로 동·서 육궁이 배치되어 있다. 북반부는 황제와 황후, 비빈들이 거주하는 장소로서 내정(內庭)이라 불렀다. 궁내에는 전 왕조 때부터 내려온 희귀문물과 고전적 금·옥·비취 등 예술품이 산적해 있어서 그 가치를 따지기가 어려웠다.

황궁이라고 하는 신비감과 그 안에 있는 값을 알 수 없는 보물 때문에 자금성은 약탈자들의 표적이 되었다. 북경성이 함락된 후 영국·프랑스·일본·러시아 등의 군대는 황성을 차지하기 위해 몇 차례 충돌을 빚었다. 황궁을 빨리 약탈하고 싶어 했던 침략군대의 심정을 『경자년공사관포위기(庚子使館被圍記)』**보다 잘 드러낸 책은 없을 것이다. 이 책은 프랑스 군대가 황성에 도착했을 때 "즉시 황궁으로 쳐들어가 마음대로 들고 나오지 못해" 불만에 쌓여 있는 상황을 기록하고 있다. 지휘관이 황궁 진입을 허락하는 명령을 내리지 않자 부대가 소동을 일으키기 시작했다. "병사들이 원망하며 으르렁거렸다." 심지어 어떤

** 저자는 영국의 신문기자 Bertram L. Simpson, 영문 제목은 *Indiscreet Letters from Peking*[역주].

「자금성에 진입하는 8국연합군」

병사는 이렇게 소리 질렀다. "상금도 없고, 이 나라에서 재물도 약탈할 수 없다면 왜 이 덥고 먼지 나는 계절에 우리들을 이곳까지 끌고 와 이 고생을 시키는가?" 황궁을 약탈하고 싶은 욕심은 각 나라 군대에게 모두 있었고 뒤에 도착한 군대일수록 몫이 적어질까 조바심이 더했다. 그 중에서 이탈리아 군대는 북경에 도착하자마자 공사관 직원들을 앞세워 황궁으로 달려갔다. "허둥대며 달려가는" 그들의 "눈에는 불이 켜진 듯 했다." 그들은 가는 길에 계속하여 물었다. "미국인과 프랑스인들이 먼저 도착한 거 아냐? 궁궐이 이미 다 털린 것 아냐? 궁전을 불 지른 것 아냐?" 그들은 늦게 도착하였고, "요소마다 이미 군대가 점거하고 있다"는 소식을 듣자 "당황해서 걸음걸이가 더욱 빨라졌다."

황궁 점령을 둘러싸고 벌어진 충돌과 모순 때문에 각국 군대는 서로 타협점을 찾지 않을 수 없었다. 가장 먼저 황궁에 진입한 미국과 러시아 군대가 황궁 수비를 맡고 각 군은 임의대로 황궁을 드나들지 않기로 약정했다. 이렇게 하여 자금성은 무분별한 약탈은 면하게 되었지만 그렇다고 해서 절도와 파괴행위까지 막을 수는 없었다.

러시아군 2개 중대가 명을 받아 자금성에 진주한 초기에는 다른 나라 군대의 장교들은 러시아군 장교의 동행 하에 황궁을 참관할 수 있었다. 자금성 참관은 곧 각국 군대 장교들에 대한 최고의 특혜이자 유행이 되었고 사실상 "황궁 절도"의 대명사이기도 했다. 『경자년 공사관 포위기』의 저자 영국인 퍼트넘 윌(Putnam Weale)*은 러시아 관원의 안내를 받아 자금성에 들어가 "유람"한 적이 있었다. 일행 중 한 사람이 마음에 드는 물건을 골라 모았으나 자루를 준비하지 않아서 "유람"을 마치고 궁문을 나설 때 "의복의 주머니란 주머니가 모두 불룩하게 솟아 있는" 모양을 그는 직접 목격하였다. 다른 나라의 "유람객"이 이러하다면 자금성을 지키는 러시아군과 그 장교들은 결코 작은 혜택

* B. Simpson의 필명[역주].

을 보지는 않았을 것이다. 심지어 러시아군 최고 지휘관인 알렉세예프와 리니에비치가 "참관"할 때는 많은 수행원들이 찌는 더위에도 불구하고 외투와 망토를 걸쳤다. 그들은 기회가 닿는 대로 물건을 훔쳤을 뿐만 아니라 크고 헐렁한 외투를 여러 가지 물건으로 채워 부풀게 했다. 두 장군이 자희태후의 거실을 아직 나서지도 않은 상태에서, 실내에 놓여있던 수십 개의 황금과 보석 예술품이 보관된 궤짝이 "깨끗이 비워졌다." 8월 31일, 러시아군이 철수했을 때 궁내의 절도 행위의 피해가 이미 심각한 수준이었다. 러시아군에 이어 독일군과 일본군이 자금성을 경비했지만 이들 군대의 절도 행위도 러시아군보다 더하면 더했지 결코 덜하지 않았다. "독일인들이 내전의 창고를 열고 보물을 옮겨갔을" 뿐만 아니라 각국 군대 장교들의 "참관"도 갈수록 빈번해지고 물건을 훔치는 솜씨도 발전했다. 1900년 겨울, 『평등각필기(平等閣筆記)』의 저자 적보현(狄葆賢)이 목격한 바에 따르면 궁내는 이미 "반이 넘게 없어졌고" 귀중품은 "훔쳐가고 남은 게 없었다."

### 삼해의 액운

삼해(三海), 즉 남해, 중해, 북해도 함께 액운을 만났다. 중해와 북해는 금(金) 왕조와 원(元) 왕조 시기에 조성되었고 남해는 명초에 조성되었다. 청대에 이르러서는 삼해를 합하여 서해자(西海子)라고 불렀다. 삼해도 역대 제왕의 어원(御園)이었기 때문에 웅장한 건물과 각종 보화, 서화작품이 가득한 방들이 즐비하게 늘어선 곳이었다.

당시 사람의 기록에 의하면 "명 왕조가 남긴 중요한 기물과 보물이 원래는 모두 궁 안에 있었으나 고종이 수시로 삼해로 행차하면서 아끼고 좋아하는 물건을 삼해 여러 곳으로 옮겨왔고 이 왕조에 들어와 모은 물건들이 대부분 이곳에 있다. 미술, 서화, 비문 탁본, 금석문이 셀 수 없을 정도다."

8국 연합군이 북경에 진입한 후 삼해를 분할 점령하였다. "북해 북원랑(北園廊) 일대는 프랑스군이 점거하고 그 동북쪽은 영국군이 점거했다. 중해 자광각(紫光閣) 등 서남쪽 일대는 독일군이 점거했다. 의란전(儀鸞殿)은 일본군이 점거했다." 러시아군도 남해와 중해의 일부를 점거했다. 남해의 동남쪽 구석에 있는 영대(瀛臺)는 광서제가 유폐되었던 곳인데 이곳은 영국군과 프랑스군이 공동으로 점거했다. 각국 군대가 나누어 점거했기 때문에 공개적인 약탈을 하기에는 불편했으므로 몰래 훔치는 방식이 주로 동원되었다. 절도 행위에 참여했던 퍼트넘은 다음과 같은 기록을 남겼다. 영·불 양국 군대가 점거하고 있던 영대에서는 양국의 병사들이 서로 "감시"했지만 밤이 되어도 궁궐 담장의 각 문에는 경비병을 세우지 않았다. 어둠이 내리면 그들은 담장을 넘었다. 어둠 속에서 불도 밝히지 않은 채 각종 진귀한 보물들을 모조리 챙겼고 큰 물건은 둘러매고 나오거나, 외투 주머니에 넣어 나오거나, 자루에 담아 나왔다. 이렇게 들고 나온 물건들은 다른 곳으로 옮겨 팔았다. 장물은 모두가 백년 또는 2백 년 전에 만들어진 것이었고 빼어난 작품이 아닌 것이 없었다. 매우 값진 보석으로 만든 코담배 병도 있었고, 서양 선교사들이 처음 북경에 왔을 때 예물로 전한 루이 15세 시대의 다이아몬드와 홍보석이 상감된 허리띠 죔쇠도 있었고, 당 시대의 화가 한황(韓滉)이 그린 『오우도권(五牛圖卷)』도 있었다. 다행스럽게도, 한황의 이 명화는 회풍은행(匯豊銀行)의 매판 오형손(吳衡孫)에게 팔려갔다가 신 중국 성립 후에 주은래 총리의 지시로 인민폐 6만원을 주고 홍콩에서 사왔다. 이 그림은 현재 북경 고궁박물관에 소장되어 있다.

몇 달이 지난 후 『평등각필기』의 저자 적보현은 삼해에 와서 영대를 살펴볼 때에 문물이 "깨끗이 사라지고 남은 게 없음"을 발견했다. "자광각 내의 서적은 바닥에 어지럽게 흩어져 있었고" 영대 구내에는 도처에 부서진 자기와 유리, 가구 등의 부스러기가 쌓여 있었다. 적보현은 90명의 인원을 동원해 10일 동안 정리한 후에야 거주할 만한 방 몇 칸을 겨우 만들어 낼 수 있었다.

## 재난을 면하지 못한 이화원

이화원(頤和園)은 북경 서북쪽 교외에 위치하고 있으며 자금성으로부터의 거리는 15km이다. 이화원은 금 정원(貞元) 원년(1153년)에 건설하기 시작했고 금 해능왕(海陵王) 완안량(完顔亮)의 행궁이었다. 명 왕조에 들어와서 이곳을 개축하여 호산원(好山園)이라 하였다. 청 건륭제 때에 다시 확장하면서 이름을 청의원(淸漪園)으로 바꾸었다. 1860년 영·불 연합군의 방화로 소실되었다. 청 광서 14년(1888년)에 자희태후(慈禧太后)가 해군 경비를 전용하여 다시 지으면서 이화원이란 이름을 붙였다. 태후는 이곳을 피서와 오락의 목적으로 지었다. 이

화원은 만수산(萬壽山)과 곤명호(昆明湖)를 중심으로 구성되었다. 면적은 290헥타르, 각종 형식의 궁전과 정원 건축이 3천여 칸이다. 전국의 역대 진귀 문물과 전적, 서화, 금은보화의 정수를 모아들여 소장하였고, 대부분이 각지에서 자희태후에게 진상한 공물이었다.

8월 19일 새벽, 러시아군의 이린스타인 중령은 제15연대의 5중대, 8중대, 기타 기병중대를 이끌고 이화원으로 달려가 일본군보다 먼저 그곳을 점거했다. 그의 부대는 10월 2일에 철수했다. 10월 30일, 영국군의 버라드 소령은 영국·이탈리아 연합군을 이끌고 러시아군이 떠난 이화원을 점거했다. 그의 부대는 다음 해 8월 27일에 철수할 때까지 이화원에 주둔했다. 러시아, 영국, 이탈리아 군대는 이화원 내의 건축물을 대량으로 파괴했을 뿐만 아니라 이화원이 소장하고 있던 진기한 보물들을 모조리 약탈해갔다. 『경자시감(更子詩鑑)』의 기록에 따르면, 러시아군은 항상 녹색의 큰 수레에다 "노략질한 물건들을 가득 싣고 이화원에서 북경으로 들어갔다. 소규모의 기병이 호송했다. 자갈길이 평탄치 않아 수레에 실은 물건이 자주 떨어져 부서졌으나 러시아 병사는 수습할 시간이 없어 던져버리고 갔다. 수레가 지나간 자리에는 진기한 자기와 정교한 옥공예품의 부서진 조각이 널려 있었다." 영국과 이탈리아 연합군이 진주하기 전에 이화원 내의 진기한 물품은 대부분 사라지고 없었다. 그런 중에도 아직 남아 있던 물건들은 그들이 약탈해갔다. 불향각(佛香閣) 아래 배운전(排雲殿) 내의 각종 보물로 가득찬 진열장 수십 개가 깨끗하게 비워졌다. "참관"한다며 찾아온 "각국의 관람객들이 기념품이라며 다투어 한두 개씩 집어갔다. 심지어 벽에 풀로 붙인 서화와 조각된 창문틀까지도 뜯어갔으니 이 역시 나라가 찢겨나가는 모습과 같다."

8국 연합군의 자금성, 삼해, 이화원에 대한 약탈로 얼마나 많은 문물이 없어졌는지 그 상세한 숫자를 알 방법이 없다. 청 궁정 기록은 부분적인 피해를 밝히고 있을 뿐 지극히 불완전하다. 청 황실 내무부(內務府)의 보고서는 약탈의 피해를 다음과 같이 기록하고 있다. 황실에서만 전해오던 전적『장백용흥기념(長白龍興紀念)』4책,『역성도상(歷聖圖像)』4축(軸),『역성한묵진적(歷聖翰墨眞迹)』31책,『옥첩(玉牒)』초고 76책,『목종실록(穆宗實錄)』74책, 황제의 글씨 8책, 자희태후 초상 1점,『병야을람(丙夜乙覽)』135책, 만주 비갈(碑碣) 6책, 역대 황제의 황후 비빈 초상 120축. 그 밖의 도서류로서는『영수감고(寧壽鑑古)』18책,『황화일람(皇華一覽)』4책,『발역섬멸실록(發逆殲滅實錄)』48책, 그리고 궁 밖에서는 보기 어려운 각종 고판본 도서 20종과 함께 내무부 보고서에는 없어진 보물류로서는 2,000여 건을 기록하고 있는데, 벽옥 덩어리 24개, 사고(四庫)장서 47,506권, 금시계 2개, 이정규(李廷珪)* 먹 1상자, 옥 말 1필,『발역새인(發逆璽印)』1권, 임봉상(林鳳翔)**과 홍선교(洪宣嬌)***의 치아 한 갑 등이다. 이홍장과 영록의 상주문에 따르면, 황실 사료관에 보관되어 있던 호유은인(虎紐銀印) 34개가 "모조리 없어졌고" 만·몽·한어로 작성된 실록 51상자 등

---

* 남당(南唐)(서기 937-975) 사람. 이정규 부자가 만든 먹은 견고하기가 옥과 같고 무늬가 물소 모양이며 송대 이후로 천하제일로 쳤다[역주].

합계 235권의 전적이 없어졌다. 탈루가 많은 이 기록은 황궁과 황제의 정원 내에서 벌어진 약탈의 전모와는 거리가 멀고 약탈물의 가치는 따져볼 방법이 없다. 뿐만 아니라 황궁이 입은 약탈의 피해는 북경 전체가 당한 피해의 일부에 불과하다.

## 신단, 사원, 능침의 약탈

북경 성내의 신단(神壇)과 사원도 깨끗이 약탈당했다. 당시 8국 연합군은 천단(天壇), 선농단(先農壇), 사직단(社稷壇), 태묘(太廟), 숭축사(嵩祝寺) 등 국가 제사 시설에 주둔했다. 연합군은 병력 주둔의 필요에 따라 제사 시설을 개조하거나 파괴했을 뿐만 아니라 이들 시설의 제기와 가구를 마음대로 약탈했다. 천단만 하더라도 은, 옥, 동, 자기, 대나무 등의 제기 1,148점이 사라졌고 사직단도 168점의 제기가 사라졌다. 러시아군이 점거했던 숭축사에서는 제기가 "씻은 듯이 사라졌고" 금도금 불상 3,000여 좌가 사라졌으며 동으로 만든 불상 5만여 좌, 자기 불상 13좌, 자기 병 12쌍, 도금 기물 40건, 은 기물 7건, 동 기물 4,300여 건, 주석 기물 58벌, 깃발 70여 개, 비단 자수 1,400여 점, 목기 110여 점, 악기 100여 점, 황제가 왔을 때 머무는 방의 장식 일체가 사라졌다.

---

** 태평천국군의 장군. 1855년 전사[역주].

*** 태평천국의 여성지도자. 홍수전의 의매(義妹)[역주].

「일본공사관에 모인 8국연합군 지휘관」

## 관공서 약탈

이부(吏部), 병부(兵部), 공부(工部), 내무부, 흠천감(欽天監), 태의원(太醫院), 첨사부(詹事府), 난의위(鑾儀衛), 난가고(鑾駕庫), 순천부(順天府), 광록시(光祿寺), 국자감(國子監), 세과사(稅課司)와 신기영(神機營)을 비롯한 8기군의 각 본부가 연합군의 주둔지가 되어 "모조리 부수고 새로 꾸몄고, 창고에 보관되어 있던 각종 기물과 전적과 문건들이 약탈되거나 훼손되어 남은 것이 없었다." 특히 호부와 내무부는 각국 군대의 약탈의 표적이 되어 손실이 막대했다. 일본 군대가 가장 먼저 호부로 달려가 호부 금고에서 "2,914,856냥의 은화를 일본 공사관으로 실어 날랐다." 이어서 일본군은 호부의 창고에서 무수한 능라주단을 약탈했고 내무부의 관삼창(官三倉)와 은풍고(恩豊庫)에서 32만 석의 쌀과 보관 중인 은화 전량을 약탈했다. 호부의 은화를 차지하기 위해 일본군과 러시아군 사이에 분쟁이 있었다. 러시아인들은 호부가 자신들에게 할당된 점령구역 안에 있으므로 일본군이 은화를 모두 차지해서는 안 되며 최소한 절반 정도는 자신들에게 주어야 한다고 주장했다. 일본군은 당연히 거절했다. 일본군은, 은화를 운반한 것은 15일 새벽의 일이며 점령구역이 할당된 것은 15일 오후 3시 30분의 일이므로 은화는 일본 병사의 목숨과 바꾼 전리품일 뿐 러시아군과는 아무런 관련이 없다고 주장했다. 러시아군은 호부에 일본군이 발견하지 못한 지하 금괴 보관소가 있다는 풍문을 듣고 황급히 호부로 몰려가 건물을 부수고 땅을 파헤쳤으나 일본군이 흘리고 간 은괴 한 덩어리만 찾아냈다. 화가 난 러시아군은 총리아문으로 몰려갔다. 한림원(翰林院)은 수만 권의 전적(『영락대전(永樂大典)』 포함)을 약탈당했고, 전법당(錢法堂)은 새로 주조한 동전 수만 꾸러미를, 녹미창은 몇 년 동안 쌓였던 쌀 수만 석을 약탈당했다. 태상시와 광록시의 금은 기물과 난가고의 황제가 타던 각종 수레와 가마도 약탈자의 손길을 비켜갈 수 없었다. 불완전한 통계에 따르면 이때 없어진 돈이 약 6천만 냥이고 잃어버린 기물의 가치는 추산할 수도 없었다. 난가고 한 곳만 해도 수레 21대(황태후가 타던 만수금란萬壽金鑾 1대, 황제가 타던 옥수레와 금수레 각 1대 포함), 수레와 가마 장식 1,373건, 가마 12대, 황후 의장(儀仗) 282건, 비빈 의장 84건, 비단 깃발 133건 등을 약탈당했다.

독일과 프랑스군의 약탈 행위는 특별하게 언급되어야 할 것이다. 두 나라의 군대는 옛 관상대의 천문관측 기기 1벌을 훔쳐갔다. 북경 동쪽 성벽 위에 있던 옛 관상대는 1442년(명 정통正統 7년)에 처음 세워졌고 세계에서 가장 오래된 천문대 가운데 하나였다. 옛 관상대는 건물의 구조와 내부 기기의 완전함, 그리고 오래된 역사 때문에 세계에 널리 알려져 있었다. 관상대 내부에는 동으로 만든 고대 천문관측 기구 10여 점이 있었는데 학술적 가치가 매우 높은 것이었다. 그 중에는 명대에 제작한 혼의(渾儀)와 간의(簡儀), 1669~1673년(청 강희 8년~12년)에 제작한 천체의(天體儀)·적도경위의(赤道經緯儀)·황도경위의(黃道經緯儀)·지평경위의(地平經緯儀)·상안의(象眼儀)·기한의(紀限儀), 1715년(청 강희 54년)과 1744년(청 건륭 9년)에 제작된 지평경위의와 기형무진의(璣衡撫辰儀)가 있었다. 이들 고대 천문관측 기기는 수백 년의 역사를 가진 문물일 뿐만 아니라 그 자체로도 웅장한 모습을 갖춘 정교한 예술작품이어서 천문과학 사상 중요한 지위를 차지한다. 1900년 12월, 프랑스군과 프랑스 공사관 측은 관측기기의 일부가 프랑스에서 만든 것이라는 이유로, 또는 루이 14세가 중국 측에 선물한 것이라는 이유로 발더제에게 프랑스로 가져가도록 해달라고 여러 차례 요구했다. 발더제는 관측기기가 중국의 소유이고 관상대는 독일군의 점령지역 안에 있으므로 "마땅히 독일군의 전시 노획품으로 간주해야 한다"는 이유로 이를 거절했다. 그래도 프랑스 측이 물러서지 않고 심지어 무력 동원도 마다하지 않겠다는 태도를 보이자 발더제는 일부 양보할 수밖에 없었다. 발더제는 프랑스와 독일 양국이 나누어 가지되 주요한 관측기기인 천체의는 반드시 독일이 가져가야 한다고 주장했다. 당시 미국은 중국과의 전쟁을 조속히 끝내기를 원했기 때문에 미군 사령관 체피(A. Chaffee) 장군은 독일과 프랑스 군대의 행위가 열강과 청 정부가 강화조약을 체결하는데 악영향을 주는 것이라며 발더제에게 항의했다. 한편, 중국 정부의 대표 음창(蔭昌)도 경친왕(慶親王)의 명령에 따라 발더제에게 천문 관측기기의 반출을 취소하라고 요구했다. 그러나 발더제는 꿈적도 하지 않았다. 발더제는 독일 황제의 동의를 얻어 관측기기를 프랑스 측과 나누어 갖기로 결정했다. 프랑스군은 적도경위의, 황도경위의, 지평경위의, 상안의와 명대에 제작한 간의를 프랑스 공사관으로 옮겨갔다. 독일군은 천체의, 기형무진의, 지평경위의, 기한의와 명대에 제작한 혼의를 베를린 박물관으로 가져갔다. 그러나 불행 중 다행으로 1920년에 프랑스는 "베르사유 강화조약"을 근거로 하여 약탈한 관측기기를 중국에 반환했고, 독일도 1921년에 약탈한 관측기기를 북경으로 돌려보냈다. 이들 옛 천문기기는 현재 옛 관상대에 전시되어 있다.

왕공귀족들의 저택도 8국 연합군에게 차례로 약탈당했다. 프랑스군은 선교사의 길안내를 받아 예왕(禮王) 저택에서 백은 2백여 만 냥과 골동품과 진기한 문물을 약탈해갔다. 그들은 약탈한 물건을 큰 수레로 7일 동안 운반하여 북당(北堂) 천주교회에 보관하였는데 당시 사람의 기록을 보면 "산처럼 쌓아 지붕까지 찼다"고 한다. 프랑스군은 호부상서(戶部尙書) 입산(立山)의 집에서 365꾸러미의 조주와 은화 약 3백만 냥의 값이 나가는 골동품을 약탈했다. 일본군은 무영전대학사(武英殿大學士)를 지낸 군기대신(軍機大臣) 보윤(寶鋆)의 저택에서 우물 속에 숨겨둔 은화 30만 냥을 가져갔다. 총체적으로, 이때의 약탈을 겪으면서 북경 성내의 "왕공대신과 관리의 저택 가운데서 금고의 은화와 각종 진기한 보물을 모조리 약탈당하지 않은 곳이 없었고", "그나마 남은 것도 뒤에 찾아온 병사들이 깡그리 훑어갔다."

상점, 전당포, 민가에 대한 약탈은 더욱 난폭하고 철저했다. 약탈군들은 "의화단을 색출하고 무기를 찾아낸다는 명분으로 서양 총과 예리한 칼을 들고 삼삼오오 짝을 지어 집집마다 뛰어들어 상자와 궤짝을 뒤집고 아무 곳이나 수색하여 의복과 그릇 가운데서 좋은 것은 모조리 노략질하고 그렇지 못한 것은 부수고 내던졌다. 조금이라도 저지하면 그 자리에서 해쳤다." 어떤 약탈자는 나귀와 수레를 몰고 와 골목골목 돌아다니며 "집집마다 뒤져 실어갔다. 한 무리가 물러가면 또 한 무리가 찾아와 멈추는 날이 없으니 하루에도 몇 차례나 문을 열고 들어오는 지경에 이르렀다." 문제의 심각성은 약탈에만 있지 않았다. 망국의 백성은 길거리에서도 안전하지 못했다. "거리와 골목에서 서양 병사와 마주치면 그 자리에서 몸수색을 당했고 돈이라면 많고 적고를 따지지 않고 빼앗아 가는" 일이 수시로 발생했다. 물건을 어깨에 울러 맨 행상이 지나가는 서양 병사에게 붙들려 "물건 판 돈을 모조리 빼앗기는" 액운이 매일 발생했다. 북경의 주민은 집안에서나 거리에서나 전혀 안전을 보장받지 못했다.

8국 연합군의 병사들 이외에 각국의 외교관, 선교사와 교민들 수만 명도 약탈에 참여했다. 8국 연합군의 병사들은 열강의 공개적인 약탈 방침에 따라 북경 약탈의 주범 노릇을 했다. 그들은 약탈을 "불법행위로 보지 않았고" 각국 군대의 군기도 해이해져 근본적으로 통제할 수가 없었다. 게다가 각국 군대의 장교들이 직접 지휘하였으니 갈수록 약탈의 광풍은 거세졌다. 일본 신문 《만조보(萬朝報)》가 약탈의 추문을 상세히 보도한 바에 따르면 관련된 인원은 사령관, 사단장, 여단장, 연대장, 야전병원 원장 등 각급 장교 수십 명이었다. 러시아군 장교들은 약탈이란 면에서 "결코 다른 나라의 장교들에 뒤지지 않았다"고 자인했다. 직례성(直隸省)에 주둔한 러시아군의 사령관 리니에비치는 북경 점령의 공로로 성그레고리 십자훈장을 받았고 귀국할 때는 약탈물을 상자 10개에 채워 가져갔다. 프랑스군 사령관 프레이(Nicolas Frey)는 40상자의 진기한 약탈물을 본국으로 부쳤다.

역사에 유사한 사례가 매우 희귀하지만 각국의 외교관들도 약탈에 참여하여 세계외교사에 커다란 추문의 기록을 남겼다. 일부 외교관은 본국 정부를 대표하여 약탈을 승인하고 지원했다. 프랑스인 주교 번국량(樊國梁, Pierre-Marie-Alphonse Favier)이 조직한 대규모 약탈 활동은 프랑스 공사 피숑(S. Pichon)의 승인과 지지를 받았다. 뿐만 아니라 일부 외교관은 본인이나 가족이 직접 약탈 활동에 참여했다. 퍼트넘이 『경자년공사관포위기』에서 기록한 바와 같이 영국 공사 맥도널

드(Claude Maxwell MacDonald)는 이때의 약탈로 치부한 인물이다. 다른 나라 공사들도 예외가 아니어서 "이상한 상자에 은화 4만 냥을 담아 프랑스 공사관에 보관했다가 다른 공사관으로 옮기기도 하였다. 이런 죄를 범한 자의 이름은 모두가 알고 있지만 모두가 감히 발설하지 못하는" 상황이었다. 약탈물을 숨겨주거나 팔아주는 장물아비 노릇을 하는 외교관도 적지 않았다.

북경 성내에 모여 있던 선교사와 신도들도 혼란을 틈타 8국 연합군의 충실한 조수로서 약탈에 참가했다. 각국 군대가 약탈한 장물은 대체로 본국 정부에 귀속되거나 개인 주머니로 흘러들었는데 양자 사이에 엄격한 구분은 없었다. 일본은 북경에서 약탈한 은화, 무기, 식량의 대부분을 정부에 귀속시키고 본국으로 실어 나르거나 현지에서 소비했다. 그중에서 은화는 214,286냥이 현지 군대에 남겨졌고(7%), 일본 중앙은행 금고로 들어간 것이 1,928,571냥(66%), 나머지는 육군성이 관리했다. 이것이 당시 일본을 뒤흔든 "마제은(馬蹄銀) 사건"의 전모였다. 다른 나라도 기본적으로 이와 같은 방식으로 처리했고 특수한 의미를 가졌거나 진기한 그릇, 종교의식 도구, 도서 등은 국가에 귀속되었다. 예컨대, 영국군은 북경의 라마불교 사원의 가장 귀한 종을 영국 여왕에게 바쳤고 수십 기의 불상을 본국으로 보냈다. 독일과 프랑스는 앞에서 설명한 대로 천문 관측기기를 본국으로 보냈다.

약탈자들의 개인 주머니에 들어간 장물들은 본인이 직접, 또는 다른 사람 편에 본국으로 가져갔지만 대다수가 현지에게 매매되었다. 각국 약탈자들의 장물 판매 수법은 차이가 있었으나 휴대하기 불편한

「8국연합군이 참수한 의화단 시신」

「1901년 신축조약체결식 현장」

은 경매에도 나오지 않은 채 흔적이 없어졌으니" 본국으로 가져갔음이 분명하다. 장물을 사간 사람은 중국인은 물론이고 중국에서 오랫동안 사업을 해오거나 혹은 임시로 중국으로 달려와 투기판에 뛰어든 사람 등 각양각색의 외국상인이었다. 이런 외국상인들은 큰 횡재를 했을 뿐만 아니라 당시에 중국의 문물이 밖으로 흘러나가는 중요한 통로의 역할을 했다.

8국 연합군의 대규모 약탈을 겪은 후 북경의 "위로는 법령 제도의 문물로부터 아래로는 국보와 진기한 보물에 이르는, 원·명 이래로 쌓여온 보배들이 깨끗이 사라졌다." 8국 연합군 총사령관 발더제가 인정했듯이, 이때 "중국이 경험한 훼손과 약탈의 상세한 숫자는 영원히 밝혀낼 수 없을 것이지만 엄청난 양이었음은 의문의 여지가 없다."

## 3
# 『영락대전(永樂大典)』의 참담한 유실

『영락대전』은 590여 년 전(명 성조成祖 영락永樂 연간)에 편찬된 공전절후의 백과전서이다. 전체 분량은 22,937권 11,095책이며 수록 글자 수는 3억7천만 자이다.

명 영락 원년(1403년) 윤7월에 명 성조 주체(朱棣)는 한림학사 해진(解縉)에게 다음과 같이 지시했다. "천하 고금의 사물이 여러 책에 흩어져 기록되어 있고 책의 양도 많으니 찾아보기가 쉽지 않다. 여러 책에 기록된 사물을 뽑아다 소리를 기준으로 비슷한 것끼리 모아 놓으면 찾아보기에 편리할 것이다. 무릇 고대에 나무에 새긴 부호에서부터 경·사·자·집·백가의 저서에 이르기까지, 천문지리에서 음양·의술·점복·기예·승려와 도사의 말에 이르기까지 모두 한 책에 모아 놓으면 방대함에 싫증을 낼 필요가 없을 것이다." 다음 해 11월에 책이 완성되었는데 이름이 "문헌대성(文獻大成)"이었다. 그러나 주체는 불만스럽게 생각해 다시 요광효(姚廣孝)와 해진 등에게 문연각(文淵閣)에 전담부서를 설치하고 수도와 지방의 관원 및 각지의 학문이 깊은 선비들을 불러 모아 책을 편찬하게 하고, 국자감(國子監)에서는 지방 각 군현의 학교에서 글을 쓸 줄 아는 생원들 가운데서 글씨를 잘 쓰는 자들을 불러 모으게 하고, 광록시에서는 이들을 위한 의식주를 제공하라고 지시했다. 당시에 참여한 인원이 3천 명 가량이었다고 한다. 영락

5년 12월, 책이 완성되자 이름을 『영락대전』이라고 지었다. 이 책 이전에도 중국에는 유서(類書)가 적지 않았다. 삼국육조 시대에 위무습(魏繆襲) 등이 편찬한 『황람(皇覽)』 680권이 있었고 남조의 양(梁)에는 유효표(劉孝標)가 지은 『유원(類苑)』 120권이 있었고, 북조의 제(齊)에는 조정(祖珽) 등이 쓴 『수문전어람(修文殿御覽)』 360권이 있었다. 당 시대에는 위징(魏徵) 등이 지은 『문사박요(文思博要)』 1,200권과 허경종(許敬宗)의 『요산옥채(瑤山玉彩)』 500권, 구양순(歐陽詢)의 『예문유취(藝文類聚)』 100권, 우세남(虞世南)의 『북당서초(北堂書鈔)』 160권, 장창종(張昌宗) 등의 『삼교주영(三教珠英)』 1,300권이 있었다. 송 대에 들어와서는 이방(李昉)의 『태평어람(太平御覽)』 1,000권, 왕흠약(王欽若)의 『책부원구(册府元龜)』 1,000권, 안수(晏殊)의 『유요(類要)』 77권이 있었다. 『영락대전』 이전에는 분량이 가장 큰 것도 천여 권을 넘기지 못했다. 현존하는 『예문유취』, 『북당서초』, 『태평어람』, 『책부원구』 등을 보면 한 결 같이 분류가 소략하다. 『영락대전』처럼 2만 권을 넘는 방대한 분량의 유서는 전례가 없었다. 또한 『영락대전』처럼 모음의 순서에 따라 편찬하는 체제를 갖춘 사례도 없었다. 『영락대전』의 이런 체제는 원 왕조 때에 음시부(陰時夫)가 쓴 『운부군옥(韻府群玉)』과 송 전풍(宋錢諷)의 『회계사운(回溪史韻)』의 체제를 본받은 것이다. 두 책은 글자의 모음 순서에 따라 내용을 배열하였는데 내용 자체가 매우 간략했다. 『회계사운』은 이미 흩어져 전하지 않고 『운부군옥』은 20권만 전하고 있다. 『영락대전』은 원래 20권에서 시작하여 천 배로 확대되었다.

그런 까닭에 송·원 시대의 시문과 고대의 지방지, 의서, 잡서에서 송·원·명 시대의 소설과 희곡 등 무수히 많은 항목이 그 속에 보존·수록되어 있다. 편찬 당시에 주로 의존했던 책은 문연각의 장서였다. 그러나 오늘날 전해지고 있는 『문연각서목(文淵閣書目)』과 비교하면 『영락대전』에 내용이 수록된 많은 책들이 『서목』에서는 보이지 않으며 특히 소설과 희곡 류가 그러하다. 편찬자들은 "정통파"의 관점을 고집하지 않고 넓은 시각으로 "통속"을 십분 이해했던 것 같고, 덕분에 귀한 민간 문학작품이 전해지게 되었다. 고본 『서유기(西遊記)』의 한 단락인 『위징몽참경하룡(魏徵夢斬涇河龍)』이 "몽(夢)"자 항목에 실려 있고 가장 이른 시기의 평화(平話) 작품인 『설인귀평료(薛仁貴平遼)』 내용 전체가 "료(遼)"자 항목에 수록되어 있다. 『영락대전』이 오늘날까지 온전하게 전해진다고 한다면 중국인들은 중국 고대문학에 대해 보다 전면적인 이해를 할 수 있을 것이다.

## 『영락대전』의 액운

거작 『영락대전』의 운명은 비참했다. 『영락대전』이 겪은 온갖 고난과 훼손은 바로 구시대 중국의 운명이었다. 명 가정(嘉靖) 연간에 부본을 한 질을 필사해두었지만 정본이나 부본 어느 쪽도 온전하게 전해지지 못하기는 마찬가지다.

## 정본의 실종

명 성조 주체는 방대한 인력과 물력을 동원하여 『영락대전』을 만들었지만 명 왕조의 제왕들 중에 『대전』을 열람한 사람은 손꼽을 정도이다. 기록에 따르면 명 효종(孝宗)과 세종(世宗) 두 황제는 독서를 좋아하여 항상 『대전』을 펼쳐보았다고 한다. 효종은 『대전』에 실린 의약 비방을 베껴 태의원에 내려 보냈다고 하며 세종은 항상 책상머리에 『대전』 몇 권을 놓아두고 들쳐보았다고 한다. 이 일은 모두 부본을 만들기 전의 일이며 사용한 책도 당연히 정본이었다. 『영락대전』의 부본을 만든 후 『대전』의 존재와 행방에 관한 기록은 현저하게 줄어들었고 결국에는 진위를 구별할 수 없는 소문까지 떠돌았다.

명 신종(神宗) 만력(萬曆) 연간에 남경 국자감 제주(祭酒) 육가교(陸可敎)가 『영락대전』을 판각하자는 건의를 올린 적이 있는데 정본과 부본 중 어느 것을 사용할 것인지는 언급하지 않았다. 태사령(太史令) 이유정(李維楨)은 "그 책(『대전』)의 방대하고 번잡함은 혐오스러울 정도이며 보기에 매우 힘들다"고 말했다. 그는 『영락대전』의 가치를 제대로 알지 못했지만 그의 말로 미루어보아서 책의 실물을 보았음이 분명하다. 두 사람의 언행을 통해 알 수 있는 것은 명 만력 연간에는 『영락대전』이 아직도 온전하게 보존되고 있었다는 사실이다.

명 말에 이르러 일부 인사들이 『영락대전』이 없어졌다는 사실을 알아차렸다. 명사 전문가 담천(談遷)의 저서 『국각(國榷)』에 "만력 말년에 『영락대전』이 존재하지 않았다, 그렇다면 없어진 게 아닐까?"라는 구절이 나온다. 담천은 정본과 부본이 만력 말년부터 이미 존재하지 않는다는 사실을 알아차렸다. 명말 청초의 저명한 학자 고염무(顧炎武)도 『일지록(日知錄)』에서 담천과 같은 논거로 『영락대전』이 "모두 없어졌다"고 주장했다. 명 말의 환관 유약우(劉若愚)는 궁중 내의 사정에 밝은 인물이어서 명 말의 궁중 비화와 소문을 소상히 밝힌 『작중지(酌中志)』란 저서를 남겼다. 이 책에 다음과 같은 구절이 나온다. "옛 『영락대전』 2부는 지금은 어디에 있을까?" 명·청 교체기에 궁정 안팎의 사람들이 『영락대전』의 소재를 몰라 없어진 게 아닐까 추측하고 있는 것이다.

청 강희 연간에 서건학(徐乾學)과 고사기(高士奇) 등이 황실 사료관에서 『영락대전』을 찾아냈는데 가정 연간에 만든 부본이었으며 이때 이미 결본이 있었다. 서건학은 『영락대전』이 "왕조의 교체기에 사라졌고" 부본도 같은 시기에 흩어졌다고 판단했다. 옹정 연간에 『대전』을 황실 사료관에서 한림원으로 옮겨 보관했다. 이불(李紱)과 전조망(全祖望)은 한림원에서 『대전』을 직접 본 적이 있었다. 그런데 전조망은 정본이 유실된 게 아니라 건청궁에 보관되어 있다고 보았다. 그는 궁정 내에 있는 정본을 이용하여 부본의 결본을 보충하자는 건의를 올리려고 한 적이 있었다. 청 말에 이르러 목전손(繆荃孫)도 전조망과 같은 생각을 한 적이 있었다. 그러나 그는 정본이 가경 연간에 건청궁이 화재로 소실되었을 때 함께 불탔다고 추정했다. 목전손이든 전조망이든 정본의 행방에 관해서는 두 사람 다 추측만 할 따름이다. 건륭 9년에서 54년 사이에 『천록림랑서목(天祿琳琅書目)』을 편수하면서 궁중의 귀중본은 모두 건청궁 곁의 소인전(昭仁殿)에 모아놓고 목록을 작성했다. 만약 궁중에 『영락대전』 정본이 있었더라면 어째서 『천록림랑서목』에 들어가지 않았을까?

그 후에 『사고전서』를 지으면서 『영락대전』의 부본에 결본이 많음을 탄식하는 말이 나와 궁 안팎으로 결본을 찾아 나서는 일이 벌어졌다. 『영락대전』은 만권 이상이 되는 거질이므로 정본이 궁내에 있었더라면 쉽게 발견되었을 것인데 찾지 못했다. 청 고종(高宗)은 『영락대전』의 망실을 안타까워하는 시를 남겼다. 청 고종이 이런 시를 남긴 것을 보면 『영락대전』 정본은 청대 이전에 이미 사라졌음을 알 수 있다. 그러나 정본이 언제 사라졌는지 사서에는 명확한 기록이 없고 학계에서도 명·청 교체기에 사라졌다고 추정만 할 뿐이다.

## 부본의 비참한 운명

『영락대전』 부본의 비참한 운명은 바로 중국근대사의 축소판이다. 청 정부의 부패와 제국주의의 침략은 이 책에 깊고 깊은 상처를 남겼다.

『영락대전』 부본은 명 융경(隆慶) 때부터 청 강희 때에 이르기까지 약 110년 동안 줄곧 황사성(皇史宬, 황실사료관)에 보관되어 있다가 옹정 연간에 한림원 경일정(敬一亭)으로 옮겨져 보관되었다. 삼례서국(三禮書局)을 열 때 이불과 전조망은 『영락대전』 부본을 이용한 적이 있고 이때 결본이 있음을 알게 되었다. 건륭 37년(1772년) 사고전서관을 열 때 『영락대전』의 결본을 파악하기 위해 『영락대전』을 일제 조사하였고 이때 앞서 밝혀진 천 여 권의 결본에 이어 다시 천 여 권의 결본이 있음을 알게 되었다. 결본은 도합 2,422권이었다. 『사고전서』의 총찬수관(總纂修官) 기윤(紀昀)은 『영락대전』이 완전하지 못함을 알고 탄식했지만 2천여 권이 언제 없어졌는지 알아낼 단서를 찾지 못했다. 어떤 사람은 강희 연간에 서적을 편찬할 때 책임자였던 서건학, 고사기, 왕홍서(王鴻緒) 등이 늘 황사성에서 『영락대전』을 참고하였으므로 결본이 이들의 집에 가있지 않을까 추측했다. 청 고종은 양강총독(兩江總督) 고진(高晋)과 절강순무(浙江巡撫) 삼보(三寶)에게 명하여 이들의 집을 찾아가 조사해보게 하였다. 고종은 『영락대전』은 관의 소유이고 예전에 업무상 가지고 나갔을 수 있으나 사사로이 소장하려는 뜻이 없었을 터이므로 반환하면 더 이상 추궁하지 않겠다고 당부했으나 이들의 집에서 한 권도 찾을 수가 없었다. 한편으로는, 『영락대전』은 "전 왕조의 옛 책"이므로 서점가에 유통되고 있을지 모른다고 생각하여 사람을 시켜 "면밀히 찾아다녔으나" 행방을 알 수가 없었다. 부본 2천여 권의 망실은 명·청 교체기에 일어났을 가능성이 높고 또한 이때가 『영락대전』 부본의 1차 망실이었다.

청 건륭 때에 『영락대전』의 보존에 대해서는 비교적 관심을 기울였다. 건륭 39년(1774년)에 『영락대전』을 잃어버렸다가 다시 찾은 사건이 벌어졌다. 당시 『사고전서』 수찬관 황수령(黃壽齡)이 『대전』 6권을 읽으려고 집으로 가져갔는데 누군가 이를 훔쳐갔다. 이 사건을 매우 중시한 고종은, "『영락대전』은 세간에는 없는 책이고 찬수관이 가지고 나가서는 안 되는 책이다. 사건의 내막을 자세히 조사하여 사실대로 보고하라"는 지시를 내렸다. 보군통령(步軍統領) 상서(尙書) 영렴(英廉)이 범인 색출에 나섰다. 관부의 수사망이 좁혀오고 『대전』은 궁중의 물건이라 서점이나 지물포에서 사들일 수도 없었으므로 처분할 방법을 찾지 못한 도둑은 6권을 몰래 어하교(御河橋) 근처에 가져다 놓았다. 『대전』은 돌아왔지만 황수령은 3년 동안 봉급을 받지 못하는 처벌을 받았다. 이때부터 사고전서 수찬관에서는 『대전』의 반출을 엄격히 제한했고, 따라서 분실의 기회도 자연히 줄어들었다.

사고전서 수찬이 끝나자 일부에서는 『영락대전』의 "정수는 다 뽑아서 썼으니 이제는 버려도 된다"는 의견을 내놓았다. 이후 가경과 도광 연간에 『전당문(全唐文)』과 『일통지(一統誌)』를 편찬하면서도 『영락대전』을 이용했지만 엄격한 보관제도는 없어졌다. 특히 도광 이후로 『대전』은 뭉텅이로 묶어서 겹겹이 쌓아올린 채로 방치되었다. 거미가 줄을 치고 쥐가 갉아 먹어도 챙기는 사람이 없었고 관원들 중에서 이런 기회를 이용하여 몰래 훔쳐나가는 자가 생겼다. 『대전』은 서적으로서는 부피가 큰 편이어서 들고 가기가 쉽지 않았다. 그러나 한림원의 부패한 관원들의 도둑질 솜씨도 극히 정교했다. 목전손이 기록한 바는 다음과 같다. 관원들이 아침에 한림원 문을 들어설 때는 솜두루마기 한 벌을 보따리 모양으로 말아서 들고 온다. 저녁에 한림원 문을 나설 때는 솜두루마기는 몸에 걸치고 대신 두 권의 『대전』을 보따리에 넣는다. 문을 지키는 자는 아침에 보따리를 들고 들어오는 것을 보았으니 저녁에 보따리를 갖고 나가도 의심하지 않았다. 문정식(文廷式) 같은 인물은 이런 방식으로 100여 권을 훔쳐갔다. 『영락대전』이 하나 둘 씩 흘러나가자 제국주의 분자들도 관심을 갖기 시작했다. 『대전』은 한 권에 은화 10냥이란 "고가"에 몰래 거래되었다. 광서 원년(1875년)에 한림원 건물을 중수할 때 『영락대전』을 점검해보니 남은 책이 5천 권을 넘지 않았다. 광서 20년(1894년)에 옹동화(翁同龢)가 한림원을 점검할 때는 마침내 800권만 남아있는 지경에 이르렀다. 일차적으로는 『영락대전』의 보전이 허술했던 면도 있지만 청 정부의 부패가 2차적이며 인위적인 파괴를 부추겼다는 면을 부인할 수 없다.

『영락대전』의 최대의 액운은 다름 아닌 두 차례에 걸친 제국주의 열강의 중국 침략이었다. 함풍 연간에 영국과 프랑스는 중국에서의 특권을 확대하려 시도했으나 바라던 성과가 없자 제2차 아편전쟁을 발동하게 된다. 함풍 10년(1860년) 영·불 연합군은 북경을 점령하고 방화와 약탈과 살인을 자행했으며 진기한 문물을 탈취했다. "정원 중의 정원"이라 불리던 청 황실 정원 원명원도 이때 잿더미가 되었다. 한림원이 소장하고 있던 귀중한 전적도 침략군이 불태우거나 약탈해갔고 문연각 『사고전서』도 이때 불탔으며 『영락대전』도 재난을 면하지 못했다. 당시에 전하던 말로는 영국인이 탈취해 간 『영락대전』이 가장 많았다고 하였다. 훗날 황공도(黃公度)가 외교사절로서 영국과 프랑스로 가게 되었을 때 왕송울(王頌蔚)이 다음과 같은 송별시를 써주었다. "『대전』은 책의 연못인데 세월이 오래되자 잡초가 덮였구나. 듣기에 런던이란 곳에 아직도 남아있다 하니 그대 가거든 부지런히 찾아가 남은 책 제목이나 알려주시게."

「영락대전」

「영락대전 중 광주부 지도」

그로부터 40년의 세월이 흐른 후 『영락대전』은 더 참혹한 재난을 겪게 된다. 의화단운동을 진압하고 중국을 분할하려는 계략을 갖고 있던 제국주의 열강은 청 정부의 "배외정책"을 핑계 삼아 8국 연합군을 구성하고 광서 26년(1900년) 6월에 북경을 침략했다. 한림원은 외국 공사관 구역과 닿아있는 동교민항(東郊民巷)에 위치하고 있었다. 공사관 구역이 전란에 휩싸이자 『영락대전』을 보관하고 있던 경일정이 파괴되었고 그 과정에서 『대전』의 대부분이 불탔다. 남은 책들도 깨어진 기왓장 벽돌과 함께 땅바닥에 쓰레기처럼 흩어졌다. 연합군 군대는 진지를 구축하고 도로를 포장하는데 『영락대전』을 벽돌 대신으로 사용했고 심지어 말구유를 만드는데도 사용했다. 이 책의 가치를 조금 아는 자들은 기회를 이용하여 약탈에 나섰다. 영국 공사관은 한림원과 붙어 있어서 "가까이에 있는 이점"을 충분히 활용하여 가장 많이 약탈해갔다. 영국 공사관 직원 가일스(H. A. Giles)가 쓴 『공사관 포위일기(使館被圍日記)』에는 다음과 같은 얘기가 나온다. 화약연기가 아직 다 걷히지 않은 상황에서 가일스는 한림원 폐허에서 『영락대전』 몇 권을 주웠다. 그중에서 13,345번의 번호가 붙은 책을 "전리품"으로 챙겼다가 훗날 자신의 아버지에게 선물했다. 퍼트넘은 『경자년공사관포위기』에서 당시의 상황을 좀 더 상세하게 기록하고 있다. 그는 한림원 서고의 장서 행렬이 "끝이 보이지 않았고 모두가 전 시대 사람들이 고심하여 손으로 쓴 책이며 수천만 권에 이르며", 어떤 책은 "같은 무게의 황금과 맞먹는 가치"를 갖고 있다고 표현했다. 총성이 요란한 가운데 어떤 사람이 한림원에 불씨를 집어던졌고, "가치를 알 수 없는 책들도 함께 탔다. 우물 속에는 버린 책과 문서들이 가득했다. 화려한 비단 표지를 손으로 장정한 책들이었다. 이름난 책들은 사람들이 마음대로 옮겨갔다. 공사관 직원 중에서 중국문학을 연구하는 사람들은 평소에는 볼 수 없었던 보배 같은 책이 이처럼 많은 것을 보고 먼저 차지하려고 달려들었다. 그들은 불길 속에서 찾아낸 책들을 들고 달아났다." 퍼트넘이나 가일스도 당연히 불길 속에서 책을 골라내 달아난 사람들 가운데 하나였다. 그들은 시치미를 뗀 채 총리아문을 찾아가 『영락대전』의 약탈 상황을 신고했으니 그야말로 도적이 도적 잡으라고 소리친 꼴이었다. 그들은 후안무치하게도 이렇게 말했다. "중국에서 잃어버린 책이 장래에 혹 유럽에서 등장한다면 그 역시 대단한 일이다."

약탈과 방화가 끝난 후 폐허의 쓰레기더미 속에서 적지 않은 사람들이 『영락대전』을 주웠다. 역학관(譯學館) 관원 유가의(劉可毅)는 연합군의 말구유 아래서 『대전』 수십 책을 주웠다.

이때의 약탈을 겪으면서 『영락대전』의 잔존본은 흩어져 세계 각국 도서관과 개인 수장가들의 손 안으로 흘러들어가 그들의 동방문화 수집품을 상징하거나 고가로 팔려나가기를 기다리는 상품이 되었다. 심지어 어떤 경우는 고서점 또는 자선 경매장에 나타나기도 했다. 이렇게 흘러나온 책 가운데서 "희(戲)"자 항목의 한 책을 섭공작(葉恭綽)이 런던에서 매입 회수했다.

일부 제국주의 분자들은 불난 집을 약탈한 것으로도 만족하지 못하고 온갖 계략을 써서 중국인 개인 수집가들로부터 사들였다. 동양문고(東洋文庫)가 바로 그런 사례이다. 동양문고의 전신은 영국인 모리슨이 세운 모리슨문고이다. 모리슨은 경자사변(庚子事變, 의화단 진압) 때에 『영락대전』 6책을 손에 넣었다. 동양문고 측은 모리슨이 사망한 후 그의 아내로부터 『대전』 6책을 사들이는 한편 북경 등지의 서적상들에게 『영락대전』이 시중에 흘러나오면 먼저 알려달라고 부탁해 놓았고 이런 경로를 통해 다수의 『영락대전』을 더 사들였다. 1943년, 동양문고 측은 오흥(吳興) 가업당(嘉業堂)*이 소장하고 있던 『영락대전』 49책을 팔려한다는 소식을 듣자 대련(大連) 만철(滿鐵, 남만주철도주식회사) 도서관의 마스오카(松岡洋友)와 결탁하여 이를 강제로 사들였다. 이런 경위로 다량의 『영락대전』이 만철 도서관 소유가 되었다. 일부 관료와 서적상들이 폭리를 노려 『대전』을 외국인에게 팔아넘겼다. 민국 3년(1914년)에 동강(董康)이라는 관리가 『대전』 17책을 가지

---

* 절강성의 거부 유승간(劉丞干)이 1920년에 지은 개인도서관. 규모와 장서량에서 중국 근대 제일의 개인 장서각으로 꼽힌다. 인민공화국 수립 후 국가에 헌납하여 지금은 문화재로 지정되어 있다[역주].

고 일본으로 건너가 팔아치웠다. 그리고 1948년에는 북경이 홍군에게 점령되기 직전에 미국이 연경대학(燕京大學)의 대리인을 내세워 이 학교 도서관이 소장하고 있던 『영락대전』 1책을 가져갔다.

제국주의의 침략과 국민당 정부의 부패한 통치 하에서 『영락대전』은 공개적인 약탈과 암시장 거래, 사기와 강탈 등을 통해 거의 전부가 상실되었다. 그나마 남은 소량의 『대전』도 일부는 중국을 떠나면 이국으로 흩어졌다(미국에 45책, 영국에 38책, 일본에 55책).

불완전한 통계이지만 국내외 공공기관과 개인의 『영락대전』 소장 상황은 아래 표와 같다.

**국내**

| 소장자 | 책 수 | 비고 |
|---|---|---|
| 중국국가도서관 | 110 | |
| (상동) | 11 | (전)소련 레닌그라드대학 반환 |
| (상동) | 21 | 상무인서관(常務印書館) 이사회 기증 |
| (상동) | 1 | 천진 부시장 주숙도(周叔弢) 기증 |
| 북경대학도서관 | 4 | |
| 연경대학도서관 | 1 | |
| (전)남경중앙도서관 | 6 | 국민당정부 철수 시 대만으로 이전 |
| (전)중앙연구원역사언어연구소 | 2 | 국민당정부 철수 시 대만으로 이전 |
| 개인소장 | 14 | |

## 국외

| 소장자 | 책 수 | 비고 |
| --- | --- | --- |
| (전)소련 블라디보스톡대학 | 1 | |
| 한국 서울 (전)이왕직문고 | 1 | |
| 월남 하노이 원동대학 | 4 | |
| 미국 국회도서관 | 40 | |
| 미국 코넬대학 | 5 | |
| 영국 대영박물관 | 10 | |
| 영국 런던도서관 | 1 | |
| 영국 옥스포드대학 | 12 | |
| 영국 런던대학 동방언어학교 | 3 | |
| 영국 케임브리지대학 | 2 | |
| 영국 개인 | 9 | |
| 캐나다 게스트(Gest)문고 | 1 | 미국 프린스턴대학에서 매입 |
| 독일 라이프치히대학 | 3 | |
| 독일 베를린인종도서관 | 4 | |
| 독일 함부르크대학 | 2 | |
| 일본 동양문고 | 34 | |
| 일본 (전)만철도서관 | 51 | |
| 일본 정가당(靜嘉堂)문고 | 9 | |
| 일본 천리(天理)도서관 | 3 | |
| 일본 제국도서관 | 2 | |
| 일본 대판(大阪)부립도서관 | 1 | |
| 일본 제국대학도서관 | 1 | |
| 일본 개인(나이토內藤乾吉) | 1 | |
| 일본 개인(오가와小川睦之輔) | 1 | |

| 일본 개인(쿠로이시黑石傳六) | 1 | |
|---|---|---|
| 일본 개인(우에노上野精一) | 1 | |
| 일본 개인(이치가야市谷村順) | 1 | |

## 부분적 귀환

1951년 6월, 전 소련 레닌그라드대학 동방학도서관은 제정 러시아 시대 때부터 소장해오던 『영락대전』 11책을 중국 문화부에 반환했다. 『영락대전』이 1900년 8국 연합군에게 약탈당한 후 처음으로 국외로부터 귀환한 사례였다. 1954년 6월에는 전 소련 레닌그라드도서관이 원래 만철도서관이 소장했던 『영락대전』 52책을 중국 외교부에 반환했다. 이때 반환된 책은 북경도서관(현재 중국국가도서관)으로 옮겨져 보관되고 있다. 1954년, 전 소련과학원이 『영락대전』 "몽(夢)"자 항목 1책을 소련을 방문한 중국대표단에게 반환했다. 오래전부터 전하지 않는 매우 가치 있는 도서의 목록과 내용을 수록한 이 진기한 자료의 귀환으로 고대 사회, 정치, 경제, 문화예술 방면의 연구 공백을 채울 수 있게 된 것은 중국의 문화 학술 발전을 위해 큰 다행이라 하지 않을 수 없다.

1955년 12월, 전 동독 총리가 중국을 방문하면서 1900년에 북경 한림원에서 약탈당한 후 독일 라이프치히대학으로 흘러 들어간 『영락대전』 3책을 반환했고 중국 문화부는 이 책을 북경도서관(현 국가도서관)으로 이관했다.

냉전시대에 사회주의 진영 내부에서는 국가 간에 문화재를 반환하는 일이 가능했다. 그러나 냉전이 끝난 지금은 그런 우호적인 분위기는 사라졌다. 국가 간의 관계가 옛날 같지 않으니 중국의 문물을 약탈 절취한 국가에게 반환을 요구하기란 매우 어려운 일이 되었다. 중국 정부와 일부 민간단체가 여러 방면으로 노력을 기울이고 있기는 하나 과정은 느리고 장애는 많다.

# 2부 문화의 탈을 쓴 절도와 약탈

19세기 말에서 20세기 초의 중앙아시아와 중국 서북부지역은 정치적으로 민감한 곳이었다. 인접한 인도와 아프가니스탄은 이미 영국의 식민지로 전락했고 제정 러시아의 세력은 시르다리야 강과 아무다리야 강을 넘어 카스피 해와 파미르고원까지 뻗쳐 있었다. 중앙아시아의 패권을 차지하고 중국 서북지역에까지 세력 범위를 확대하기 위해 영국과 러시아는 청 정부를 정치적으로 압박했을 뿐만 아니라 군사적으로도 타격했다. 이 시기에 영국과 러시아는 한편으로는 8국 연합군에 참가하여 중국의 수도 북경을 약탈했고 다른 한편으로는 여러 명분으로 "조사단"을 중국의 오지로 파견하여 각종 "조사"를 진행하면서 중국에 대한 여러 방면의 정보를 수집했다. 바로 이런 배경 하에서 중국 서북부지역에는 외국인의 "탐험" 열풍이 불어닥쳤다. 다양한 명분을 내세운 탐험대, 측량대, 조사대 등이 앞다퉈 몰려왔는데 1876년에서 1928년 사이에 중국의 서북지역을 찾아온 탐험대가 42개나 되었다. 러시아, 영국, 프랑스가 탐험대를 보냈을 뿐만 아니라 독일, 일본, 스웨덴과 미국도 보냈다. 그들은 중국 정부의 허가도 받지 않은 채 중국 서북지역에서 멋대로 문물을 절취하고 불법적으로 고대 문화유적지를 파헤침으로써 중국 문물의 대량 파손과 유실을 초래했다.

# 4
# 피눈물의 돈황

중국인들의 입장에서는 1900년은 비참한 한 해였다. 영국, 미국, 독일, 프랑스, 러시아, 일본, 이탈리아, 오스트리아 8국 연합군이 청 정부를 향해 정식으로 전쟁을 선포하자 수도 북경은 하룻밤 사이에 위기에 빠졌다. 5월 26일 새벽, 중국 서북지역 감숙성(甘肅省) 돈황현(敦煌縣) 명사산(鳴沙山) 천불동(天佛洞) 제288호 석굴에서 세계를 놀라게 할 돈황문서가 발견되었다. 세계사에서 경사스러운 일로 기록되어야 마땅한 이 일은 불행하게도 고귀한 고대문서와 예술품의 주인인 중국 인민에게 영광과 자부심이 아니라 오히려 끝없는 약탈과 재난의 고통을 안겨다 주었다. "여행" 또는 "탐험"의 깃발을 든 외국인들이 다투어 이곳을 찾아와 극히 비열한 수법을 동원하여 문물을 깨끗이 쓸어갔다.

## 막고굴 장경동의 발견

돈황은 감숙성 서북부의 하서(河西) 회랑에 위치하고 있다. 이곳은 고대에는 실크로드의 요충지로서 한(漢) 무제(武帝) 때에 돈황군이 설치되었고 지금은 감숙성 서쪽 끝의 현급 시이다. 세계에 널리 이름이 알려진 막고굴(莫高窟)은 속칭 천불동이라고 하며 돈황현 동

「돈황 막고굴 전경」

남쪽 25km 지점, 대천하(大泉河) 서쪽 명사산에 위치하고 있다. 이곳은 남북으로 뻗은 절벽이며 길이가 대략 1.5km, 동쪽으로 면한 가파른 절벽 면에 490개의 동굴이 뚫려있고 동굴 안에는 다량의 고대 벽화와 채색 소상(塑像)이 있다. 동굴 전체는 상·중·하 3층으로 나뉘며 맨 아래층의 동굴군 가운데 16호 굴이 있다. 장경동(藏經洞)은 바로 이 16호 굴의 북쪽 벽 안쪽에 붙어 있는 독립된 공간이며 지금은 17호 굴이라 불린다.

장경동의 입구는 오래 전에 봉쇄되었는데, 바로 16호 굴의 북쪽 벽이 봉쇄된 입구였다. 장경동이 봉쇄된 시기는 대략 9~10세기경이며 20세기 초에 왕원록(王圓菉)이란 도교 도사가 발견했다.

왕원록은 호북성 마성(麻城) 사람으로서 젊은 시절 고향에 흉년이 계속되자 가출하여 사방으로 떠돌아 다녔다. 군대에 들어간 적도 있고 출가하여 도사가 된 후 구름처럼 흘러 다니다가 돈황 천불동 사원까지 흘러들었다. 그곳의 사원은 모두가 라마불교 승려가 운영하고 있었다. 왕원록은 중원의 말씨를 구사하고 도교의 경전을 외울 줄 알았기 때문에 현지인들에게 대접을 받아 천불동에 자리를 잡았다. 이 때부터 그는 돈황에서 탁발한 시줏돈으로 동굴사원을 힘겹게 경영해 나갔다. 그의 꿈은 언젠가 그곳에 도교의 사원인 태청궁(太淸宮)을 짓는 것이었다. 광서 26년 5월 26일(1900년 6월 22일), 왕 도사가 일꾼을 고용하여 버려진 불교 석굴사원을 정리한 것이 16호 굴이었다. 동굴은 오랫동안 관리하지 않아 바람에 날려 온 모래가 굴을 매우고 있었다. 일꾼이 쌓인 모래를 치우자 모래더미에 기대어 버텨온 동굴 벽의 일부가 떨어져 나가면서 큰 틈이 드러났다. 왕 도사가 일꾼에게 틈을 따라 동굴 벽을 파내게 하자 벽 뒤쪽에 석굴 한 칸이 나타났다. 벽이 "활짝 열리자 그 안에는 당나라 시대의 불경 수만 권과 옛날 물건이 가득했다. 보는 사람마다 기이하게 생각하고 듣는 사람마다 신령스러운 물건이라고 소문을 냈다."

중국과 세계를 놀라게 한 돈황 천불동 장경석굴이 천년 가까운 잠에서 깨어나 세상 사람들을 마주했다. 석굴의 높이는 1.8m, 면적은 약 8.5㎡였고 실내에는 대량의 두루마리 경전과 문서가 거의 천정에 닿을 정도로 겹겹이 쌓여 있었다. 경전 두루마리와 문서는 10건이 한 묶음으로 모두 흰색의 질긴 천에 쌓여 있었다. 이것을 본 사람들은 한 묶음을 "두루마리" 하나라고 불렀다. 석실 안에 쌓인 수 만 건의 두루마리는 정확히 세기 어려웠다. 대다수의 두루마리는 필사본이었고 소량의 판각본도 있었다. 세계에서 가장 오래된 인쇄본인 당(唐) 함통(咸通) 9년(868년) 판각본 『금강경』도 그 중에 포함되었고, 회화와 자수 작품과 소량의 청동불상도 나왔다.

석실이 발견된 후 현지에서는 별로 주목을 받지 못했다. 왕 도사는 지식수준이 낮아 이 귀한 문물이 학술적, 예술적으로 어느 정도의 가치가 있는 물건인지 알지 못했다. 그는 두루마리 몇 개를 내다팔아 그 돈으로 꿈꾸던 태청궁을 지을 생각만 했다. 두루마리가 한두 점씩 흘러나오면서 석실 장경의 존재가 점차로 세상 사람들에게 알려졌다. 1902년, 비문과 금석학에 정통한 섭창치(葉昌熾)가 감숙성 정부의 학정(學政)에 취임하면서 몇 건의 두루마리와 회화를 보게 되었다. 그는 이것들의 가치를 알아보고 즉시 감숙성 정부에 두루마리 전체를 난주로 옮겨 보관하도록 건의했다. 감숙성 정부는 은화 5, 6천 냥이나 되는 비용을 마련할 수가 없어 돈황현에서 석실 두루마리를 점검한 후 임시로 석실을 봉인하게 하였고 현에서는 왕 도사로 하여금 현지에서 관리하게 하였다.

## 영국인 대도(大盜) 스타인

돈황을 찾아온 첫 번째 외국인은 영국인 오렐 스타인(Aurel Stein)이었다. 스타인은 1862년 헝가리에서 태어나 10세 때에 독일로 이주하여 학교에 들어갔기 때문에 헝가리어와 독일어를 할 줄 알았다. 학교에서는 프랑스어와 영어를 배웠고 그리스어와 라틴어에도 정통했다. 후에 라이프치히와 빈에서 대학을 다니며 산스크리트어와 페르시아어를 배웠다. 21세에 박사학위를 취득하였고 25세 때에는 혼자서 인도와 캐시미어로 갔다. 그는 중앙아시아를 세 차례(1900년 5월부터 1901년 7월까지, 1906년 4월부터 1908년 11월까지, 1913년에서 1916년 사이) 탐험하면서 아시아의 가장 오지를 돌아다녔고, 파미르 고원의 눈과 얼음에 덮인 카라코람 산맥을 넘었으며, 모래바람이 몰아치는 타클라마칸 사막을 건넜다. 그는 자신의 탐험 역정을 자세한 기록으로 남겼다.

1906년, 스타인은 인도 총독부의 지원을 받아 중앙아시아를 거쳐 중국 서북지역으로 들어가는 제2차 중앙아시아 탐험에 나섰다. 그는 신강에서 반년 동안 활동한 후 1907년 초에 돈황에 도착했다.

그는 중국어를 할 줄 몰랐기 때문에 장효완(蔣孝琬)이란 중국인을 조수로 고용했다. 장효완은 호남성 출신으로서 교육을 받았고 고고학에 관해 상당한 지식을 갖추었으며 감식안이 뛰어나고 일을 처리하는 수완도 있는 인물이었다. 스타인은 돈황현에 도착한 후 곧바로 현령 왕종한(汪宗翰)을 찾아갔다. 그는 신강 악수(阿克蘇) 도태(道台)의 소개장을 갖고 있었기 때문에 현령 왕종한은 외국에서 온 불청객을 예의를 갖추어 맞이했다. 두 사람의 대화중에 왕도사가 장경동을 발견한 정황이 드러났다. 스타인은 돈황에 도착하기 전에 우루무치의 무슬림 상인으로부터 천불동에 관한 부정확하고 사소한 정보만 얻을 수 있었다. 상인이 전해준 얘기는 모호하고 전설처럼 엉성한 정보였으나 현령과의 대화를 통해 장경동의 자세한 상황을 알게 되었다.

스타인 본인은 훗날 저서 『서역고고기(西域考古記)』에서 다음과 같이 기술했다. "1907년 5월 27일 나는 다시 성지를 찾았다. 이 보물은 애써 살펴볼 가치가 충분했다."

"내가 처음 석굴사를 찾았을 때 왕 도사란 인물은 출타 중이었고 젊은 티베트 승려 한 사람만 있었다. 나는 그 젊은 승려에게서 얘기를 들었다. 5월 달에 내가 다시 찾아왔을 때 왕 도사는 나를 기다리고 있었다. 한 눈에 보아 그는 특이하며 매우 교활하고도 기민한 인물이었다. 그는 자신이 보관하고 있는 물건이 무엇인지 몰랐고 신과 인간 사이의 일에 관해서는 외경심을 갖고 있었다. 나는 첫 만남에서 그가 쉽게 요리할 수 없는 인물임을 알아차렸다. 석굴에 가득찬 장서들을 서둘러서 살펴보기란 쉬운 일이 아니었다. 나는 가진 돈을 모두 사용하여 그를 유혹했지만 종교에 대한 그의 감정을 마비시키기에는 부족했고 너무 많은 돈을 사용했다가는 다른 사람의 분노를 살까 두렵기도 했다. 의도했던 의도하지 않았던 간에 그가 야기할 수 있는 장애를 극복한 사정을 여기서 모두 설명할 필요는 없을 것이다."

그곳에 벽화가 존재한다는 사실은 일지감치 알고 있었으나 신성하고도 아름다운 고대 벽화와 소상 앞에 선 스타인은 감탄과 놀라움을 누르기 어려웠다. 젊은 승려가 그가 궁금해 하는 문제에 대한 해답을 제시해주었다. 승려는 장경동에서 꺼내온 긴 두루마리 경전 하나를 그 앞에 펼쳐 보여주었다. 탐험대는 보물을 절취하기 쉽도록 동굴 근처에 텐트를 쳤다. 여러 차례 접촉과 기타 여러 가지 방법을 통해 스타인과 장효완은 차츰 왕 도사의 사정에 관해 파악해갔다. 두 사람은 왕 도사가 지식수준이 높지 않고, 중국의 전통 학술에 대해서는 거의 아는 것이 없으며, 장경동 두루마리의 가치를 이해하지 못하고, 서유기에 나오는 이야기를 매우 좋아하며, 현장(玄奘)을 존경해서 도교사원 태청궁을 짓기 위해 열심히 탁발하러 다니고 있다는 등의 사실을 알게 되었다. 스타인은 왕 도사의 비위를 맞추기 위해 다른 계략을 마련하고 좀 더 신중하게 접근하기로 결정했다. 우선 장효완이 나서서 스타인을 현장법사를 특별히 존경하는 독실한 불자로 소개했다. 마침 왕 도사가 들고 나온 두루마리가 공교롭게도 필사본 불경이었고 두루마리 표지에는 "대당삼장법사현장 역(大唐三藏法師玄奘 譯)"이란 글자가 적혀 있었다. 이를 본 장효완은 기지를 발휘해 현장법사의 신령이 인도에서 온 불제자 스타인을 기다리고 있었다는 증거이며, 이 불경은 현장

「스타인」

「왕도사」

「장효완」(스타인의 중국인 조수)

법사가 인도에서 구해온 것인데 스타인은 지금은 동쪽 나라에서 불법이 쇠퇴하고 있음을 알고 현장이 걸어갔던 옛길을 따라 불경을 되찾으러 왔고, 이 불경 전부를 가져가 "인도의 학술 사원"에 공양하여 연구하게 할 계획이라고 왕 도사에게 말했다. 스타인도 왕 도사에게 많은 공덕전을 내겠다고 약속했다. "마침내 왕 도사는 나의 말에 마음이 움직였다. 어느 날 아침 보물이 보관되어 있는 석실로 들어가는 문의 한쪽이 열렸다. 두루마리는 바닥에 겹겹으로 어지럽게 쌓여 있었는데 높이가 10척 가량 되었다. 왕 도사가 몇 묶음을 갖고 나오도록 기다렸고, 도사는 우리를 새로 지은 불당의 방으로 데리고 들어간 후 외부 사람이 훔쳐보지 못하도록 커튼을 내렸다. 나는 두루마리의 내용을 빠르게 훑어보고 나서 어떤 관점에서 보든 귀중한 보물 하나가 제 발로 걸어 나와 내 앞에 펼쳐졌음을 알게 되었다."

"일단 우리의 계도를 받아들인 왕 도사는 열심히 두루마리를 한 묶음씩 들고 나왔다. 나를 특히 기쁘게 한 것은 기괴하게 생긴 석굴이 보물을 보존하는 데는 훌륭한 환경을 갖추고 있었다는 점이었다. 무색의 질긴 캔버스 천으로 싼 보따리를 풀자 고서와 비단 채색화가 쏟아졌다. 그때는 두루마리에 적힌 공양주에 관한 기록을 찾아볼 겨를도 없었고 그림의 기법을 자세히 살필 마음의 여유도 없었다. 내 머릿속에는 오랜 세월을 망각 속에 유폐되어 있다가 이제는 다시 무관심한 보호자의 손안에 놓인 보물을 얼마나 많이 구출해 낼 것인가 하는 생각뿐이었다. 그때가 올 때까지는 흥분과 열정의 표출은 최대한 절제하기로 마음 먹었다. 절제는 당장에 효과를 냈다. 유물에 대한 왕 도사의 무관심은 더욱 굳어지는 것 같았다."

"그때 나의 가장 중요한 과업은 소문을 두려워하는 왕 도사의 망설임을 제거해 주는 것이었다. 나는 왕 도사에게 매우 신중하고도 진지하게 도교 사원을 지을 수 있을 만한 시주를 하겠다고 약속했다. 그래도 그는 한편으로는 명성에 오점을 남길까 두려워하는 마음과 다른 한편으로는 얻게 될 이득에 대한 미련 사이에서 계속 방황했다. 막판이 왔고, 우리는 성공했다!"

대충대충 점검을 마친 두루마리가 한 묶음씩 지속적으로 스타인의 텐트로 옮겨졌다. 스타인은 절도행각이 현지인들에게 발각될까봐 텐트 안에 숨어있었고 장효완이 보는 눈이 없는 한밤중에 조용하게 물건을 날랐다. 작업은 8일 동안 이어졌다. "손에 넣은 물건이 갈수록 무거워졌고 결국 수레를 이용해 옮겨야 했다."

「스타인, 탐험대원, 그가 고용한 일꾼들」

「발굴품을 운반하는 스타인 탐험대」

스타인은 도합 9천개의 두루마리와 5백장의 그림을 손에 넣었다. 29개의 큰 상자가 가득 찼고 올 때 타고 온 낙타와 말을 제외하고도 말 세 필이 끄는 큰 수레 다섯 대를 빌려 물건을 날랐다.

왕 도사는 스타인으로부터 얼마간의 시줏돈을 받았다. 장효원이 나서서 왕 도사와 시줏돈을 흥정했다. 스타인은 장효원에게 마제은(馬蹄銀) 40덩어리—한 덩어리는 은화 50냥 상당—를 낼 수 있으며 필요하다면 두 배까지는 내겠다는 지침을 주었다. 결과는 예상 밖이었다. 장효원은 마제은 4덩어리를 주고 거래를 성사시켰고 스타인은 이 하찮은 금액을 믿을 수가 없었다.

스타인이 천불동 근처에 머물고 있다는 소식은 재빨리 섬서·감숙 총독 관서에 알려졌다. 총독은 돈황현에 스타인의 활동 내용을 확인하고 감시하되 가능하면 빨리 천불동을 떠나도록 독촉하라는 지시를 내렸다. 돈황 현령 왕종한은 스타인이 고분을 도굴하지 않을까만 걱정했다. 그는 스타인이 고분을 파헤치지 않았고 단지 "아무런 가치도 없는" 파지 두루마리만 가져갔다는 보고를 받고 안심했다. 상부의 지시대로 현령은 스타인에게 예정보다 앞당겨 떠나라고 설득했다. 스타인이 방치된 문물을 구해냈다는 주장도 있지만 그의 의도가 무엇이었던지 간에 주권국가의 문물을 약탈해 간다는 것은 부끄러운 행위임은 누구도 부인할 수 없을 것이다..

16개월 후 스타인의 물건은 영국에 도착하였고 런던의 대영박물관에 안치되었다. 이후 불경 두루마리 일부는 대영도서관으로 옮겨졌다.

1914년, 스타인은 세 번째의 중앙아시아 탐사활동을 시작했다. 다시 돈황을 찾았을 때 왕 도사는 전혀 깨달음이 없었을 뿐만 아니라 오히려 더욱 대담하게 스타인과의 두 번째 거래를 끌어갔다. 『서역고고기』는 다음과 같이 기술하고 있다. "1914년, 나는 두 번째로 그곳에 갔다. 왕 도사는 자랑스럽게 자신의 장부를 내게 보여주었다. 석굴사 앞에 새로 세운 사원과 신도들이 머무는 숙소는 내가 준 돈으로 지었다. 이야기가 그가 아끼던 중국어 불경을 관부에서 실어가면서 생긴 손실에 이르자 그는 처음 나를 만났을 때 용기와 식견이 부족했음을 후회했다. 장효완의 말을 따라 내가 주는 큰 금액을 받고 장서 전체를 내게 주는 게 나을 뻔 했다고 말했다."

"관부의 간섭을 받은 후 겁이 난 그는 특별한 가치가 있다고 생각되는 중국어 필사본을 다른 안전한 곳에 숨겨두었는데, 이것도 적지 않은 분량이었다. 두 번째 이곳을 순례한 성과는 다섯 개의 큰 상자에 가득 찬 6백여 권의 불경이었다. 물론 그는 상당한 액수의 시줏돈을 받았다."

스타인이 이때 돈황에서 가져간 문물 중에서 필사본 불경은 현재 런던 대영박물관과 인도사무부 도서관(현 영국 국가도서관)에 소장되어 있다. 그러나 이때 발굴한 고고문물의 절대다수는 현재 뉴델리의 인도 국립박물관(전 중앙아시아 고문물박물관) 중앙아시아 실에 전시되어 있고 일부 대표적인 표본만 대영박물관에 소장되어 있다. 그러나 이들 필사본은 고고학 발굴유물로서 런던으로 보내진 것이 아니기 때문에 중국어 필사본은 대영박물관이 소장하고 있으나 티베트어, 산스크리트어, 카라한어 불경은 인도사무부 도서관이 소장하고 있다.

대영박물관이 소장하고 있는 중국어 필사본은 작고한 가일스(Lionel Giles) 박사가 40여 년 동안 각고 노력하여 목록을 만들었고 그의 사후에 출판되었다.

스타인이 두 차례 돈황 탐사를 통해 얻은 대략 3천여 건의 단편적인 자료는 아예 분류번호를 부여받지 못했다. 현재 그린스테드(Eric Grinstead)가 목록작업을 진행하고 있다. 그 밖의 언어로 된 필사본은 인도총독부 도서관에 있는 스타인 소장품 단독 서고에 보관되어 있다. 그 중 대부분이 티베트어이고 산스크리트어와 카라한어 필사본은 많지 않다. 티베트어 필사본은 필사의 원시양식을 기준으로 하여 73권으로 편철되어 있다. 어떤 것은 장방형이고, 어떤 것은 정방형이며, 장정 방식은 인도 패엽식(貝葉式)도 있고, 중국 권축식(卷軸式)도 있다. 모두가 스타인이 수집 현장에서 붙인 분류번호가 붙어있다. 그밖에 약 1,000여 건의 『대승무량수종요경(大乘無量壽宗要經)』 필사본은 원래는 권축식이었으나 현재는 첩지식(疊紙式)으로 장정되어 있다.

티베트어 필사본 불경은 발레-푸생(Louis de La Vallée-Poussin) 교수가 제1차 세계대전 동안 런던에 거주하면서 목록을 만들었으나 최근에야 출판되었다.

인도사무부 도서관은 필사본 불경 이외의 문서는 목록을 작성하지 않았는데, 대부분 전임 관장 토마스(F. W. Thomas)가 『서역의 티베트어 문헌과 문서』란 편저에서 정리해 두었기 때문이다. 대부분의 카라한어 필사본은 베일리(H. W. Bailey)교수가 출판하였는데 현재 6권까지 나와 있다(『카라한어문서집』).

## 프랑스인 사기꾼 펠리오

두 번째로 돈황을 찾아온 서양인은 프랑스의 펠리오(Paul Pelliot)였다. 펠리오는 고등학교 졸업 후 프랑스의 중국학연구소에 들어가 중국어를 배웠고 중국학 전문가인 샤반느(Emmanuel-Edouard Chavannes) 밑에서 공부했다. 1900년, 그는 중국으로 파견되어 프랑스 원동학원 박물관을 위해 고문물을 수집했다. 당시는 마침 8국 연합군이 북경을 침입한 때라 펠리오도 혼란한 이 시기를 이용하여 적지 않은 중국 고대 전적과 문물을 손쉽게 가져갈 수 있었다. 이후 그는 다시 여러 차례 중국으로 와 사기적인 수법으로 고전적을 사갔다.

1906년, 프랑스는 중앙아시아와 중국에서 활동할 탐험대를 조직했다. 탐험대원은 3명, 펠리오와 촬영기사 누에트(C. Nouette), 그리고 지도제작 기사 바이앙(L. Vaillant)이었다. 펠리오는 우루무치에서 돈황 장경동에 관한 약간의 소식을 들었다. 얼마 지나 그는 신강으로 유배된 청 황실의 자제가 갖고 있던 장경동에서 나왔다는 필사본을 볼 수 있었다. 펠리오는 감식안을 갖춘 인물이었기 때문에 한눈에 그것이 8백여 년 전의 유물이며 가치를 따지기 어려운 물건임을 알아보았다.

1908년 2월, 펠리오 일행은 돈황 천불동에 도착했다. 그는 하노이 원동학원의 스나르(M. Senart)에게 보낸 편지에 당시의 상황을 다음과 같이 기술했다. "내가 처음으로 탐방했을 때 장경석실은 닫혀 있었고 왕 도사는 출타 중이었다. 내가 돈황을 찾은 목적은 석실에 비장된 문서를 보기 위해서였다. 그러나 약간 늦게 온 탓에 돈황으로 들어가는 열쇠를 만나지 못했다. 나는 조용히 기다릴 수밖에 없었다. 도사는 스타인이 떠나면서 물건을 계속 사겠다며 약간의 돈을 남겨두고 갔다고 말했다. 이 말을 듣고 나는 무척 기뻤다. 나는 스타인 씨를 모방하였고 어렵지 않게 보물을 손에 넣을 수 있었다. 석실로 들어가는 열쇠는 늦게 도착하기는 했으나 1908년 3월 3일 아침 천리 밖에 감춰져 있던 보고가 열렸다. 모습을 드러내기까지 8년이란 세월이 흘렀다. 석굴 문을 열고 들어가자 경악하지 않을 수 없었다. 동굴의 3면이 온통 사람 키를 넘는 높이의 고문서 더미로 덮여 있었다. 두루마리 큰 무더기가 세 곳, 무수한 티베트어 필사본이 칸막이에 의지하여 석실 모서리까지 채우고 있었다. 나는 혼자 생각해 보았다. 석굴 안의 문서를 모두 보자면 많은 시간이 걸리겠지만 그래도 다 살펴보고 싶었다. 나는 한권씩 펼쳐보기 시작했다. 나는 문서들을 임시로 두 종류로 분류했다. 하나는 정수라고 할 수 있는 문서, 어떤 대가를 치르더라도 반드시 손에 넣어야 할 것들. 다른 하나는 평범한 문서, 손에 넣어도 좋고 그렇지 못해도 좋은 것, 문제가 생겼을 때 버리고 가도 좋은 것들."

펠리오는 석실 안에서 장장 3주를 보내며 두루마리들을 남김없이 넘겨보았다. 석실 안의 어떤 물건이라도 종이 한 장까지 지나치지 않았다. 진기한 문물을 만난 펠리오는 취한 듯 미친 듯하였다. 두루마리를 넘기면서 펠리오는 수시로 정수라고 할 만한 물건들은 옷 주머니에 몰래 집어넣었다. 바이앙은 펠리오가 숙소로 돌아올 때면 하루도 빠짐없이 외투 주머니가 불룩해져 있는 모양을 지켜보았다.

펠리오는 왕 도사와 가격협상을 벌였고 절대로 비밀을 지키겠다고 약속했다. 그는 왕 도사에게 은화 5백 냥을 주고 마침내 6,000여 건의 두루마리를 손에 넣었다. 펠리오가 절취한 두루마리는 스타인이 남겨 놓고 간 것이어서 수량으로는 스타인이 가져간 것보다 적었다. 그러나 펠리오는 중국어, 티베트어, 돌궐어 등 여러 문자를 해독할 수 있었고 비교적 긴 시간 동안 살펴볼 수 있었기 때문에 가져간 두루마리는 석실 유물의 정수라고 할 만한 것이었고 유일본도 많았다.

펠리오는 두루마리를 조심스럽게 포장한 후 천진으로 옮겼고 그곳에서 다시 포장하여 배편으로 프랑스로 보냈다. 프랑스까지의 운반에는 누에트와 바이앙이 호송했다. 펠리오 자신은 두루마리를 담은 작은 상자 하나를 가지고 북경으로 가 저명한 학자 나진옥(羅振玉), 장부(蔣斧), 왕국유(王國維) 등에게 보여줘 그들을 놀라게 했다. 펠리오가 손에 넣은 돈황의 보물을 본 중국의 지식인들은 장경동의 두루마리들이 이미 스타인 등 외국인들에게 절취 당했다는 사실을 알고 놀라고 통탄했다. 그들은 그 문물의 가치가 헤아릴 수 없으므로 남은 것이라도 도둑맞는 것을 막기 위해 시급히 조처해야 한다고 조정에 상소를 올렸다.

1920년, 누에트가 1908년에 막고굴에서 촬영한 동굴 벽화 사진을 묶은 자료집이 프랑스 파리에서 『중앙아시아기행–돈황예술도록』이란 책으로 나왔다. 이 책은 세계 최초의 막고굴 벽화도록이었다.

펠리오가 사들인 수천 건의 두루마리는 현재 파리 국립도서관 동방필사본관에 전시되어 있는데 중국어 필사본의 목록 번호는 P2001부터 시작된다. 목록 번호 P1에서 2000번까지는 티베트어와 카로슈티어 필사본이다. 그러나 티베트어와 카로슈티어 필사본의 숫자가 2,000을 훨씬 넘었기 때문에 지금은 여러 문자 필사본의 분류번호 첫머리에 "펠리오 한문문고(Pelliot chinois)", "펠리오 티베트어문고(Pelliot tibetain)"라고 글자를 추가한다. 중국어 필사본 분류번호 2001~3511까지와 4500~4521까지는 펠리오 자신이 탐험에서 돌아온 직후 분류한 번호이며 펠리오는 이 목록의 부본을 중국과 일본의 학자들에게 보냈다. 중국과 일본 학자들은 이 목록을 널리 사용했다. 이들 필사본의 대부분은 도록 또는 별책 도록의 형태로 발표되었고 그중 일부 목록번호는 왕중민(王重民)(『돈황고적서록敦煌古籍敍錄』)과 나바(那波利貞)가 이어서 작업한 것이다. 펠리오는 세상을 떠나기 직전까지 수백 건의 필사본 두루마리를 자신이 직접 보관하고 있었다. 1962년, 왕중민은 최종적으로 펠리오에게서 받은 목록 부본을 상해에서 출판한 자신의 저서 『돈황유서총목색인(敦煌遺書總目索引)』에 편입시켰다. 이 색인은 극히 개략적이고 탈루가 많지만 펠리오 수집품의 전모를 체계적으로 파악하는 데는 큰 도움을 준다.

현재 프랑스 국립도서관은 중국학자들의 협조를 받아 새로운 목록 작성 작업을 진행하고 있다. 작성 중인 목록은 상당히 상세하기는 하나 필사본의 서체라든가 지질에 관해서는 언급하고 있지 않기 때문에 완벽한 목록작업이라고 보기는 어렵다.

티베트어 필사본의 목록작성 작업의 성과는 『국립도서관소장 돈

「펠리오」(장경동 안에서)

「펠리오 탐험대가 촬영한 장경동 벽화」

황 티베트어필사본 목록』 3책으로 출판되어 나왔는데, 『대승무량수종요경』 필사본은 포함되어 있지 않다. 이 3책 목록은 대략 10년의 간격을 두고 순차적으로 출간되었다.

카로슈티어, 고대위구르어, 카라한어 필사본은 수량이 적어 아직 전문적인 분류작업을 하지 않고 있지만 잡지나 도판을 통해 이미 발표된 것도 있다.

## 넘보는 이웃나라

중국의 서북지역을 찾아와 돈황 문물을 약탈해간 세 번째 인물은 일본의 오타니 고즈이(大谷光瑞)가 보낸 탐험가들이었다. 오타니 탐험대와 그 발굴품은 복잡한 역사를 갖고 있다. 그들은 1902~1904년, 1908~1909년, 1910~1914년 세 차례에 걸쳐 중국 서북지역을 조사했고 일본이 중앙아시아로 보낸 유일한 탐험대였다. 세 차례의 탐험활동 중에 8천여 건의 중국 문물을 절취해갔다. 이 탐험대는 인원수도 많았고 활동지역도 넓었으며 활동한 시기 또한 비교적 길었다. 불교 정토진종(淨土眞宗)의 사실상의 교주였던 오타니가 탐험대를 파견한 목적은 불교유적을 찾는 것이었다. 세 차례의 탐험활동은 일본 정부나 종단의 이름을 내세우지 않고 오타니 개인의 이름과 지휘 하에 진행되었다. 탐험대의 구성원은 모두가 오타니 자신이 선발하고 교육한 청소년들이었다. 예컨대, 제2차와 제3차 탐험대의 대장 다치바나 즈이초(橘瑞超)는 제2차 탐험에 나섰을 때 17살이 채 되지 않은 나이였다.

제3차 탐험활동 중에 한동안 다치바나의 소식이 완전히 끊기자 사람들은 그가 신강에서 실종되었다고 믿었다. 오타니는 그를 찾기 위해 수하의 요시카와(吉川小一郎)를 보냈다. 1911년 2월, 타치바나와 요시카와가 돈황에서 만났다. 두 사람은 왕 도사로부터 중국어와 티베트어 필사본 두루마리 500여 건을 사들였다.

오타니의 수집품은—그 중에는 투르판(吐魯番)에서 발굴한 필사본 불경과 고대문물이 포함되어 있었다—처음에는 오타니 소유의 오사카 교외 별장 "이락장(二樂莊)"에 보관되었다가 후에 일부가 중국의 여순(旅順)으로 옮겨졌다. 전하는 말에 의하면, 그 이유는 이 "골동품"이 수입관세 부과 대상이었고 여순은 자유항이었기 때문이라고 한다. 몇 년 동안 탐험대 구성원들은 고베와 여순을 오가며 자료를 정리하고 연구했다. 얼마 후 오타니는 『서역고고도보(西域考古圖譜)』란 도록을 출판했는데 필사본의 도판이 많이 실려 있었다. 타치바나가 편집한 불경 총서도 시리즈로 출판되었다. 이 무렵 타치바나는 중국어 필사본 불경의 목록을 작성했고, 목록은 1914년에 나진옥이 『일본귤씨돈황장래장경목록(日本橘氏敦煌將來藏經目錄)』이란 이름으로 출간했다. 탐험대 구성원의 일기와 기타 문자기록은 1937년이 되어서야 출판되었다.

오타니는 중앙아시아 연구에 흥미를 잃었다. 그의 수집품은 여순박물관으로 옮겨졌고 현재는 중국 정부의 소유로 되어 있다. 여순박물관으로 옮겨졌던 문물 일부가 조선 한성박물관으로 보내졌다가 그 중 극소수가 최종적으로는 도쿄 국립박물관으로 건너갔다. 이밖에도 오타니 수집품의 일부는 일본 각지로 흩어졌다.

대략 1921년 무렵, 타치바나는 교토에서 학업을 계속하기 위해 여순을 떠나면서 주로 투르판에서 수집한 두 상자 분량의 문서를 가지고 갔다. 그러나 그의 지도교수는 자신만만한 이 제자를 상해로 보냈다. 두 상자는 모두의 기억 속에서 잊혔다가 오타니가 세상을 떠난 몇 년 후인 1948년에 교토의 한 창고에서 발견되었다. 상자는 정토진종 교단에서 세운 류코쿠(龍谷)대학에 연구 목적으로 기증되었다. 이 문헌을 정리하고 연구하는 기초 작업은 1953년 일본 정부의 인가를 받아 시작되었고 1963년에 6권짜리 연구 보고서가 나왔다. 보고서의 주요 내용은 타치바나 문서에 관한 해설과 문서 도판, 돈황 발굴 문물의 연구 동향, 중앙아시아의 역사·언어·고고학에 관한 최신 연구 논문 목록이었다. 류코쿠대학 소장 문서는 사실상 탐험대가 손에 넣은 문서 자료의 전부라고 할 수 있다.

1962년에 왕중민 선생은 돈황에서 유실되어 일본으로 건너간 장경동 문서 목록을 『돈황유서총목색인(敦煌遺書總目索引)』의 "돈황유서산록(敦煌遺書散錄)"이란 장(책 10-14쪽)에서 정리했다.

1. 일본 오타니대학 도서관 소장 돈황유서목록
2. 일본 류코쿠대학 도서관 소장 돈황유서목록
3. 일본인 나카무라(中村不折) 소장 돈황유서목록
4. 일본의 여러 개인이 소장한 돈황유서목록
5. 일본의 신원미상 개인이 소장한 돈황유서목록

이 목록을 작성할 때 기초로 삼았던 자료는 『소화법보총목(昭和

法寶總目)』이었다. 그러나 당시의 여러 가지 제약 때문에 『목록』은 여러 군데 교정, 증보가 필요했다. 근년에 들어와 중국의 일부 전문가들이 일본을 방문하여 조사한 결과 오랫동안 먼지를 뒤집어 쓴 채 세상에 존재를 알리지 못했던 돈황 두루마리와 문서를 다수 찾아냈다.

1. 일본 미츠이(三井)문고 소장 돈황유서

미츠이문고는 1918년에 창립되었고 그 전신은 "미츠이가편찬실(三井家編纂室)"이었다. 한때 크게 발전했으나 제2차 세계대전 시기에 공습을 피해 이전했다가 폐쇄되었다. 현재의 미츠이문고는 1965년에 설립되었으며 세계적으로 흔치 않은 기업이 설립한 자료연구 기관이다. 1985년 미츠이문고는 미츠이 가문에서 기증한 문물을 접수했는데 이때 돈황 필사본 불경이 포함(모두 77건)되어 있었다.

2. 교토 후지이유린관(藤井有隣館) 소장 필사본

후지이유린관은 관서지방 재계의 명사인 후지이(藤井善助)가 수집한 동양미술품을 공개하기 위해 1926년에 설립되었다. 은 왕조에서 청 왕조에 이르는 중국 공예미술품을 다량 소장하고 있다.

후지이유린관이 소장하고 있는 돈황문서를 가장 먼저 체계적으로 중국에 소개한 인물은 요종이(饒宗頤)였다. 그는 1954년에 발표한 논문(『경도등정씨유린관장돈황잔권기략京都藤井氏有隣館藏敦煌殘卷紀略』)에서 유린관의 소장품과 그 특징을 간략하게 소개했고, 돈황문서의 내력을 상세히 소개하면서 60여 건의 목록을 밝혔다.

3. 당초제사(唐招提寺) 소장 돈황 필사본 불경

총 28건이다.

4. 법륭사(法隆寺) 소장 돈황 필사본 불경

단 한 권의 필사본 불경을 소장하고 있다. 일본 정부 지정 "중요문화재"이다.

5. 국회도서관 소장 필사본 불경

장서 4백여 만 권의 국회도서관은 일본 최대이자 유일한 "국립"도서관이다. 그 전신은 "구 제국의회 양원 도서관"과 1875년에 공공도서관으로 설립된 "우에노(上野)제국도서관"이다. 국회도서관은 세계적으로 유명한 동양문고를 휘하에 두고 있다. 동양문고는 원래 일본 최초의 민간 동양학도서관과 연구소였다. 지금까지 중국의 학자들이 이용하고 있는 스타인 수집품 마이크로필름은 바로 이 동양문고에서 제작한 것을 북경도서관과 중국과학원이 복사한 것이다. 소장하고 있는 돈황 필사본 불경은 모두 46건이다.

6. 대도큐(大東急)기념문고 소장 돈황 필사본 불경

도큐는 "동경급행전차회사"의 약칭이다. 1949년, 동경 급행전차공사는 5개의 소규모 동업사를 합병하면서 대도큐기념문고를 설립했다. 고대 필사본은 이 문고의 자랑이다. 돈황 두루마리 수십 건을 소장하고 있다.

7. 동경대학 동양문화연구소 소장 돈황 필사본 불경

동경대학 동양문화연구소는 1941년에 설립되었다. 1981년부터 "대부문제"를 채택하고 범아시아, 동아시아, 남아시아, 서아시아 4개 부문의 연구를 진행하고 있다. 일본의 아시아 지역연구의 중추이다. 연구소가 소장하고 있는 돈황 필사본 불경은 모두 11권이다.

위에서 기술한 일본 내 돈황 유실 문물과 불경은 근년에 들어와 새로 발견된 것이고 아직도 드러나지 않은 수량이 상당할 것으로 추정된다. 국내외 돈황학 연구교류가 확대되고 있는 만큼 머지않은 장래에 돈황 문물 유실의 수수께끼가 더 많이 밝혀질 것이다.

## 뒤지지 않는 러시아인

러시아는 영국과 프랑스가 중국 돈황과 서북지역의 문물을 절취해간 발자취를 뒤늦게 따라왔지만 횟수에 있어서는 오히려 앞서갔다. 러시아인들이 약탈해간 중국의 각종 문물은 수만 건에 이른다. 일찍이 1905년에 러시아인 오보로티에프가 돈황을 찾아와 일용품 여섯 주머니를 주고 큰 주머니 두 개의 필사본으로 바꾸어 갔는데 수량은 알 수가 없다. 1914~1915년에 불교 예술사가 세르게이 올덴부르크가 제정 러시아 외교부의 재정 지원을 받아 서역·신강 조사대를 이끌고 두 번째로 돈황을 찾아왔다. 그의 조사대는 고문서와 수많은 소상, 비단에 그린 그림, 종이에 그린 그림을 절취해 갔을 뿐만 아니라 왕 도사를 통해 약 200개의 두루마리를 가져갔다. 그는 페테르부르크로 돌아간 후 두 부류로 나누어 필사본은 아시아박물관(현 동방학연구소 페테르부르크 분소)에 넘겨주었고 예술품·지리 측량자료·민족학 자료·야외 조사기록·일기 등은 러시아박물관, 민족학박물관, 지리학박물관 등의 박물관에 보관했다. 여러 박물관에 보관했던 자료들은 그 후 여러 차례의 이관을 거쳐 지금은 페테르부르크 네바 강변에 있는 에르미타주박물관에 집중되어 있다.

에르미타주 박물관은 중국 서북지역의 돈황을 포함한 투르판과 흑수성(黑手城, 현재의 지명은 몽고어로 어지나)에서 절취한 문물을 소장하고 있고 그 중에는 올덴부르크의 기록과 사진, 투시도와 모사화, 조사대의 노트 등 5천여 건이 있다. 이 박물관은 2백여 건의 불번(佛幡, 불교 사원에 거는 깃발)을 소장하고 있는데 수량에 있어서는 펠리오가 수집한 것보다 훨씬 많다. 불번은 크기가 다양하고 완전한 것도 있고 부분적으로 파손된 것도 있다. 채색 여부를 기준으로 한다면 채색 불번과 비채색 불번으로 나뉜다. 제작연대로 보자면 위로는 당 시대로부터 아래로는 북송에 이른다. 채색 불번은 색채와 인물 모습의 변화를 통해 여러 시기의 회화 기법의 진화를 반영하고 있다. 비채색 불번은 사원에서 판매하기 위해 준비해 둔 것일 가능성이 높다.

에르미타주 박물관과 같은 거리에 위치하고 있는 러시아 동방학연구소 페테르부르크 분소는 돈황문서, 흑수성문서, 그리고 2천여 건의 중국 비명 탁본을 소장하고 있다.

1930년 이후 30년 동안은 학문적 경륜이 깊은 전문 연구자들이 잇달아 세상을 떠나자 연구소가 소장하고 있는 귀중한 문물을 정리, 분류, 연구하는 작업이 사실상 중단됐다. 1960년 모스크바에서 열린 제25회 국제동방학자대회에서 비로소 소장품의 주요 부분이 외국학자들에게 공개되었다. 대회 개최와 비슷한 시기인 1957년에 러시아는 중국문학 전문연구자 레프 멘치코프(중국명 孟列夫)가 주도하는 연구팀을 구성하여 소장품 목록작업을 시작했다.

돈황문서는 주로 올덴부르크가 1914년 8월에서 1915년 1월 사이에 돈황에서 수집해간 것이다. 올덴부르크 수집품의 대부분은 파손이 심하다. 멘치코프 연구팀은 두 권의 목록을 작성했는데 그 중 첫 번째 목록에 따르면 3m 길이의 두루마리는 20%를 넘지 않는다. 올덴부르크가 돈황에 왔을 때는 상태가 양호한 필사본은 중국 정부가 이미 북경으로 옮겨간 후여서 남은 것들만 가져갔기 때문인 듯하다.

올덴부르크는 수백 건의 티베트어 필사본도 가져갔고 대부분이 『대승무량수종요경』이다. 이 불경은 독립된 품목으로 관리되고 있다.

올덴부르크(1863~1934)는 제정 러시아 시대의 "중국학 전문가" 안드레이 바실리예프의 제자였다. 그는 1889년에 페테르부르크대학 동방학과를 졸업했다. 그는 산스크리트어와 불교학을 전공했고 1900년에는 러시아과학원 회원이 되었다. 1904년부터 과학원 상임서기를 맡았고 1916년에 아시아박물관(1918년에 설립) 관장에 취임, 1917년에는 케렌스키 임시정부에서 "교육부장"을 맡아 단번에 러시아 정계의 풍운아로 떠오른 인물이었다. 또한 그는 돈황과 신강의 문서를 탈취한 주모자 가운데 한사람이었다.

올덴부르크가 처음으로 중국 서북지역 "탐사"에 나선 것은 1909~1910년 사이의 일이었고 러시아위원회의 재정지원을 받았다. 이때 그의 탐사대는 신강 카슈가르(喀什), 투르판, 쿠차(庫車) 등지에서 문물을 탈취해갔다.

올덴부르크는 10만 루블의 지원금을 받아 1914년 5월 20일~1915년 1월 26일 사이에 두 번째로 중국 서북지역 탐사활동에 나섰다. 이

때의 탐사대는 촬영기사, 화가, 측량기사, 통역 등 10명으로 구성되었다. 이들은 돈황에 머무는 동안 동굴 443개소의 정면을 몰래 그렸고, 32,000장의 사진을 찍었으며, 여러 종류의 벽화(단편)·천 그림·비단 그림·종이 그림, 필사본, 자수 작품을 훔쳐갔다.

돈황 문서와 문물에 대한 대규모 절취는 제정러시아 외교부와 밀접한 관계를 맺고 있던 "러시아위원회"가 주도했다.

"러시아위원회"는 중앙아시아와 동아시아를 연구하는 러시아위원회의 약칭이다. 1899년 10월 14일 로마에서 제12회 국제동방학대회가 열렸다. 회의에서 러시아의 돌궐 전문학자 라드로프(W. W. Ladloff)가 투르판에서 클레멘츠가 벌인 도굴활동과 절취한 문물의 내용을 소개했다. 흥미를 느낀 서방학자들이 러시아 정부나 관련 기관이 클레멘츠가 하던 작업을 이어받아 계속하라는 제안을 내놓았다. 라드로프는 이 일을 맡을 국제위원회를 구성하자고 제안했고 그의 제안은 대회의 인준을 받았다. 위원회의 중앙위원회는 페테르부르크의 "러시아위원회"가 맡기로 결정되었다. 위원회의 정관 초안 작성은 러시아가 맡기로 했다. 1902년 함부르크에서 열린 제13회 국제동방학대회에서 상술한 위원회의 명칭을 "중앙아시아 원동 역사학·고고학·언어학·민족학 국제학회"로 하고 본부를 페테르부르크에 두고 각국에 분회를 두기로 결정했다. 라드로프와 올덴부르크가 "러시아중앙위원회"를 조직하는 일을 맡았다. 1903년 2월, 러시아위원회의 정관이 러시아 황제의 비준을 받았고 5천 루블의 지원금도 받았다.

러시아인이 "학회"의 주요 발기인이 되고 본부를 러시아에 둔 이유는 무엇일까?

"학회"와 산하의 "러시아위원회"의 출생은 서방 식민정책의 산물이었다. 일본의 한 돈황학자가 지적했듯이 "러시아는 항구를 얻기 위해 남진정책을 폈고" 영국도 중앙아시아로 진출하여 "러시아와 대항하려 했다." "중앙아시아 탐사가 유행했던 것은 19세기 후반 열강의 정치적 의도의 결과였다." 당시 중국 서북지역으로 가려는 외국인은 주로 러시아의 중앙아시아 지역을 통과하는 노선을 택했고 제정러시아 정부가 거기 끼어들었다. 러시아정부는 "과학연구의 후원자"를 자처했고 러시아정부의 단기적 목표는 "학술계와 자료를 공유"하는 것이었다. "러시아위원회"는 러시아정부가 중국 서북지역 등지에서 과학정보를 수집하는 전초 조직이 되었다. 러시아위원회는 국제학회의 본부와 관련이 있었고 따라서 러시아정부와 서방 "탐험가들"과 사이에서도 어느 정도의 관계를 갖게 되었다. 러시아위원회의 구성원에는 러시아과학원·페테르부르크대학 동방학과·고고위원회·지리학회·러시아고고학협회 대표와 러시아 궁정·외교부·군사부·재정부·교육부·내무부를 대표하는 인물 각 1명이 포함되었다. 러시아 궁정을 대표한 오흐톰스키 공작은 러시아정부 식민정책의 집행자이기도 했다. 군사부 대표는 총참모부 아시아부 주임 바실리 원수였다. 결론적으로 말하자면 "러시아위원회"는 러시아 외교부의 사실상의 하부조직이었다.

러시아가 돈황과 신강의 문물을 약탈한 사실은 오랫동안 고의적으로 은폐되어 왔다. 1975년, 전 소련과학원은 사실을 은폐하려다 오히려 진상을 드러내고 말았다. 그들은, "1914년에 올덴부르크가 현대의 과학적 기법을 이용하여 이미 비어버린 막고굴 장서실을 발굴하면서 이 필사본들을 발견했고 1914~1915년 러시아 국내에서 진행한 투르키스탄 탐사 중에 합법적으로 옮겨왔다"고 변명했다. 이른바 "발굴"이란 돈황 석실장서 발견사의 기본상식을 벗어난 것이며 "합법적으로" 옮겨왔다는 주장도 황당하고 몰염치한 얘기다. 그들의 주장은 오히려 강도행위를 증명하는 내용이다.

전 소련이 소장하고 있던 돈황 문서와 문물을 포함한 중국 서북지역의 문물에 관해 비교적 구체적인 내용을 공개한 사람은 중국의 저명학자 정진탁(鄭振鐸)이다. 1957년 가을과 겨울에 정진탁은 동유럽 국가들로부터 초청을 받고 불가리아, 체코슬로바키아와 소련 각지를 강연 여행을 했다. 그는 이때 직접 목격한 바를 바탕으로 하여 돈황문헌 등 대량의 중국 귀중 문물을 소련이 소장하고 있는 상황을 공개했다. 이런 상황은 그의 글이 발표되기 전에는 짐작하기 어려운 "수수께끼"로 남아 있었다.

1957년 11월 18일, 정진탁은 레닌그라드에서 친한 친구 서삼옥(徐森玉)에게 보낸 편지에 다음과 같이 썼다. "어제 레닌그라드에 도착하자마자 바로 작업을 시작했네. 모스크바 사람이 내게 말해 주었는데 레닌그라드에 만 권 이상의 돈황 두루마리와 만여 권의 서하(西夏)문자로 기록된 불경이 있다고 하네. 정오에 동방연구소로 가 돈황 두루마리를 보았네. 시간이 넉넉지 않아 가까이에 있는 수십 권만 살펴보았을 뿐인데 『유마힐경변문(維摩詰經變文)』 두 권을 찾아냈네. 두 권 다 우리가 알지 못하던 것이었네. 어제는 일요일이어서 찾아갈 수가 없

「쌍두불」, 에르미타주 박물관 소장

「돈황 공양보살」, 하버드대학
포그 박물관 소장

었기에 동궁(冬宮)박물관을 관람하기로 했네. 그곳에는 중국 고대문물의 3대 보고가 있었네. 하나는 돈황의 벽화와 소상(진품이다!). 아는 사람이 별로 없었고 어찌된 일인지 설명해주는 사람도 없었네. 아마도 별것 아닌 발견이라고 생각했겠지! 오늘 오전에 다시 동방연구소를 찾아가 계속해서 돈황 두루마리를 살펴보았네. 모두 2~3백 권을 보았는데, 이 수백 권의 물건 가운데 놀라운 물건이 적지 않았네. 예컨대, 장자(莊子)(어부편) 1권, 문선(사령운謝靈運이 조상의 덕을 읊은 시) 2수, 위맹풍간(韋孟諷諫) 1수, 장무선張茂先의 분발 시 1수, 조자건曹子建의 상책궁응조(上責躬應詔) 시 1수) 1권, 효경(孝經) 2권, 논어(論語) 자로(子路) 제13 1권, 좌전

(左傳) 잔편, 노자(老子) 제71~81장 1권, 왕범지(王梵志) 시, 오경전(五更轉) 등등……."

## 미국 "원정대"

돈황 천불동 문물 절취극에서 또 다른 주역은 미국인 워너(Langdon Warner)*였다. 미국인이 돈황 문물에 손을 댄 것은 비교적 늦은 일이었다. 워너는 1924년에 하버드대학 포그(Fogg) 박물관의 재정지원을 받아 중국 서북지역으로 가는 "원정대"를 조직했다. 이 무렵엔 돈황의 고문서와 예술품은 여러 나라 탐험대의 장기간에 걸친 약탈을 통해 핵심적인 것들은 이미 해외로 흘러나간 뒤였다. 1924년에 워너가 돈황에 도착했을 때 그를 "접대"한 인물은 역시 문제의 왕 도사였다. 그러나 왕 도사 수중에는 남아있는 두루마리가 없었기 때문에 필사본을 약탈하려던 계획은 포기할 수밖에 없었다. 워너의 또 하나의 임무는 벽화를 절취하는 것이었다.

워너는 왕 도사에게 얼마간의 돈을 주고 인사를 차렸고 왕 도사는 워너가 벽화를 뜯어내는 일을 모른 척 해주었다. 워너는 준비해간 특수 화학용제와 고무포를 이용해 천불동의 벽화 26점(면적으로는 도합 32,006㎠)을 뜯어냈고 높이 120cm의 당 시대 반궤(半跪)보살상 1

* 미국 영화 '인디아나 존스'는 가공의 모험담이기는 하지만 주로 워너의 활동을 소재로 했다고 알려져 있다[역주].

기를 훔쳐갔다. 비할 데가 없는 이 예술품은 훗날 미국 등 서방국가에 순회 전시되면서 강렬한 반향을 일으켰다.

1925년, 워너는 두 번째로 중국을 찾았다. 이때 그는 충분한 준비를 하고 왔다. 특히 벽화를 뜯어낼 때 사용할 화학 아교풀 제조 전문가가 동행했다. 이해 5월 돈황에 도착한 워너는 옛 수법을 다시 동원해 벽화를 훔칠 생각이었지만 동행한 중국학자와 현지 주민들이 엄밀하게 감시했고 돈황 지방 당국도 그의 행동에 까다로운 규정을 적용했다. 다수가 지켜보고 있어서 기회를 잡지 못한 워너는 결국 빈손으로 떠나갔다.

포그 박물관은 돈황 문물을 손에 넣으려는 계획을 포기하지 않았다. 박물관 측은 다시 2만 파운드의 자금을 내놓고 스타인에게 중국 서북지역으로 갈 "고고" 탐험대를 조직해달라고 부탁했다. 스타인은 이 제의를 수락했다. 그러나 예상 밖으로 신강에 진입하자마자 신강 지방당국이 카슈가르 주재 영국 총영사에게 스타인이 중국의 전략지역에서 측량하는 것을 허락하지 않는다고 통지했다. 총영사는 중국 측에 스타인의 행위는 "순수한 학문 활동"이라고 변명하는 한편 중국 측의 통지를 스타인에게 전해주었다. 스타인은 이를 무시하고 도굴활동을 시작할 준비를 했다. 스타인의 행적을 주시하던 신강 지방관원의 압력 때문에 스타인은 유적지를 발굴할 일꾼을 고용할 수가 없었다. 그는 혼자서 몰래 몇 군데를 파헤쳤다가 곧바로 발각되었다. 중국 정부는 즉각 그의 행동을 저지하고 이어서 통행증의 효력도 취소시켰다. 스타인은 계획을 실행해보지 못하고 카슈가르로 돌아가야 했고 몰래 파낸 유물은 현장에 남겨두고 찍은 사진만 인도로 가져갔다.

# 5
# 거듭 약탈당한 흑수성 문헌

흑수성(黑水城)은 아주 오래된 지명이다. 이 도시는 16세기 중엽에 버려졌고 옛터는 지금은 내몽고자치구 어지나(額濟納) 기(旗) 관할이다. 바다인 자란(巴丹吉林)사막의 언저리에 위치하고 있고 사방은 모래언덕으로 둘러싸여 풀 한 포기 자라지 않는 곳이다. 사람의 발길이 끊어져 죽음과 같은 정적만 가득한 곳이기도 하다. 그러나 9백 년 전에 이곳은 서하(西夏) 왕조의 중요한 도시였다. 성 안에는 길이 바둑판처럼 뚫려 사람과 수레가 쉴 새 없이 왕래했고 각종 종교의 사원이 숲을 이루었으며 아침저녁으로는 사람의 통행을 금지하고 허락하는 종소리와 북소리가 끊이지 않았다. 성 밖에는 수로가 종횡으로 연결되었고 두렁길은 끊어지지 않았으며 작물이 짙푸르게 자라고 낙타와 양이 유유히 풀을 뜯었다.

## 거대한 황사, 아득한 옛날

러시아인 코스로프(Koslov) 일행으로 하여금 수많은 산과 강을 넘고 건너 위험을 무릅쓰고 옛 흑수성을 찾게 한 것은 오래 전부터 민간과 해외에 떠돌던, 흑장군(黑將軍)이 성을 지키고 흑수성에는 보물이 숨겨져 있다는 전설이었을지 모른다.

당시에는 서하 왕국의 삼류도시에 불과했던 도시의 불탑 안에 그토록 많은 문서와 문물을 보관했던 이유가 무엇인지 지금도 명쾌하게 설명해줄 사람이 없다. 서하의 역사를 제대로 전하는 기록이 없다는 사실은 수대에 걸쳐 중국학자들을 곤혹스럽게 만든 난제였다.

10세기에 조광윤(趙匡胤)이 진교병변(陳橋兵變)*을 일으키고 송 왕조를 창건하였다. 이때 북쪽에는 거란족 야율(耶律) 가문이 창건한 요(遼) 왕국이 있었고 서쪽에는 당항(黨項, 탕구트)족, 회골(回鶻, 위구르)족, 투르판족이 패권을 다투고 있었다. 11세기에 당항족의 제3대 서평왕(西平王) 탁발원호(拓跋元昊)가 중국 서북지역에 왕조를 열고 국호를 대하(大夏, 세칭 서하)라 하였다. 서하의 판도는 오늘날의 영하(寧夏) 회족 자치구, 감숙성의 대부분, 섬서(陝西) 북부, 내몽고 서부와 청해(青海)성 동부에 이르는 광대한 지역이었다. 이 신비한 왕조는 10명의 제왕이 190년 동안 통치했고 1227년에 몽고에게 멸망되었다.

2백년을 넘기지 못했지만 서하인들은 찬란한 문화를 창조했다. 서하는 건국 직전에 이미 민족문자를 창제했는데 당시에는 "번자(番字)", "번문(番文)", "번서(番書)"라고 불렀고 후세에 와서는 서하문이라 부른다. 건국 이후는 물론이고 건국 이전에도 서하의 통치자들은 유학을 높이고 한학(漢學)을 장려했다. 그들은 과거제도를 실시했고 각지에 학교를 세웠으며 한편으로는 불교를 크게 일으켰다. 중국, 인도, 서방 문화가 흘러드는 다문화 중심축에 위치한 서하는 실크로드에서 동서양

---

* 후주(後周) 공제(恭帝) 원년(서기 959년)에 조광윤이 일으킨 쿠데타[역주].

문화가 교류하는 중요한 벨트였다.

중국 고대사에서 이처럼 중요한 지위를 차지하는 왕조, 자신의 문자와 언어를 온전하게 보존한 민족, 체계적인 법률과 제도를 갖추었던 정부에 대해 원 왕조의 사관들은 요·금·송을 다루면서는 독립된 왕조사로 편찬하면서도 서하를 위해서는 대등한 기전체 독립 왕조사를 남기지 않았다. 사관들은 요·금·송사 가운데서 한두 권을 할애하여 서하를 개략적으로 기술하였다. 서하의 독립된 사서가 없기 때문에 요·금·송·원사는 상호 참고할 수 있는 중요한 문헌이 되지 못했고 당시 공사간에 풍부하던 서하의 사료들이 사서에 편입되지 못함으로써 점차로 인멸되었다. 오대십국(五代十國)의 어떤 왕조는 그 강역이나 존속기간이 매우 좁고 짧은데도 독립된 왕조사를 갖고 있는 점과 비교한다면 역사는 서하에 대해 불공정한 대우를 하고 있다고 할 수 있다.

청 건륭, 가경 이후로 많은 학자들이 앞선 시대의 문헌 가운데서 누락된 부분을 보완하는 작업을 하면서 수 백 년 전에 흩어지고 사라진 서하의 사료를 부분적으로 복원하려 시도했다. 그러나 각종 저술 가운데 흩어져있는 서하 관련 사료는 너무 적었다. 1804년, 청 시대 고증학자 장주(張澍)가 감숙성 무위성(武威城) 안의 청응사(清應寺)에서 앞 시대에 누군가가 벽돌로 막아 놓은 보루를 헐고 그 속에서 서하문과 한문이 병기된 유명한 『중수양주호국사감응탑비(重修凉州護國寺感應塔碑)』를 찾아냈다. 장주는 비석의 뒷면 글자가 서하문자라고 판정했다. 서하의 주류민족인 당항족이 원·명 교체기에 점차로 소멸함으로써 서하문자가 사용되지 않아 죽은 문자가 된 이후로 수백 년 만에

「흑수성 유적」

「서하문 불경」

처음으로 서하문자가 발견되고 판독되었다. 중국학계는 이때부터 새로운 서하관련 자료를 수집하기 시작했다.

현재까지는 서하관련 출토 고고자료 가운데서 흑수성에서 발굴한 문헌이 수량이나 학술적 가치 면에서 단연 앞선다. 어떤 학자는 숫자로서 비유하기를, 서하의 지하문물의 90%는 흑수성에서 나왔고 흑수성의 문물 가운데서 90%는 바로 이 탑에서 나왔다고 하였다. 코스로프 이후로 영국, 미국, 스웨덴의 탐험가들이 소문을 듣고 흑수성으로 달려왔다. 중국 문물관리 부문에서도 중화인민공화국 수립 이후 흑수성 유적을 체계적으로 조사하였고 매번 수확이 있었다. 그러나 수량이나 학술적 가치, 종류 면에서 앞으로도 계속 수확이 있을지는 기대하기 어렵다.

## 만리타국으로 흘러나간 보물

1907년 3월 17일, 영국인 스타인이 신강 옛길을 따라 돈황으로 달려와 왕 도사가 발견한 돈황 보물을 처음 보았을 때, 러시아인 코스로프는 러시아 왕립지리학회의 위탁으로 떠났던 세 번째 중국 티베트·신강지역 탐사여행을 마치고 네 번째 원정을 준비하고 있었다. 그는 러시아의 마지막 황제 니콜라이 2세와 황태자를 "두 차례" 알현하는 영광을 맛보았다. 출발하기 전 황제는 그에게 3만 루블의 돈, 장총, 연발권총과 탄환을 하사했다. 코스로프는 여러 해가 흐른 후에도 이때의 감동을 잊지 못했다.

러시아학자들은, 당시 열강의 탐험활동은 "구미와 일본이 중국을 상대로 정치·경제적 압력을 가하는 배경 하에서 진행되었으며 탐험을 통해 얻은 현지 지형측량과 상황 정보는 군사적 목적에 사용될 수 있었고 청 정부가 이를 알고도 상당한 정도로 양보했음은 의심의 여지가 없다"고 인정했다. 그러면서도 그들은 백년이 지난 지금에 와서는 중국문화의 보존과 연구라는 면에서 보자면 탐험대가 "귀중한 공헌을 했다"고 주장한다.

지금 시점에서 되돌아보면 당시 외국의 여러 탐험가들 중에서 러시아인의 후각이 가장 예민했던 것 같다. 자료에서 드러나듯, 스타인이 돈황에서 소달구지에 두루마리를 실어 런던으로 보내기 2년 전에 러시아인 오보로티에프는 일용품 여섯 꾸러미를 주고 큰 것으로 두 꾸러미의 천불동 필사본과 바꾸어 갔다. 흑수성에 관해서도 가장 먼저 정보를 접한 사람은 포타닌이라는 러시아인이었다. 그는 심지어 왕 도사가 장경동을 발견하기 전에 몽고인의 저서를 통해 흑수성의 존재를 알았고 어디에서 "모래를 파면 은으로 된 물건을 찾을 수 있는지" 알았다. 코스로프의 회고에 따르면 그는 흑수성을 점찍은 첫 번째의 외국인이 아니었다. 그보다 먼저 여러 차례 흑수성을 찾아간 사람들이 있었지만 원하던 성과를 내지 못했을 뿐이다. 현지의 몽고인들은 그들에게 흑수성의 소재를 알려주지 않았을 뿐만 아니라 어떤 때는 정반대 방향을 알려주었다.

1908년 3월, 코스로프 일행은 현지 몽고족 토호를 만나 사막으로 들어갈 준비를 했다. 코스로프는 선배들의 경험을 교훈삼아 현지 주민과 특히 청 정부를 대리하여 일대를 관할하는 몽고족 토호의 환심을 사기 위해 각별한 노력을 기울였다. 그는 현지 토호와 유력자들을 초청하여 성대한 연회를 베풀고 그들에게 연발 권총, 장총, 유성기 등을 예물로 주었고 마침내 수년 동안 뚫리지 않았던 방어선을 무너뜨릴 수 있었다. 토호는 그에게 길잡이를 붙여주었고, 그는 꿈에도 그리던 흑수성을 처음으로 보았다.

그들은 흑수성에서 13일간(1908년 4월 1일~4월 13일) 머물면서 "파헤치고, 찌르고, 부수고, 절단하는 등 모든 방식을 동원했다." 그러나 "탐사와 발견은 기본적으로 고고학적 요구를 고려하지 않았다." "발굴품에 대해서는 상세한 기록도 작성하지 않았다." 그들은 손에 넣은 불상, 법구, 서적, 장부, 동전, 장식품 등을 러시아식 울러 매는 상자 10개(총 중량은 150kg)에 담아 몽고 우편역을 통해 쿠룬(현재의 울란바토르)을 경유하여 페테르부르크로 보냈다.

객관적으로 평하자면 코스로프의 첫 번째 도굴의 수확은 그렇게 풍성했다고는 할 수 없지만 개인의 입장에서 더 중요한 것은 흑수성 유적을 찾았다는 사실이었다. 당시에 그는 이 점을 인식하지 못했고 그래서 실망하며 떠났을지도 모른다. 첫 번째 도굴품이 페테르부르크에 도착한 후 일찍 사라져 아무도 해독하지 못하는 서하문 서적과 장부 등이 예민한 중국학 전문가 올덴부르크와 이바노프를 놀라게 했고, 러시아 왕립지리학회는 곧바로 감정과 평가 작업에 들어갔다. 1908년 12월, 코스로프는 왕립지리학회로부터 사천으로 가려는 계획을 포기하고 즉시 흑수성으로 돌아가 "인력과 자금과 시간에 구애받지 말고 발굴을 확대하라"는 명령을 받았다.

1909년 5월 말 코스로프 일행은 다시 흑수성에 도착했다. "유쾌한 관계"를 유지하고 있던 몽고족 토호의 도움으로 탐사대는 현지 일꾼을 고용하고 러시아인의 지휘 하에 흑수성 안팎을 다시 뒤지며 발굴을 진행했다.

시작 단계에서는 놀랄만한 발견은 일어나지 않았다. 코스로프는 "발굴에 정식으로 참가하지도 않았을 뿐만 아니라", "심지어 의미 있는 유물이 발굴되어도 평면도에 위치조차 표시하지 않았다." 5월 27일자의 그의 일기에는 다음과 같이 적혀있다. "시간은 다섯 시, 천지가 벌써 뜨거워짐을 느낀다. 황량하고 적막한 흑수성에서 우리가 어떻게 일할 수 있을지 생각하지 않을 수 없다." 그는 두 번째 발굴에 대해 시작 단계에서는 확신을 갖고 있지 않았던 것 같다.

그런데 기적이 일어났다. 6월 12일, 그들은 서쪽 성 밖에서 높이 약 10m, 바닥 면적 약 12㎡의 "저명한 불탑"을 열어 젖혔다. 그들의 눈앞에 겹겹이 쌓인 2만 4천 권에 달하는 고대 장서와 대량의 장부, 두루마리 경전, 불화, 소상이 나타났다. 훗날 러시아인들이 중세기의 도서관과 박물관을 찾아냈다고 말한 것은 결코 과장이라 할 수 없다. 이때의 발굴 이후로 세상에 널리 알려진 이 불탑을 파헤치는데 꼬박 9일이 걸렸고(1909년 6월 12일~6월 20일) 끄집어낸 예술품은 숙영지로 옮겨져 대충 분류한 후 포장했다. 40필의 낙타가 수천 권의 희귀한 문헌과 5백여 점의 정교하고 아름다운 예술품을 싣고 서쪽을 향해 출발했다. "우호적인 태도"를 유지하던 토호가 자신의 자식들과 부하들을 모두 이끌고 나와 말위에 높이 앉아 탐험대 일행을 배웅해 주었다!

오늘날 우리는 2만여 권의 중국 중고시대 희귀본이 은허에서 나온 갑골과 돈황문서에 뒤이은 또 하나의 중대한 국학 자료의 발견임을 알고 있다. 15만 편의 갑골 복사의 발견은 문자로 기록된 믿을 수 있는 중국역사를 3천여 년 전의 은상(殷商)시대로 끌어 올렸고, 돈황의 수만 권 문서는 서진(西晉)에서 송 초에 이르는 전사(傳寫)시대의 권축식 서적의 다양한 모습을 재현했다고 한다면 흑수성 출토 문헌은 시간적으로는 돈황문서를 이어가면서 요·송·서하·금·원(특히 서하) 시기의 문화자원을 보여준다고 할 수 있다. 흑수성 문헌의 절대다수가 서하문 문헌이고 그 내용이 언어와 문자, 역사, 법률, 사회, 문학, 고대 전적의 번역문, 불교경전을 포괄하고 있다. 나머지는 한문 문헌으로서 송·금에서 직접 서하로 유입된 서적과 서하에서 판각하거나 필사한 서적들이고 송·서하·원 시기의 관부와 군대, 백성의 서류와 문서도 적지 않다. 이밖에도 티베트어, 고대 위구르어, 페르시아어 등 기타 민족의 문자자료도 있다. 흑수성 출토 문헌은 문헌적 가치와 판본으로서의 가치가 매우 높지만 불행하게도 세상에 다시 등장하는 그날로부터 외국 탐험대의 주머니 속으로 들어가고 말았다.

1909년 가을, 코스로프는 흑수성에서 절취한 보물을 페테르부르크로 옮겼다. 현재 문헌 전부는 러시아과학원 동방학연구소 페테르부르크 분소가 소장하고 있고 관련 예술품은 에르미타주 박물관에 보관되어 있다.

## 중단된 문화의 정보를 찾아서

러시아가 가져간 흑수성 문헌의 목록 번호는 8,000번을 넘으며 대체로 언어를 기준으로 분류되었다. 수량이 가장 많은 것은 서하문본으로서 전체의 90%를 차지하며 다음으로 많은 것이 한문본인데 10%가 채 되지 않는다. 티베트어본, 고대 위구르어본, 페르시아어본이 그 뒤를 잇는다. 판각본, 필사본이 두루 있고 모두가 송·서하·금·원 시기의 진기한 서적들이다.

서하문본의 분류, 등록, 정리와 연구는 우선 서하문 해독 수준 때문에 제약을 받았다. 서하문은 서하왕조 초기 탁발원호 시대에 창제된 표의문자이다. 글자 수는 대략 6천여 자이고 모양은 한자를 닮았으나 구조가 훨씬 복잡하고 "필획이 번거롭고 굴곡이 부적 같다"는 평을 듣는다. 서하문은 중국의 중고시기에 서북의 광대한 지역에서 4백여 년 동안 사용되다가 서하왕조가 몽고에 의해 멸망되면서 주류민족인 당항족이 사라진 이후로 점차 사람들의 기억에서 사라져 죽은 문자가 되었다. 그러나 서하문은 서하문화의 중요한 담체이다. 세상의 빛을 다시 보게 된 흑수성 문헌의 핵심 부분에 대한 연구가 첫 번째 부닥친 장애는 이 문자를 해독할 사람이 없다는 것이었다. 험난한 탐색작업에 처음으로 나선 러시아와 중국의 선배 학자들이 겪은 어려움은 말하지 않아도 짐작이 가는 바이다. 그들은 동일한 불경의 한문본과 서하문본을 대조하는 방법을 택했는데 당연히 추측이 많았고 과학적 근거는 부족했다. 그러다가 방대한 문헌더미 속에서 서하왕조 후기의 학자 골륵무재(骨勒武才)가 편찬한 서하문·한문 대역 단어집—『번한합시장중주(番漢合時掌中珠)』—이 발견되었다. 이 책은 70여 쪽밖에 남지 않았지만(호접장胡蝶裝) 천여 자의 상용 서하문을 수록하고 있고 서하문 단어 하나마다 대응하는 한자의 음과 뜻을 적어놓았다. 마찬가지로 한자 하나마다 대응하는 서하문의 음과 뜻을 적어놓았다. 마침내 서하문자를 해독할 수 있는 열쇠가 나타나 위대한 민족의 미궁에 빠진 역사를 밝혀주게 된 것이다. 당시에 러시아의 중국학 전문가 이바노프는 이 책이 발견되자 큰 소리로 외쳤다. "사전을 찾았어. 이제 7백 권의 고서를 읽을 수 있게 되었어!"

『번한합시장중주』의 발견은 전혀 새로운 기점의 표지였지만 깊이 있는 학술적 성과를 내기 위해서는 더 많은 노력이 필요했다. 러시아와 중국의 서하학 전문가들은 다시 서하문 저작 『문해보운(文海寶韻)』에 대한 연구를 진행했다. 이 책은 『설문해자(說文解字)』와 『광운(廣韻)』의 특징과 기능을 겸비한 서하문 음운서로서 3천여 자의 주석이 붙은 서하문자를 수록하고 있었다. 수록된 서하문자는 주석을 포함하여 5천여 자, 이는 서하문자 총수의 80%에 이른다. 이 책의 성공적인 해독은 서하학 연구의 이정표였다.

## 신비의 베일을 벗은 서하 고문헌

흑수성 문서가 발견된 후로 백년 가까운 세월이 흘렀다. 연구자들이 백발이 될 때까지 쏟은 노력 덕분에 서하문 문헌은 이제 기본적인 해석이 가능하게 되었고 따라서 러시아가 소장한 흑수성 문헌 중 서하문 부분의 가장 기본적이고 중요한 전적과 문서를 간략하게 분류할 수 있게 되었다.

1. 언어 문자류

『번한합시장중주』, 『문해보운』, 6천개의 서하문자를 9품 관직 분류에 따라 글자의 뜻을 풀이한 서하문 사전 『음동(音同)』, 음운표와 음운도형으로 서하어 음운체계를 표시한 『오음절운(五音切韻)』, 동의어 사전 『의동(義同)』 등. 이들 문헌은 고대 서하 학자들의 서하어와 중국어에 대한 인식과 연구수준을 반영하고 있으며 서하문자의 독특한 구조를 밝히고 이미 소멸한 서하어를 복원하는데 중요한 자료이다.

2. 역사 법률류

가장 먼저 손꼽아야 할 것은 『천성개구신정율령(天盛改舊新定律令)』, 『송형통(宋刑統)』 이후 처음으로 판각 반포한 왕조의 법전이다. 원래는 20권이었으나 현재 남은 부분은 19권, 1,200여 쪽, 2만여 자이다. 체제는 먼저 문(門)을 나누고 그 아래에 조(條)를 두었다. 합계 147문 1,400여 조이다. 당율(唐律)을 본받으면서 확대하여 형·민·행정법을 집대성해 서하사회의 정치, 경제생활의 면모를 반영하고 있다. 서하 환종(桓宗) 계해년(1203년)에 만든 필사본 『계해신법(癸亥新法)』은 『천성율령』 가운데서 주로 불교사원에 관한 규정을 증보 수정한 것이다. 그밖에 여러 종류의 토지매매와 금전 대차계약서, 흑수성 요새에서 올린 상소문이 있다. 각종 사회관계를 진실하게 반영하는 원시 개별 자료이다.

### 3. 사회 문학류

통속적인 문자 학습자료 『신집쇄금치장문(新集碎金置掌文)』와 『삼재잡자(三才雜字)』. 전자는 남조시대 양(梁) 무제(武帝) 때의 천자문을 모방한 것으로 5자 1구(句), 2구 1연(聯)의 형식으로 4천여 자를 수록하고 있다. 후자는 천·지·인 3요소를 바탕으로 하여 상용 서하문 단어 4천여 자를 수록하고 있다. 두 책은 천체와 계절, 관작, 서하와 중국의 성명, 혼인과 가정생활, 빚 독촉과 고발을 소재로 하고 있어 내용이 풍부하고 서하 지역의 자연조건과 사회상황, 민족관계를 이해하는데 도움이 된다. 그밖에 『예문유취(藝文類聚)』의 체제를 모방하여 편찬한 『성립의해(聖立義海)』, 민간의 속담과 격언을 모은 『신집금합사(新集錦合辭)』, 역서, 점복서, 의약서 등이 있는데 모두가 서하 사회의 윤리와 민속을 반영한 자료이다.

### 4. 고전적

서하는 중원의 한족문화를 중시하였기 때문에 여러 종류의 한문 전적을 번역했다. 그 중에서 송 시대 여혜경(呂惠卿)이 주석한 『효경(孝經)』 번역서는 한문본은 오래 전에 사라져 없고 서하문 번역본만 세상에 전한다. 또 당 시대 우입정(于立政)이 편찬한 『유림(類林)』은 한문본은 사라졌고 현재 서하문 번역본을 정리 보충하여 고본을 복원했다.

5. 불교 전적류

러시아가 소장하고 있는 흑수성 문헌 가운데서 수량이 가장 많은 것은 서하문 불교 전적이며 4백여 종의 각종 경·율·론 저작이 있다. 한문본을 번역한 것 이외에 티베트어본을 번역한 『종주왕음대공작명왕경(種呪王陰大孔雀明王經)』, 『대밀주수지경(大密呪受持經)』 등이 있고, 서하 본토에서 편찬한 『의금강왕해모이정병친송의궤(依金剛王亥母以淨瓶親誦儀軌)』와 『중유신요론(中有身要論)』 등이 있다. 서하왕조는 유학을 바탕으로 통치체제를 만들었고 불교를 이용해 백성을 통제했으며, 송으로부터 여러 차례 대장경을 사간 적이 있고 황실이 재정지원을 하고 사원이 주도하는 형식으로 한문과 서하문 대장경을 판각했다. 서하에서 제작한 대장경은 불경 첫 쪽에는 판각 기술이 정교하고 등장하는 인물이 허다하며 구도가 웅장한 부처와 보살의 설법도가 장식되어 있고 끝 쪽에는 발원문, 발어(跋語), 제론(提論) 등이 인쇄되어 있다. 불교가 서하 사회 상층부와 민간에 전파된 상황, 불교 교리와 승려제도의 변천과정, 불경 판각의 진화, 서하불교·중국불교·티베트불교의 교류 상황을 연구하는데 중요한 자료이다.

## 한족문화와 서하문화

서하 왕조의 판도 안에는 한족이 매우 많았다. 서하문 창제 이후에도 한문은 여전히 통용되었고 한족문화는 서하 문화에 깊은 영향을 주었다. 흑수성 문헌 가운데 한문 문헌이 상당한 비중을 차지함은 이를 반영하는 것이다.

1. 사회문서

『송서변변경군사공문(宋西變邊境軍事公文)』은 정화(政和) 8년(1118년)에서 건염(建炎) 2년(1128년)까지 서부 부연로(鄜延路)와 환경로(環慶路) 등지 군정부서의 여러 방면의 사정을 기록한 연속된 문서로서 합계 30여 건 109쪽이다. 이 문서는 송·서하·금의 구체적인 교전 기록에 관하여 전통 사서에서 나오지 않는 부분을 보완해주고 있다. 그 밖에도 관공서와 개인의 문서 60여건이 있다(북송 단공端拱 2년[989년]에 지견智堅 등 네 사람이 서천西天으로 구도 여행을 떠난 기록, 서하 광정光定 13년[1223년]에 천호千戸 교정釗亭이 주민을 처형하고 상부에 올린 보고서, 북원 선광宣光 2년[1371년] 가옥 파손을 둘러싼 고발장 등).

2. 희귀 고전

중원에서는 사라지고 전하지 않으나 흑수성 문헌 가운데서만 보이는 송·서하·금·원의 희귀본 전적으로는 북송 판각본 『점관문진장자의(占觀文進莊子義)』, 금 평양(平陽) 판각본 『유지원제궁조(劉知遠諸宮調)』(동방연구소 페테르부르크 분소에서 북경도서관으로 기증함), 금 판각본 『신조문주청화(新雕文酒淸話)』와 『육임과비결(六壬課秘訣)』, 원 판각본 『진기(晋紀)』 등이 있다. 그리고 현재 전하는 판본과는 내용이 상당히 다른 송 판각본 『광운』과 『평수운(平水韻)』 등도 있다.

### 3. 잡장류(雜藏類) 불교 전적

송과 서하 문화교류의 뚜렷한 사례는 쌍방의 불사(佛事)의 왕래이다. 중국 측에서는 수와 당 시대에 불교의 여러 종파가 활발하게 일어났으나 송 대에 들어와서 점차로 침체를 경험했다. 그러나 서하 경내에서는 오히려 불교가 막 일어서기 시작했다. 국사(國師)를 임명하고 불경 번역소를 설치했으며 불교 서적의 간행 보급이 활발했다. 흑수성 문헌 중에는 화려한 불화와 간기(刊記)가 있는 서하 판각본 한문 불경뿐만 아니라 유일본인 잡장류 한문전적도 있는데 선종의 『장로료화상겁외록(長蘆了和尙劫外錄)』, 정토종의 『통리대사입지명심성해해탈삼제률(通理大師立志銘心性海解脫三制律)』과 『진양홍제선원자각화상권화문(鎭陽洪濟禪院慈覺和尙勸化文)』과 종밀(宗密)이 주석한 『청량심요(淸凉心要)』 등이 그것이다. 책속에 나오는 예리한 법어는 후세 사람들로 하여금 마음을 새로이 가다듬게 하는 바가 있다.

서하는 서쪽으로 투르판과 국경을 맞대고 있어서 경내에 투르판인들이 많았고 따라서 티베트어가 통용되었다. 서하 불교는 중국 불교와 티베트 불교를 동시에 받아들였다. 흑수성 문헌 중에는 티베트어 필사본이 다수 있는데 일부 필사본은 『변법법성론(變法法性論)』과 유사해 주목을 받고 있다. 그밖에도 고대 위구르어 필사본 불경과 페르시아어 『칠지자(七智者)』 잔본은 서하지역이 다민족이 혼거하면서 융합한 특색을 보여준다.

서기 1227년, 몽고 기병의 거듭된 공격을 받아 마침내 수도 중흥부(中興府)가 함락되면서 서하 왕조는 멸망하고 당항족의 세력도 급속하게 쇠퇴했다. 점령 초기에 몽고군은 잔혹한 학살과 약탈을 벌였고 서하의 문헌, 예술품, 건축 등이 대량으로 파괴되었다. 이런 사실을 두고 어떤 학자는 실크로드의 진주가 사라졌다고 표현한다. 시간이 흐름에 따라 당항족이 세운 서하의 수수께끼는 늘어났지만 오늘날에 와서는 마침내 흑수성 문헌연구를 통해 먼 옛날 서하왕국의 원래 면모를 찾을 수 있게 되었다.

## 고대국가의 수수께끼를 찾아서

제정러시아 정부는 흑수성 고문헌 발굴 사실을 비밀에 부쳐왔다. 중국학자들은 원시 문헌자료를 볼 기회가 없었기 때문에 서하 옛 왕조의 역사에 대해 많은 의문을 품고 있었다. 이러한 연구의 공백기는 오랫동안 지속되었다. 1913년, 일본에 건너가 살고 있던 고문헌 전문가 나진옥이 이바노프로부터 『번한합시장중주』 한쪽을 얻어 보았다. 그는 이것의 학술적 가치를 곧바로 알아차렸고 이때부터 중국의 서하왕조 연구는 전환점을 맞이했다. 이듬해에도 나진옥은 『번한합시장중주』 9쪽을 보게 되었고 이를 석판 인쇄하여 배포했다. 1924년, 나진옥의 아들 나복성(羅福成)이 『번한합시장중주』 전부를 필사했다.

외부세계에 알리지 않고 연구하던 러시아 학자들이 20세기 30년대에 관련 저서와 논문을 발표하면서 흑수성 문물 관련 목록을 공개하기 시작했다. 1932년, 『국립북평도서관보』가 첫 번째의 『서하문 특집호』를 내놓았다. 여기에 러시아가 소장한 서하문헌의 일부가 단편적으로 소개되었다. 1935년, 나복성이 서하문 사전 『음동』을 필사했다. 이런 과정을 통해 중국에서는 서하학의 열풍이 불면서 연구의 초보적 기초가 확립되었다.

진인각(陳寅恪), 나복장(羅福萇), 왕정여(王靜如), 향달(向達) 같은 선배 학자들이 열정적으로 옛 왕국의 연구에 뛰어들었고 고증과 해독을 통해 학계의 안목을 크게 넓혀주었다. 여기에 더해, 민국시기에 영하의 영무(靈武) 등지에서 다량의 서하 불경이 발견되었고 원대한 안목을 지닌 일부 학자들이 전력을 다해 서하문 해독과 서하문 자료정리에 매달렸다. 그들은 동일한 불경의 한문본과 서하문본을 비교해가면서 수백 년 전에 "죽은" 서하 문자를 초보적으로 해독해내고 점진적으로 문법과 글자의 조합 규칙을 밝혀나갔다.

러시아학자들은 수십 년 동안 서하 연구를 독점하였다. 그들은 서하 문헌을 마음껏 이용했다. 전문 저작이나 논문을 발표할 때 문헌의 원문을 발표하기는 했지만 전체 소장 문헌에 비하면 극히 일부에 불과했다. 다른 나라의 연구자들은 러시아인들의 연구를 기점으로 삼지 않을 수 없었다. 미공개 문헌을 볼 기회가 없으니 전면적이고 깊이 있는 분석은 기대할 수 없었다. 한 학자는 다음과 같이 지적했다. "서하학은 연구 수준이나 연구종사자들의 수에 있어서 돈황학에 미치지 못한다. 서하 문자가 해독하기 어렵다는 점 이외에 문헌 원전의 공개가 지체되고 있다는 점도 원인의 하나이다.

흑수성 출토 한문 문헌도 학자들이 주목하는 대상이다. 1920년대에 학계에서는 코스로프가 가져간 문헌 가운데 송 시대 판각본(실제로는 금의 판각본) 『유지원제궁조』가 있다는 말이 떠돌았다. 일생동안 중국의 희귀 고전 보존과 전파에 정력을 쏟아 온 정진탁 선생은 여러 경로를 통해 진위를 알아보려 했으나 성과가 없었다. 그는 1930년대에 이 책의 사본과 사진을 보게 되었다. 그로부터 20여 년 동안 그의 머릿속에서 이 책에 대한 걱정이 떠나간 적이 없었다. 1957년에 정진탁은 중국정부 문화부 부부장의 신분으로 소련을 방문했을 때 레닌그라드 에르미타주박물관과 아시아민족연구소(현 동방연구소)에서 돈황, 흑수성, 신강지역 출토 문물을 보고 "크게 놀라지 않을 수 없었다." 수십 년 동안 꿈에도 잊지 못하던 『유지원제궁조』가 그곳에 있었던 것이다.

그곳에서 개략적으로만 살펴보는 중에도 그는 "유마힐경변문", "사미인도(四美人圖)" 등 다수의 희귀 고서화를 보았다. 갑자기 거대한 문물의 바다에 빠진 그는 감탄해 마지않았다. "모두가 우리가 보지 못했던 것들이야!" "모두가 오랫동안 보고 싶었으나 이제야 보는 것들이야!" 당시 중국과 소련의 관계가 아주 좋았기 때문에 소련정부는 다음해에 『유지원제궁조』와 20여 권의 소련 소장 인이 찍힌 서하문 불경을 북경도서관에 반환했다. 문물출판사가 반환 문헌들을 즉각 영인하여 널리 배포했다.

1969년, 소련학자가 서하문 중요문헌인 『문해보운』을 영인 출간했다. 이 책은 『설문해자』와 『광원』의 특색을 두루 갖춘 서하문 음운서

인데 안타깝게도 절반만 남아 있었다. 중국의 젊은 서하학 학자들이 이 책을 구해 집중적으로 연구하기 시작했고 수년의 노력 끝에 1975년에 전체를 해독해냈다. 뿐만 아니라 이 책에 등장하는 6만여 개의 서하 문자에 대해 일일이 색인을 달았다. 이때부터 중국학자의 서하문 해독 수준은 전혀 새로운 단계에 진입하게 되었다. 1970년대 중기 이후로 서하학 연구의 중요한 성과가 이어졌다. 북경, 영하, 감숙, 사천 등지의 연구기관과 고등교육기관이 서하사 전문연구팀을 설치했다. 각국의 서하학 연구자들도 서하문을 해독할 수 있게 되었고 서하인 자신이 편찬한 문헌을 이용해 서하의 역사를 연구할 수 있게 되었다. 서하학은 비약적으로 발전했다. 국내외의 서하 학자들은 페테르부르크의 흑수성 문헌이 전량 영인 출간되기를 학수고대하고 있다.

## 빛을 찾은 흑수성 문헌

개혁개방 이후로 중국의 종합적인 국력이 증대하자 중국의 서하학 연구도 활기를 띠게 되었다. 장기간의 각고 노력한 끝에 중국은 새로운 세대의 연구진용을 배출했고 이들은 세계의 석학들과 겨룰만한 최고의 수준에 올라와 있다. 새로운 세대의 연구진이 러시아가 소장하고 있는 흑수성 문헌을 전면적으로 공개하기를 바라는 것은 자연스러운 일이다. 1980년대 후반부터 소련의 중국학 연구체제에 대한 통제가 완화되는 흔적이 나타났고 중·소 양국 학자들의 교류와 상호방문이 시작되었다.

1987년, 중국사회과학원 민족문제연구소의 사금파(史金波)와 영하 사회과학원의 이범문(李范文)이 중국 학계를 대표하여 소련을 방문했다. 두 사람은 3주라는 짧은 기간 동안이기는 하지만 50년 만에 찾아온 강추위를 무릅쓰고 페테르부르크 동방학연구소 특별 수장고의 열람실에서 서하 문헌 전부를 열람했다. 중국의 학자가 반세기 만에 처음으로 흑수성 출토 문헌의 전모를 직접 보게 된 것이다. 중국 중고시기의 진기한 전적들이 12개의 높고 넓은 서가에 보관되어 있었다. 두 사람은 문헌의 보존상태가 비교적 양호함을 보고 위안을 얻었다. 일부 중요문헌에는 훼손된 부분이 있었지만 복구하면 원형을 찾을 수 있는 수준이었다.

모처럼 찾아온 기회를 놓치지 않으려고 중국학계와 출판계 인사들이 기민하게 움직였다. 중국측 인사들은 동방학연구소 관계자들과 흑수성 문헌의 공동출간 가능성을 논의했다. 우여곡절 끝에 러시아과학원 동방연구소, 중국사회과학원 민족연구소, 상해고적출판사 대표가 1993년 4월 북경에서 『러시아소장 흑수성 문헌』 전부를 영인본으로 출간한다는 협정서에 서명했다. 이해 10월과 다음해 7월에 중국 측 작업팀이 소련을 방문하여 문헌의 현장 정리와 촬영 작업을 성공적으로 마쳤다. 중국 측 전문가들은 귀국 후에 러시아의 기왕의 연구 성과를 바탕으로 하고 갖고 온 문헌 필름을 면밀히 분석·분류하여 흑수성 문헌 영인본을 출간했다. 영인본은 한문문헌, 서하문 세속문헌, 서하문 불교문헌, 기타민족 문자로 나누어 총 20책으로 2002년 말까지 출간할 계획인데 현재 1, 2, 3권(한문부분)과 7권(서하문 세속부분)이 1단계로 출간되었다. 이제 "영혼이 고향을 찾는" 작업이 시작되었다.

# 6
# 사라진 누란, 영원한 누란

누란(樓蘭)은 신강 롭 노르(羅布泊) 호수 부근에 위치하고 있으며 한때는 실크로드의 진주라고 불리던 오아시스였고 불교문화가 꽃핀 나라였다. 자연환경과 정세가 바뀜에 따라 누란은 역사의 무대에서 점차로 물러났고 최종적으로는 자연과 세월 속에 묻혀버렸다. 19세기 말에서 20세기 초에 서방 탐험가들이 찾아오면서 누란의 정적은 깨어지고 신비의 베일은 벗겨졌다. 아울러 오욕으로 점철된 누란의 역사도 드러났다.

## 아득한 누란

중국의 사서 가운데서 누란왕국에 관한 최초의 기록은 『사기-대완열전(史記-大宛列傳)』에 나온다. 이 기록에 따르면 누란은 서역의 소국이며, 소금 호수(염택鹽澤) 근처에 있고 성곽을 갖고 있으나 "병사가 약하여 쉽게 공격할 수 있다"고 하였다. 여기서 말하는 "소금 호수"란 롭 노르를 가리킨다. 한(漢) 시대의 역사가 반고(班固)가 『한서(漢書)』를 편찬하던 무렵에 누란왕국의 인구는 1,579호에 14,100명이었고 수도의 이름은 "우니(扜泥)"였다. 한서는 누란의 생태환경에 관해 더 상세한 정보를 기록하고 있다. "땅은 모래와 소금기가 많고 밭은 적다.

밭에 기대나 곡식은 이웃나라에 의존한다. 나라 안에서 옥이 나온다. 갈대, 홍류(紅柳), 백양나무, 딱총나무(茇)가 많다. 백성은 목축에 종사하고 물과 풀을 따라 다닌다. 당나귀와 말이 있고 낙타가 많다."

한 소제(昭帝) 때에 누란은 국호를 선선(鄯善)으로 바꾸고 한 조정에 이순(伊循)에 군대를 주둔시켜 달라고 요청했다. 소제는 이순 성에 도위(都尉)를 설치하고 둔전을 실시했다. 이때부터 누란은 중앙정부가 서역을 통제하는 전략 요충이 되었다. 동한 시대에 누란은 여전히 실크로드에서 중요한 위치를 차지하고 있었고 동한 정부는 누란에 대규모의 둔전을 실시하여 누란을 개발했다. 이후 위(魏)·진(晋) 시대에 이르기까지 수백 년 동안 누란은 중국에서 서역으로 가는 중요한 교통 요지였다. 위·진 시대 이후로 누란은 사서에 거의 등장하지 않다가 점차로 사라졌다.

### 스벤 헤딘의 낙타방울 소리

19세기 중엽에서 20세기 초 사이에, 여태껏 사람의 발자국이 닿지 않아 적막하고 황량한 중앙아시아 중부의 타클라마칸사막에 갑자기 서방 모험가들의 그림자가 어른거리기 시작했다. 사람들의 기억 속에서 잊혀졌던 이 광대한 지역이 일시에 세인의 주목을 받기 시작했다. 1,100년 전에 모래바다 속에 파묻힌 고대 오아시스 유적이 서방 탐험가들에 의해 하나둘씩 발견되면서 낙타를 탄 대열이 빈번하게 나타났다. 낙타방울 소리는 천년의 침묵을 깨뜨리고 광활한 사막

Turfan
[Jushi]
Loulan (A)
Loulan (K)
Miran
Shanshan
Karaxahr
[Yanqi]
Qarkilik
Qarqan
[Qiemo]
Niya
[Jingjue]
Kuqa
[Qiuci]
Keriya
[Hanmi]
Tumxuk
Hotan
[Yutian]
Yarkand
[Suoju]
Kashgar
[Shule]

「타림분지의 유적분포」

끝으로 퍼져나갔다.

1895~1896년에 스웨덴인 스벤 헤딘(Sven Hedin)이 케리야 강(克里雅河)을 따라 타클라마칸 사막을 건너와 롭 노르 지역에 도착했다. 그는 이 길에서 힘들었지만 수확이 풍성한 지질학, 생물학, 고대유적 탐사활동을 펼쳤다. 이 탐사활동을 통해 그는 타클라마칸 사막의 고대유적에 관해 대강의 상황을 파악했다.

1899년 9월, 헤딘은 두 번째의 타클라마칸사막 여행을 시작했다. 이때는 스웨덴 오스카르 국왕과 백만장자 임마누엘 노벨로부터 재정 지원을 받았다.

헤딘은 적막하고 황량한 약강(若羌) 현에 잠시 머문 후 곧바로 타클라마칸 동쪽 끝 놉 노르를 향해 나아갔다. 1900년 2월 29일, 희극적이고 우연한 사건 덕분에 매우 중요한 고대 성곽이 발견되는 일이 벌어졌다. 헤딘 일행은 놉 노르 북쪽 기슭에 도착한 후 담수가 나올만한 곳을 찾아내 우물을 파기로 결정했다. 일행은 그제야 하나뿐인 삽을 잃어버린 사실을 알고 길잡이 한사람을 온 길로 돌려보내 삽을 찾아오게 하였다. 때는 이미 해질녘이었다. 삽을 찾아 어두운 밤길에 배고픔을 참고 돌아오던 길잡이는 땅과 하늘을 가득 덮은 모래바람을 만났다. 모래바람이 지나간 후 길잡이 앞에 갑자기 높고 큰 니탑(泥塔)과 겹겹이 이어진 가옥들이 나타났다. 고성 하나가 기적처럼 모습을 드러낸 것이다. 길잡이의 보고를 들은 헤딘은 즉시로 그곳으로 달려갔다. 조각한 나무 조각을 직접 파낸 헤딘은 흥분에 빠졌다. 그는 그곳이 매우 중요한 고성 유적이라고 단정했다. 훗날 헤딘은 이렇게 회고했다.

"삽이 말할 수 없는 행운을 가져다주었다. 삽을 잃어버리지 않았더라면 절대로 고성으로 돌아가지 않았을 것이고, 운명과 같은 발굴은 실현되지 않았을 것이며, 중앙아시아의 고대사는 새로운 빛을 보지 못했을 것이다!"

1901년 3월, 스벤 헤딘은 고성을 발굴하기 시작했다. 마음이 조급해진 그는 어떤 모양이든 인간이 만든 문자가 기록된 물건을 가장 먼저 찾아오는 사람에게 많은 상금을 주겠다고 선언했다. 현장에서는 카펫 조각, 붉은 천, 갈색 머리카락 다발, 동전, 도기 조각이 발굴되었다. 발굴이 진행되면서 마침내 다량의 한문 목간(木簡)과 종이 문서, 카로슈티어 문서, 정교하고 아름다운 견직품과 모직품, 독특한 목제 장식이 출토되었다. 고성 유적의 면적은 헤딘이 이전에 가본 어떤 고성보다도 넓었고 유물도 풍부했다. 그곳에는 관서, 사원, 승려들의 숙소, 파수탑, 마구간, 시장 거리가 있었다. 성 밖에는 이런 것들과 관련된 유적이 상당히 많았다. 그중에서 가장 흥미 있는 것은, 장건(張騫)과 반초(班超)가 지나갔음이 분명한 고대 실크로드의 도로였다. 건축의 기초부분이 모래를 고정시키는 작용을 한 탓인지 부근의 땅은 천 년 동안의 모래바람에 깎여 지면보다 수 미터나 낮아졌지만 오직 누란 고성만은 야당(Yardang)지형의 머리 부분처럼 솟아 있었다. 꼬박 1주일 동안 헤딘은 발굴을 진행하는 한편 사원 유적과 주거지 유적을 조사했다. 그는 고성에서 출토된 카로슈티어 목간에서 크로라이나란 단어가 여러 차례 등장한다는 사실을 알아냈다. 유적 내에서 발견된 한문 목간은 고성을 누란으로 기록하고 있었다. 그는 이 두 가지 사실을 근거로 하여 누란이란 "크로라이나"의 음역이라고 추정했다.

3월 10일, 헤딘은 발굴물들로 채워진 상자를 가득 실은 낙타 행렬과 함께 누란을 떠났다.

스벤 헤딘은 훗날 학술보고서 『1889~1902년 중앙아시아 과학탐사 성과』의 제2권 『롭 노르』에서 다음과 같이 감상을 밝혔다. "이곳의 풍경은 적막 그 자체이다. 마치 달세계에 온 듯하다. 낙엽 한 장도 없고 짐승의 발자국조차 볼 수 없다. 인류가 이곳에는 발을 들여놓은 적이 없는 것 같다."

## 보물절도 특사—스타인

신강지역 탐험사에서 명성과 지위와 영향 면에서 스벤 헤딘과 비견될 수 있는 인물은 영국 태생 헝가리인 오렐 스타인이다.

스타인은 1900년 서역 탐험을 시작할 때 영국령 인도 편잡 주의 학감(學監)이었다. 19세기 말에는 지리대발견의 여파가 아직 가시지 않았던 시대적 상황과, 스타인 본인으로 말하자면 중앙아시아 탐험 준비를 하고 있던 무렵에 중국의 이웃인 인도에서 일하고 있었다는 점이 스타인이 탐험을 시작하기에 유리한 조건이었다.

스벤 헤딘이 수년 전에 서역을 탐험하고 많은 문물을 발굴한 경험을 정리하여 출판한 저서 『아시아를 가로질러』를 손에서 놓지 않았던 스타인은 헤딘을 숭배했고 그가 간 길을 따라 중국을 탐험하겠다는 열정에 사로잡혀 있었다.

1900년, 스타인은 스스로 마련한 자금과 연례 휴가를 이용하여 제1차 서역탐험 여행에 나섰다. 그의 목표는 명확했다. 스벤 헤딘의 탐험 기록에 나오는 대로 스벤 헤딘의 발자국을 따라 스벤 헤딘이 발견한 것을 발견하는 것이 그의 목표였다. 차이라면 스타인이 더 세밀하고 더 철저했다는 점이다. 뿐만 아니라 스타인은 예상치 못한 성과를 거두었다. 그는 니야(尼雅)의 고대 정절국(精絕國) 유적을 발견했고 그곳에서 대량의 카로슈티어 목간을 파냈다.

자신이 니야 고성을 파헤치고 있을 무렵 스벤 헤딘은 누란 고성을 파헤치고 있었다는 사실을 알게 된 스타인은 누란 고성 부근에 아직도 찾아내지 못한 유적이 있을 것이라 단정하고 제2차 중앙아시아 탐험을 준비했다.

1906년 4월, 스타인은 두 번째 중앙아시아 탐사에 나섰고, 목적은 "헤딘이 1900년의 잊지 못할 탐험에서 발견한 놉 노르 북쪽의 유적"을 조사하는 것이었다. 이 무렵 스타인은 독일의 르 코크(Albert von Le Coq) 탐험대와 프랑스 탐험대도 보물을 찾아 머지않아 타클라마칸사막으로 올 것이라는 소식을 들었다. 그는 롭 노르가 다른 탐험대들이 노리는 표적임을 알아차렸고 그들보다 앞서 롭 노르로 가려고 했다.

카슈가르, 호탄(和田허톈), 니야 등의 유적에서 탐사와 도굴을 한 후 스타인은 그해 12월 초에 루어치앙(若羌) 현에 도착했고 도착 즉시 누란 유적에 대한 탐사에 들어갔다.

스타인은 현지에서 찾아낼 수 있는 낙타를 모조리 동원하고 50여 명의 일꾼을 고용한 후 누란을 향해 출발했다.

12월 17일, 스벤 헤딘이 지도 상에 표시한 누란 유적이 스타인의 눈앞에 펼쳐졌다. 거대한 원시 불탑 유적이 겨울바람 속에 우뚝 서 있는 모습은 광활한 사막을 더욱 황량하고 적막하게 보이게 했다. 스타인은 그곳에 텐트를 치고 다음날부터 발굴에 들어갔다.

"내가 쏟은 모든 노력은 가치 있는 것이었다. 우리는 몇 군데의 유적에서 얻은 수확을 정리했다. 발굴한 유적의 숫자나 발굴물의 보존 상태를 고려할 때 우리가 기대했던 것보다 더 많은 성과였다. 지면은 심각하게 침식되어 있었고 가장 튼튼한 대들보도 남김없이 파괴된 상태였다. 니야 유적보다 작은 고대 주거지였지만 교통의 요지에 위치했기 때문에 무역이 흥성했음이 분명했다. 주요 유적의 열두 채 정도의 가옥 모두에서 예외 없이 풍부한 문서가 나왔다. 커다랗고 탄탄한 한 쓰레기 더미에서만 해도 200여 건의 나무와 종이에 기록된 한문과 카로슈티어 문서를 찾아냈다. 개별 유적에서 출토된 카로슈티 문서는 니야와 마찬가지로 이곳의 공용 언어가 고대 프락트어였음을 밝혀주는 결정적 증거이다. 기원 3세기에 인도의 영향이 이 먼 동쪽까지 미쳤다는 것은 매우 중요한 새로운 사실이며 역사적으로 광범위한 의미를 갖는다. 모든 예술품과 비단제품은 니야에서 발견된 것과 놀라울 정도의 유사성을 갖고 있다. 목각과 부조를 보면 간다라 풍이 상당히 유행했던 것 같다. 발견된 물품의 종류는 많지 않았다. 건축물에서 나온 목각, 아름다운 카펫 조각, 칠을 한 가구, 부녀자가 신던 수놓은 아름다운 신발, 청동기 등의 출토품은 낙타 한두 마리면 충분히 실을 수 있는 양이다. 그러나 이 물건들로 대표되는 ……."

누란 고성은 롭 노르 서북쪽 약 28km 지점에 위치하고 있으며 정확한 지리좌표로 표시하자면 동경 89도 55분 22초, 북위 40도 29분 55초이다. 고성 주변은 대부분이 모래바람에 침식된 야당지형이었다. 유적은 두 줄기 옛 강의 중간에 있었고 강은 서쪽으로 롭 노르를 향해 흘렀다. 고성 중간에는 서북 방향에서 동남쪽으로 비스듬히 흐르는 한 줄기 도랑이 있었는데 이것이 두 강을 연결했다.

누란 고성의 평면은 장방형에 가까웠다. 복원된 성벽을 기준으로 계산하면 동쪽 성벽의 길이는 약 333.5m, 남쪽 성벽은 약 329m, 서쪽과 북쪽 성벽은 약 327m이고 면적은 10여 만$m^2$에 이른다. 남쪽 성벽과 북쪽 성벽은 동북풍이 부는 방향과 같아 비교적 잘 보전되었으나 동쪽과 서쪽 성벽은 강력한 동북풍에 노출되어 보존상태가 큰 차이가 났다.

고성의 성벽은 점토와 버드나무 가지 혹은 갈대를 번갈아가며 한 층씩 쌓아올려 만들었고 버드나무 가지 층의 두께는 20~30cm, 점토 층의 두께는 일정하지 않았다.

누란 성 안의 건물 유적은 성을 비스듬히 가로지르는 도랑을 경계로 대략 동·서 두 부분으로 나뉘었다. 동부에는 4기(불탑과 3채의 가옥)의 건물유적이 남아 있었다. 불탑은 기반을 달구로 다졌고 흙벽돌을 쌓아 올렸으며 8각형의 탑신 안에는 버팀목이 있었다.

가옥은 세 곳에 비교적 집중되어 있었다. 불탑 동남쪽 약 60m 대지 위에 아직도 3채의 가옥 흔적이 남아 있으며 지표상에서 여기저기 나무틀 구조가 흩어져 있었고 버드나무 가지로 짠 흙벽의 잔재가 있었다.

성 안 도랑의 서쪽에 유적이 비교적 밀집되어 있었다. 누란 성 중앙에서 약간 서남쪽으로 치우친 곳에 있는 건물의 유적이 규모가 가장 컸다. 이곳은 넓은 정원이 딸린 건물로서 여섯 칸의 방이 남아 있었다. 서쪽 성벽 아래에도 여러 칸의 방으로 이루어진 비교적 큰 건물의 유적이 남아 있었다. 성 서쪽 측면의 북쪽 교외와 남쪽 교외에도 많은 건물 유적이 있는 것을 보면 누란 성이 버려지기 전에는 성 안의 건축이 매우 밀집되었음을 알 수 있었다.

스타인은 성 안의 약 100㎡가 되는 쓰레기장에서 다량의 한문 목간과 소량의 카로슈티어 목간, 그리고 도기, 동기, 목기, 칠기, 비단 천 조각, 모직품 조각을 발굴했다. 출토된 한문 목간을 분석한 결과 성 서남쪽 큰 정원이 딸린 건물은 관리들이 머물던 관아와 그 부속 건물임을 알 수 있었다. 건축 양식은 부분적으로는 중국 건축의 특징을 갖고 있었고 부분적으로는 현지 건축양식을 유지하고 있었다. 성 안 도랑 동쪽의 규모가 방대한 건물은 고급 관리의 저택과 방문자를 위한 숙소였다. 성 안에 흩어져 있는 나머지 건물들은 현지 토호나 한족의 주거지였을 가능성이 높고 성 남쪽 구역은 군대 주둔지였던 것 같다.

스타인은 일꾼들과 조수들을 지휘하여 밤낮을 가리지 않고 10여 일 동안 파헤쳐 다량의 문서와 간독을 얻었고 쓰레기장에서만 해도 200여 건의 한문과 카로슈티어 목간과 종이 문서를 찾아냈다. "목간과 종이 문서에 적힌 날짜로 보건대 이 신비한 성은 대략 3세기에서 4세기 사이에 버려진 것 같았다."

스벤 헤딘이 발굴한 적이 있는 관아 유적 위에 서서 아침 바람을 맞은 스타인은 헤딘이 당시에 느꼈을 심정을 체험했다. 스타인은 심지어 헤딘이 1900년에 버리고 간 금속제 줄자까지도 찾아냈다. 훗날 런던에서 열린 왕립지리학회의 파티에서 스타인은 이 줄자를 헤딘에게 돌려주었다.

불탑 유적에 올라 매우 황량하고도 진기한 유적을 둘러보면서 스타인은 세월이 만들어낸 처량함을 맛보았다. 눈앞에 펼쳐진 광경을 보면서 이곳이 한때는 활기가 넘치고 번영하던 사회였다는 사실이 믿기지 않았다.

발굴 작업이 막바지에 이르면서 어려움이 생겨나기 시작했다. 외부에서 고용한 일꾼들 가운데서 병으로 쓰러지는 자가 속출했고 마실 물은 갈수록 줄어들었다. 12월 20일, 스타인은 그곳을 떠나 돈황으로 가기로 결정했다. 그날 아침, 낙타 행렬은 누란의 "발굴품"을 가득 싣고 차가운 동북풍을 맞으며 누란을 떠났다.

## 아득한 미란성

미란(米蘭)은 한때는 번성했으나 일찍이 사라진, 심지어 그 이름조차도 사라져버린 고성이다. 미란 고성은 한 나라 때는 마랑(磨朗) 또는 밀원(密遠)이라 불렸다. 지금은 청신(靑新)고속도로에 인접해 있고 남쪽으로 미란하(米蘭河)에 면한다. 돈황에서 수러강(疏勒河, 소륵하)를 따라 누란으로 가는 길, 곤륜산 북쪽 기슭에서 서쪽으로 가는 옛 실크로드 남로에 있으며 유명한 이순 고성의 유적이다.

미란 고성은 누란왕국 초기의 왕성이며 동한 시기에 세워졌다. 기원 5세기 중후기에 누란이 정령(丁零, 즉 고차高車)에게 망하자 백성이 모두 흩어지고 그 땅은 토욕혼(吐谷渾, 투위훈)이 차지했다. 당 초기에 투르판 세력이 서역으로 진입하면서 토욕혼을 토벌하고 이곳을 차지했다.

기원 전 77년, 누란 국내에 변란이 일어나 한 왕조가 새로운 왕을 책봉했으나 왕은 오랫동안 나라를 떠나 있어서 왕위에 오른 후 국가를 통치할 힘이 없었기 때문에 한의 군대가 이순(미란) 성에 주둔하면서 지켜달라고 요청했다. 미란은 이때부터 번성하기 시작했으나 누란성은 날이 갈수록 쇄하였다. 스벤 헤딘이 누란에서 발굴한 관련 문서의 기록에 따르면 누란 주위에 군사적 소란과 전쟁의 위협이 있었으나 누란에 주둔한 한 나라 군사는 성을 굳건하게 지켰다. 병사들은 다가올 위험 앞에서 흔들리지 않았다. 헤딘은 평소와 마찬가지로 친구들에게 편지를 써서 보냈다. 그는 감탄하는 어조로 다음과 같이 썼다. "이 중국인들이 강력한 의지와 용기를 다해 자신들의 책임을 완수한 것을 보면 그저 감탄스러울 따름이다. 이를 통해 이 기이한 민족이 어떻게 아시아의 절반을 통치할 수 있었는지 알 수 있다. 이것은 환상의 창조물도 아니며 시도 아니다. 적나라한 사실일 뿐이다." 훗날까지도 헤딘은 중국 고대 왕조의 "위대함을 기꺼운 마음으로 회상하며" 스스로에게 물었다. "이해하기 어려운 일이지만, 우리 스웨덴에는 어찌해서 누란에서 발견된 죽간이나 종이문서보다 더 오래된 돌덩이 하나도 없단 말인가?"

누란이 철저하게 황폐해졌을 때 미란의 둔전과 보루는 어느 때보다도 강했다. 미란은 풍요롭고도 안전했다. 서로 지척의 거리에 있던 누란과 미란은 한 곳은 이탈 지점이 되고 한 곳은 합류 지점이 되었다. 누란의 소멸 원인을 찾는 데는 이 사실이 하나의 창문을 열어줄 수 있다.

## 또 한 번 감탄한 스타인

1907년 새해가 막 시작되었을 때, 스타인은 돈황으로 출발하기에 앞서 "지금까지 한 번도 알려진 적이 없고 완전히 예상 밖인" 미란 벽화를 발견하게 된다. 훗날 그는 미란으로 가는 길에서 신비와 황량함을 느꼈는데, 그 신비란 수세기 동안 세상으로부터 격리되어 전혀 사람의 발길이 닿지 않았다는 사실에서 비롯되었다고 기록했다. 그를 더욱 감격스럽게 만든 것은 "현장법사와 마르코 폴로가 걸어갔던 오아시스로 가는 길을 지키는 옛 보루 안에서 한 무더기의 티베트어 문서를 발굴한" 일이었다.

그는 친구에게 보낸 편지에서 미란의 풍부한 문물에 관해 썼다. "티베트어 문서보다 더 흥미로운 것은 티베트 족의 옻칠한 물고기 비늘 모양의 갑옷 조각이다. 여러 가지 모양의 조각이 흩어져 있는데, 다 모으면 완전한 갑옷 한 벌을 만들 수 있을 것이다."

"나는 지금까지 보루 부근의 불탑과 사원은 좀 더 이른 시기에 세워졌다고 믿었고 눈이 번쩍 뜨이는 증거를 발굴해 증명하고 싶었다.

「미란에서 발굴작업 중인 스타인」

나는 심하게 파괴된 사원 한 곳에서 백악분을 칠한 완전한 형태의 두상 몇 개를 찾아냈다. 르와크(熱瓦克)에서 발견한 것과 같거나 그보다 더 나은 것이었다. 그 중에서 몸체가 큰 것들은 운반하는데 문제가 있었지만 다른 것들은 완전한 형태로 자네가 있는 곳까지 운반할 수 있을 것이다. 같은 사원에서 대략 300년 경의 패엽서를 출토했다. 나는 이런 기록 재료를 처음 봤다." 그는 천하의 갑부가 되기에 충분한 진기한 유물들을 단숨에 파내려 갔다. 그런데 꿈에도 생각지 못한 행운이 천사처럼 그를 향해 날아왔다.

그날 스타인은 큰 규모의 불교 사원으로 갔다. 장방형의 기초위에 세워진 회랑에서 돔 형식의 원형 건물을 발견했다. 그곳에서 그는 의외에도 날개달린 천사의 두상이 그려진 아름다운 벽화를 보았다. 스타인은 벽화가 그려진 시기는 알렉산더의 동정 시기보다 빠를 수 없다고 단정했다. "벽화의 전체 구도와 눈 부분의 표현 방식으로 보아 순수한 서양식이었다. 남아 있는 카로슈티어 머리말과 기도문이 적힌 리본은 이 사원이 3~4세기에 버려진 것임을 강하게 시사했다." 마침내 그는 오래 전부터 갈망해왔던 니야와 동시대의 회화작품을 발견한 것이다.

"이밖에도 위쪽 벽에서 떨어져 내린 커다란 벽화 조각을 찾아냈다. 벽화 잔편 중에서 가장 정교하고 아름다운 천사상을 운반하는 것이 난제가 되었다. 나는 하루 종일 무르기 짝이 없는 이 벽화를 포장하는 일에 매달렸다. 가까운데 숲이 있어서 상자를 만들 나무를 구할 수 있었고 진동을 흡수할 갈대 같은 재료도 찾을 수 있었던 것은 행운이었다."

2월 5일, 불탑을 둘러 싼 돔형 사원의 벽에서 또 하나의 아름다운 벽화를 찾아냈다. "그 바깥쪽은 형상을 알아볼 수 없는 잔해로 변했고 다만 윗부분 일부와 아래 부분의 벽 보호판은 파괴를 면했다. 그래도 우수한 간다라 예술품에 속한다. 유쾌한 청년들 사이에서 꽃을 든 젊은 여성의 두상은 언뜻 보기에 그리스·로마의 그림처럼 보인다. 이 그림은 중국 변방의 불교 사원 안에서 벌어진 기쁨에 찬 생활의 한 장면을 보여준다." 그는 또한 가볍고 짓궂은 어조로 이 장면을 묘사했다. "이 아름다운 아가씨는 어디서 장미꽃 화관을 구했을까? 청년들이 들고 있는 술잔과 술병은 어디서 났을까?"

스타인은 미란에서 4, 5일 정도 발굴할 계획이었으나 실제로는 18

일 동안 머물렀다. 파낸 문물의 수량은 감탄을 금할 수 없을 정도였다. 특히 "날개달린 천사"의 발굴은 그를 감격하게 만들었다. "이것은 진실로 위대한 발견이다! 세계에서 가장 이른 시기의 천사를 여기서 찾아냈다. 천사들은 아마도 2천 년 전에 중국으로 날아온 것 같다." 미란 벽화는 신강 지역에서 가장 오래된 벽화 가운데 하나이며, 그 벽화에 "날개달린 천사"가 있다는 사실은 그곳이 고대 로마문명이 동방으로 전파된 가장 먼 지점이었음을 설명해준다. 미란 문물을 가득 실은 여섯 마리의 낙타를 몰고 스타인은 만족스러운 기분으로 이곳을 떠났다.

1914년 1월, 세 번째로 중앙아시아 탐험에 나선 스타인은 다시 미란에 도착했다. 그는 꿈에도 잊지 못하던 신비의 고성에 대한 환상을 버리지 않았으며, 더 풍부하고 더 미혹적인 문물을 절취할 환상을 품고 있었다.

2월 10일, 스타인은 낙타 떼를 몰고 해질녘에 미란 유적에 도착했다. 체구가 왜소한 이 탐험가는 앞선 두 차례의 타림분지 탐사에서 거둔 "탁월한 공적" 덕분에 1912년 여름에 인도 총독으로부터 인도제국 기사작위를 받은 몸이었다. 작위 수여식은 카슈미르의 스리나가르에서 열렸다. 카슈미르는 그가 앞선 두 차례의 탐사 상황을 정리하여 『서역』이란 제목의 보고서를 발표한 곳이기도 했기 때문에 제1차 탐험 때와 비교하자면 이 무렵 스타인은 상당한 명성을 누리는 인물이 되어 있었다.

명성을 얻은 스타인이 세 번째의 탐사를 시작했을 때 스타인의 관념과 정신 상태는 기왕의 탐사여행 때와는 전혀 달라져 있었다. 이런 변화는 순전히 그의 개인적 입장에서 비롯된 것이었다. 그는 영국 제국주의와 그 합리성에 대해 확신을 갖게 되었다. 여왕의 왕관 위에 찬란하게 빛나는 보석 인도에서 보낸 세월은 그로 하여금 영국의 인도 통치가 이 아시아 대륙의 복지에 유리하다는 굳건한 믿음을 갖게 하였고 영국의 통치가 인도에 가져다준 이익을 진심으로 찬양하게 만들었다. 그는 영국적인 것의 출현이 문명 진보의 상징이자 척도라고 믿었다. 그가 생각한 문명이란 당연히 서방의 문명이었다. 중국의 서북 변경지역을 여행하면서 그의 믿음은 더욱 확고해졌다. 그는 영국이 만든 통치 질서를 위협하던 부족이 잇달아 영국에 복종하고, 부족 간의 적대행위가 통제되고 위생과 교육과 교역이 발전되는 모습을 직접 목격하였다. 그의 사상은 절대로 흔들릴 수 없는 일종의 신념이 되었고 그 신념이란 서방 과학의 절대적 우월성이었다.

스타인은 탐험에 필요한 준비를 마친 후 인도 총독부에 보고서를 올렸다. 보고서에서 그는 이번의 중앙아시아, 특히 중국 신강 경내에 대한 고고와 지리탐사 여행을 신속히 인가해주고 44,500루피의 경비를 지원해주기를 요청했다. 또한 그는, "아직까지는 중국정부가 외국인이 이 지역에서 고대 유적을 탐사하는데 어떤 제약도 두고 있지 않으나 이런 유리한 형세가 언제까지 지속될지 예측할 수가 없으므로" 총독 정부가 나서서 중국과 러시아의 비자를 받아줄 것을 정중하게 요청했다. 자기변호를 위한 말이기는 했지만, 그는 중국 신강지역은 "인도가 주요 관심을 가진" 지역으로 선언할 수 있다고 주장했다. 그 근거로서 그는 "불교와 그 문헌이 중앙아시아로 전파되고 극동으로 유입된

「미란 불교유적 불탑」

「미란 불교유적」(스타인 촬영)

것이 가장 큰 성과이며 이를 통해 인도는 과거에 장기간 아시아의 역사에 영향을 끼쳐왔었다"고 주장했다.

미란 유적 부근의 사막에서 스타인 일행은 고대 유적 몇 곳을 찾아냈다. 성벽은 나뭇가지와 진흙을 섞어서 만들어졌으며 그곳에서 그들은 건물의 목제 구조와 구리와 철로 만든 여러 가지 물건을 발견했다. 또 한 곳의 비교적 작은 규모의 보루 근처에서 스타인은 카로슈티어, 브라미어, 한문으로 기록된 목간을 발견했다. 그는 이 유적들이 4세기 초 이전에 건설되었다고 판단했다.

스타인은 미란 유적에서 얼마간 휴식한 후 발굴 작업의 중심지를 미란 유적에서 4마일 떨어진 고립된 고지로 옮겼다. 그곳에서 그는 한 무리의 고분을 발견했다. 고분에서 나온 각종 그릇과 비단제품은 눈부셨다. 화려한 꽃무늬 비단과 모직물, 구리거울과 한문 문서는 유적이 한(漢) 시대의 것임을 분명하게 보여주었다. "한인수(韓仁繡)"란 글자가 박힌 한 시대의 비단 천은 색채가 현란하고 새것처럼 선명했다. 모직물의 특징은 중국과 서양의 교류를 분명하게 입증해주는 표지였다. 어떤 카펫 조각에는 전형적인 로마풍의 인물 두상이 보였는데 스타인은 헤르메스 상이라고 보았다.

고지의 동북쪽에서 스타인은 오래된 보루를 찾아냈다. 그는 그것이 한(漢) 시대의 변방 수비 초소라고 보았다. 보루의 건축 방식은 오는 길에 보았던 보루와 같았다. 보루의 북쪽 벽 근처에서 3세기 이후의 연대가 기록된 한문 문서가 나왔다. 이 보루 근처에서 그들은 또 하나의 고분을 찾아냈고 거기서 미이라가 나왔다. "펠트 모자에 꽂힌

깃털이나 그밖에 사냥감에서 나온 물건, 미라 옆에 놓인 화살, 거친 모직 의복, 음식을 깨끗하게 담은 작은 광주리 등으로 미루어 볼 때 반(半) 유목, 반수렵 종족으로 추정할 수 있었다." 이것이 훗날 스타인이 내린 연구의 결론이었다.

### 일본 강도—다치바나 즈이초

스웨덴인 스벤 헤딘이 누란 유적을 발견했을 때 일본인 오타니 고즈이는 런던에 유학 중이었다. 스벤 헤딘이 롭 노르 사막에서 고대 중국 변경의 성인 누란을 발견하자 전 유럽이 흥분했다. 그 후 스타인이 1900~1901년에 처음으로 중앙아시아 탐험에 나서 풍부한 발굴 성과를 올려 유럽 지식계를 놀라게 했다. 유럽인들의 서역 보물 약탈극에 매료된 일본인도 뒤질세라 그 행렬에 참여했다.

누란이라고 하는 "환상의 고성을 찾아 온" 탐험가들 중에서 탐험을 시작할 때 제일 나이가 어린 인물이 일본인 다치바나 즈이초였다. 다치바나가 1908년 오타니 탐험대에 참가했을 때 나이는 겨우 17세였다. 그는 두 차례 서역을 탐험했는데, 첫 번째는 1908~1909년, 두 번째는 1910~1914년이었다. 그는 젊은이다운 과감함으로 수많은 난관을 극복하고 풍부한 발굴성과를 거두었다 그러나 그는 스벤 헤딘이나 스타인과는 달리 탐험보고서를 작성하는 일을 중요시하지 않았기 때문에 탐험과정 자체가 불분명한 부분이 많았고 그 때문에 다른 의미에서 수수께끼를 만들어냈다.

1908년, 오타니는 다치바나와 노무라(野村榮三郎)를 신강으로 보냈다. 그들은 북경을 출발하여 울란바토르에 도착한 후 몽고를 횡단하여 준가르로 들어갔다. 이때 신강지역에서는 유럽 열강이 보물탈취전을 벌이고 있었다. 독일과 러시아는 "주도권"을 장악하기 위해 심지어 무력을 사용할 태세까지 갖추었다. 타클라마칸사막에서 한바탕 칼바람이 불 듯한 기운이 높아갔다.

다치바나는 1909년 2월에 코를라(庫爾勒)에 도착한 후 롭 노르지역으로 진입하여 누란으로 직행했다. 한 고성에서 다치바나는 유명한 "이백문서(李伯文書)"를 손에 넣었다. 이 문서는 전량(前涼)의 목간 자료 중에서 가장 집중적이고 내용이 풍부한 자료이다.

"이백문서"는 누란 문헌 중에서 논쟁이 가장 많고 내력을 밝히기가 가장 어려운 문서의 하나이다. 이 문서의 출토지점이 어디인지는 현재까지도 서역고대사 연구에서 흥미 있는 논쟁거리다.

1909년 봄, 아직 20세가 못된 다치바나가 누란에 도착했다. 그는 헤딘과 스타인이 발굴한 누란 성을 조사했을 뿐만 아니라 누란 성 부근—그 자신의 말로는 누란 고성에서 남쪽으로 멀리 떨어진 곳—에서 헤딘과 스타인이 발견하지 못한 유적을 매우 파괴적인 방법으로 조사했다. 이때의 발굴과정에 관해서 다치바나는 자세한 기록도 남기지 않았고 권위 있는 연구보고서도 내지 않았지만 가장 큰 발견은 "이백문서"였다. 훗날 그는 런던에서 스타인을 만났을 때 "이백문서"를 보여주면서 문서가 누란 고성의 관아 터에서 나왔다고 확인해 주었다. 스타인의 회고에 따르면, 다치바나는 문서가 관아의 흙벽돌로 쌓은 벽 아래서, 구체적인 지점을 말하자면 지면에서 수십 센티미터 아래 갈라진 틈새에 몇 장의 문서가 하나의 두루마리처럼 묶인 채 쑤셔 박혀 있는 것을 발견했다고 말했다. 1914년 2월, 스타인은 다시 누란 고성을 찾았고 다치바나가 말한 지점을 면밀하게 조사했다. 스타인은 다치바나의 말대로 부서진 벽 아래서 작은 틈새 두 곳을 찾아냈다. 이후로 학계에서는 "이백문서"가 누란 고성에서 나왔다고 인정했다.

이백은 5호16국(五胡十六國) 시기 전량이 서역에 파견한 고위관리였다. 그는 서기 328년에 롭 노르 지역에 도착했다. "이백문서"는 이백이 당시 카라샤르(언기, 焉耆) 국왕 등에게 보낸 편지의 초고인데 그 중 두 통은 완전하고 나머지는 39조각의 잔편이었다. 일부 편지는 전량의 왕 장준(張駿)이 고창(高昌, 투르판)에서 반란을 일으킨 진(晋)의 무기교위(戊己校尉) 조정(趙貞)을 토벌할 때 고창부근의 각국을 안심시키기 위해 작성한 것이었다.

"문서"는 완전한 초고 2통과 부분적으로 남은 초고 5통이었다. 완전한 초고 2통의 내용은 대동소이하다(모년 5월 7일에 서역의 모국 국왕에게 보내는 편지). 국왕은 일반적으로 카라샤르 왕 용희(龍熙)로 해석되고 있다. 초고의 지질은 마지(麻紙)이며 크기는 23X27cm와 23x39cm이다(진 시대에는 1척이 약 23cm).

"이백문서"가 중국 밖으로 나가 세상에 알려지자 이내 국제 학술계에서는 누란 고성의 누란국 내에서의 지위와 역할을 두고 뜨거운 논쟁이 벌어졌다. 그러나 이백문서의 출토지점에 관해서는 아직도 설득력 있는 결론이 나오지 않고 있다. 유감스러운 것은, 다치바나가 이백

문서를 절취해 가면서 중국에는 한 건의 원본 문서도 없기 때문에 연구 활동이 막대한 지장을 받고 있다는 점이다.

### 사막의 진주–니야

오늘의 시점에서 보면, 롭 노르 지역은 생명이 깃들일 수 없는 황량한 사막에 불과하다. 그러나 머나먼 고대에 이곳은 용솟음치는 생동감과 발달된 문명이 있던 곳이다. 니야가 바로 그런 곳이었다.

니야유적은 신강 니풍현 니야강 북단 이북의 타클라마칸 사막 가운데 있으며 독특한 지리적 위치 때문에 실크로드의 요충지였다. 동한과 위·진 시대에 니야는 누란국의 영지로서 누란 서부의 주요 관문이었다. 누란을 출입하는 상인은 이곳에서 통행증을 검사받고 출입국 수속을 밟았다.

니야 유적은 20세기 초에 발견되었다. 1901년 1월, 영국인 스타인은 호탄의 단단오이릭(丹丹烏里克)을 출발하여 니야 현(지금의 민풍民豊)현)에 도착했다. 그는 현지인들로부터 니야 북쪽의 사막 한가운데에 반쯤 모래 속에 파묻힌 고대 가옥이 있다는 얘기를 듣고 일꾼을 고용하여 그곳으로 달려갔다. 가는 길에서 스타인은 지방민으로부터 카로슈티어가 적힌 목간 두 장을 샀다. 지방민으로부터 그 목간이 문제의 유적에서 나왔다는 얘기를 듣고 스타인은 더욱 조급해졌다.

유적에 도착한 후 스타인은 흙벽돌로 만든 불탑 근처에 텐트를 치고 목간이 발견된 지점을 자세히 수색하기 시작했다. 한 가옥의 유적

안에서 스타인은 수십 건의 목간 문서를 찾아냈다. 목간은 모두가 쐐기 모양이었고 어떤 것은 원래 모양대로 두 개의 목간을 하나로 묶은 형태를 그대로 유지하고 있었다. 하루 동안의 작업 끝에 그는 목간 수백 건을 찾아냈다. 부근의 몇몇 가옥을 발굴해서 다량의 카로슈티어 문서를 추가로 찾아냈다. 문서의 내용으로 보아 스타인은 그곳이 관서 유적이라고 판단했다.

목간은 대다수가 쐐기 모양이었고 길이는 7~15인치로 다양했으며 원래는 두 개를 하나로 단단하게 묶었음이 분명해 보였다. 글자는 목간의 안쪽에만 적혀 있었고 바깥쪽에는 요(凹)자 모양의 홈이 파져 있고 방울 모양의 진흙 봉인을 달았다. 요(凹)자 모양의 홈 곁에는 간단한 기록이 있었는데 문서 수·발신인의 이름을 적었음이 분명해 보였다. 아직도 한 짝을 이루고 있는 목간 안쪽 문서의 먹 흔적은 이제 막 붓을 땐 듯 또렷했고 판독이 불가능한 상태의 목간은 극소수였다. 첫날의 수확만 해도 그 수량이 "인도 국내외 전체에 보존되어 있는, 연구에 사용하는 카로슈티어 자료 전체와 비슷했다."

초보적인 해독을 통해 스타인은 이 문서가 관서의 명령을 담고 있으며 역사연구에 종사하는 사람들이 아직까지 보지 못한 최신의 자료임을 알았다. 자료의 중요성을 확인하고 발굴해야 할 유적지의 면적을 확정한 스타인은 새로 고용한 일꾼들을 그곳에 투입했다.

"그 건물의 측면에는 작은 방이 하나 있었고, 그곳을 통해 26 평방피트의 큰 건물과 연결되었다. 큰 건물의 3면에는 지표보다 높게 융기된 석회질 단이 있었다. 지방관리가 공무를 보던 관서임이 분명했다.

표면을 덮은 모래층의 두께는 2피트에 지나지 않았고 단 위에서 60매의 목간을 찾아냈다. 목간 일부는 켜켜이 쌓여 작은 무더기를 이루고 있었다. 마지막으로 이곳에 거주했던 사람들이 남겨두고 갔음이 틀림없어 보였다. 목간의 형상과 크기는 일정하지 않았으나 다수가 장방형 목판 모양이었다. 일부는 길이가 30인치가 되는 것도 있었다. 대부분은 글자의 배열이 가지런하지 못했고 문장의 길이도 아주 짧았으며 필체도 다양했다. 글자를 지우고 다시 쓴 흔적도 있었다. 목간의 끄트머리에는 숫자가 표시되어 있었다. 목간의 내용은 문헌이 아니었고 연결되는 보고서도 아니었다. 대부분이 메모, 장부, 초고 등이었다."

모래가 6인치 정도로 얇게 덮인 방에서 스타인은 쥐덫, 신발 한 짝, 각종 항목의 금전 입출 상황이 잔뜩 적힌 목간 몇 개를 찾아냈다. 니야의 옛 모습을 재현하기 위해 스타인은 건물과 담장의 평면도를 그렸다. 한 주택 유적에서 스타인은 빙고(氷庫)를 발견했다. 두 그루 백양나무 가지를 깔아 얼음이 지면에 닿지 않도록 하고 위에는 나뭇잎을 두텁게 덮어 여름날의 열기를 차단하는 장치였다. 지금까지도 현지의 부유한 백성은 이런 방식을 사용하고 있다. 또 하나의 큰 방의 벽에는 거대한 소용돌이 모양의 꽃무늬와 우아한 연꽃이 봉오리를 늘어뜨리고 있는 도안의 벽화가 그려져 있었다. 길이 40피트의 대들보 네 개가 두꺼운 모래의 무게를 견디며 원래의 자리를 지키고 있었다. 대들보, 벽화와 화로 밑에 남은 재를 제외하고는 특별하게 눈에 띄는 물건이 없는 걸로 보아 마지막 주민은 실내에 있던 모든 물건들을 옮겨간 듯했다.

그곳 주민들의 생활을 정확하게 이해하기 위해 스타인 가옥, 불교 사원, 관서, 거실과 주방의 물품, 빙고 등의 배치 상황과 위치를 확인하고 정원 수목의 종류와 배열까지 살펴보았다. 그런 다음에 지금은 사라져버린 일상생활을 재현하기 위해 각종 실내 물품과 공예품을 모았다.

그들은 도처에서 당시 물품의 남은 조각들을 볼 수 있었다. 옷과 담요의 조각, 기하학적인 도안을 정교하게 짜 넣은 카펫 조각, 골제품 부스러기, 몇 가지 주방용구, 나무로 만든 활과 갑옷, 방추(紡錘), 심지어 "당장에라도 사용 가능한 사과나무로 만든 지팡이까지 찾아냈다."

곳곳의 유적을 돌아다니며 발굴 상황을 지켜본 스타인은 니야의 주민들이 쓸만한 물건은 모조리 가져 갔다고 판단했다. 그래서 그는 어딘가에 있을 쓰레기더미를 찾아내기로 결정했지만 끝없이 펼쳐진 사막 한가운데서 그것을 찾아내기란 건초더미에서 바늘을 찾는 것만큼이나 어려운 일이었다. 어느 날 산보를 나간 스타인은 겉보기에는 특징이 없는 한 유적에 눈길이 끌렸다. 햇볕에 바랜 목간 몇 조각이 여기저기 흩어져 있는 것을 본 스타인은 곧 땅을 파헤치기 시작했다. 반시간 만에 글자가 쓰인 목간 30조각을 찾아냈고 그중 2조각이 관심을 끌었다. 한 조각은 한문이 적힌 긴 나무 막대기였고 다른 조각은 카로슈티어가 쓰인 얇은 가죽 조각이었는데 적힌 것은 날짜였다. 지면에서 약 4피트 높이까지 쌓인, 도기 파편과 각종 모직물 조각과 가죽 조각이 뒤섞인 쓰레기더미 속에 수백 조각의 목간문서가 깊은 잠을 자고 있었다. 목간은 쓰레기와 함께 뒤섞여 있었기 때문에 태양과 바람의 침

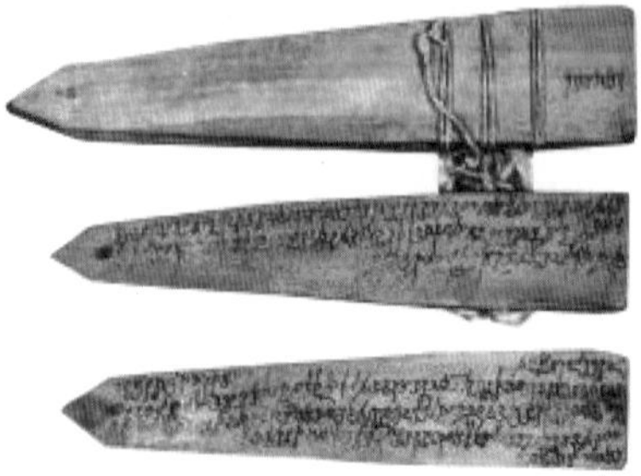

「카로슈티어 목간」

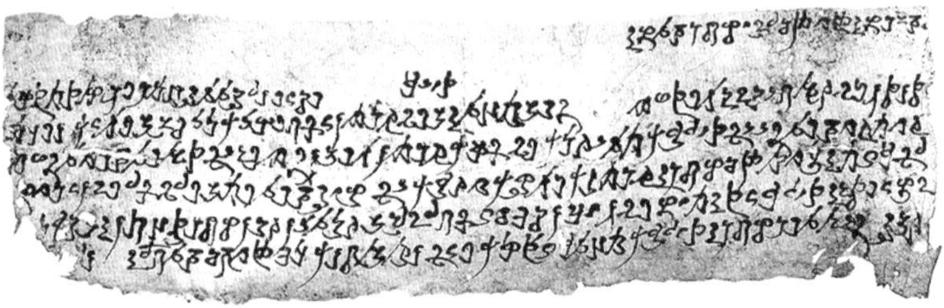

「누란 카로슈티어 목간」(스타인 발굴)

식을 피할 수 있었던 것이다. 스타인은 목간마다 표시를 하고 목록을 만들었다. "꼬박 3일 동안 나는 고대의 쓰레기더미가 내뿜는 악취를 실컷 맡았다. 수세기 전의 것이긴 해도 쓰레기의 악취는 여전했다."

정성들여 만든 매끄러운 양피지 위에 쓴 완벽한 카로슈티어 문서 2타스가 쓰레기더미에서 나왔다. 대량의 쐐기형 목간을 살펴본 스타인은 편지를 보내고 받는 방식을 알아냈다. 쐐기형 목간은 통상적으로 크기가 같은 두 조각을 합쳐서 만들었다. 목간의 한쪽 끝은 네

모나고 다른 한쪽은 뾰족하게 깎았다. 뾰족한 쪽의 합쳐진 두 조각에 구멍을 뚫어 노끈으로 묶었다. 글자는 안쪽의 매끄럽게 다듬은 표면에 적었다. 글자를 쓴 다음에는 목간의 바깥쪽 홈에 진흙을 채우고 진흙이 마르기 전에 발신자의 인장을 눌러 표시한 후 노끈으로 꽁꽁 묶었다. 굳은 진흙을 깨뜨리거나 묶은 노끈을 끊어내야만 안쪽에 기록된 내용을 볼 수 있었다. "그러므로 편지의 내용은 마음대로 열어보기란 불가능했다."

스타인이 가장 만족스러웠던 것은 인도의 고전 예술이 중국 신강으로 전파된 노선의 증거를 찾아냈다는 사실이었다. 이 특별한 증거는 니야의 고대 쓰레기더미에서 출토되었다. 목간의 크기는 작았지만 동서양이 이곳에서 영향을 주고받았다는 움직일 수 없는 증거였다. 목간 문서의 존재는 "현장법사가 말한 현지의 전설과 일치했다. 호탄지역은 기원전 약 2세기에 펀잡 서북쪽에서 온 그리스인들이 탁실라라고 불렀던 인도 이민자들에게 정복되어 식민지가 되었다." 스타인은 그 밖의 유적 쓰레기더미에서 찾아낸 증거들을 보고 니야와 호탄지역의 작은 주거지들은 3세기 말에 최후의 날을 맞았다고 확신했다. 중국이 이곳에 대한 통치를 포기했을 때 주민들은 스스로 소리 없이 종적을 감추었다.

니야 유적에서 16일 동안 발굴한 후 스타인은 이곳에서의 작업을 끝냈다. 그는 이곳에서 모래 밑에 묻힌 발굴 가능한 모든 유적을 마음대로 파헤쳤다. 이유는 알 수 없지만 그는 니야의 풍부한 유물을 다 파내지 못했다는 느낌이 들었다. 이런 느낌은 머지않아 사실로 드러났다. 그들은 전에는 오를 수 없었던 모래더미 아래에 묻혀있던 유적을 우연하게 발견하게 된다. 스타인은 다음과 같은 말을 남겼다. "당분간 안녕, 영원히 이별하는 건 아니야."

1906년 10월 15일, 제2차 중앙아시아 탐험에 나선 스타인은 니야 유적을 다시 찾았다. 스타인은 이번에는 50명의 현지 일꾼을 고용하고 4주치 식량을 가져왔다. 그는 큰 판을 벌이기로 결심했던 것이다.

스타인은 유적지의 중앙에 텐트를 치고 유적 전체를 자세하게 측량하는 작업부터 시작했다. 그는 서북쪽 구석의 가옥 유적에서 다량의 목간을 찾아냈다. 목간은 장방형도 있었고 쐐기형도 있었다. 진흙 봉인은 손상 없이 완전한 상태로 남아 있었는데 헤라클레스의 두상이 찍혀 있었다. 이밖에도, 지난번 발굴했던 것과 유사한 그리스풍의 불교 미술 도안이 조각된 매우 정교하고 아름다운 나무의자를 찾아냈다.

텐트 부근의 규모가 큰 쓰레기더미를 정리하면서 스타인은 한문 목간 10여 매를 찾아냈다. 훗날 이 목간들을 연구한 프랑스인 샤반느의 고증에 따르면, 그 중 목간 하나는 현지의 고위 관리의 부인에게 보내는 것이며 그곳이 정절국 영토의 일부라는 사실도 밝혀졌다.

스타인은 큰 방의 유적에서 잘 배열된 서가를 발견했으며, 거기서 100여 매의 카로슈티어 목간을 손에 넣었다. 또한 그 방의 벽모서리 구석에서 숨겨진 작은 문서고를 찾아냈다. 이 문서고 안에는 아직 개봉되지 않았고 상태가 완벽한 목간 다수가 보관되어 있었다. 일부 목간에는 진흙 봉인이 3개 정도 찍혀 있었는데 제우스, 헤라클레스 등 그리스 신화에 나오는 인물상이었다. 스타인은 문서고가 교묘하게 은

폐되어 있었던 것은 주인이 다시 돌아와 사용할 생각이 있었기 때문이라고 추정했다. 당시 누군가가 이곳을 떠나면서도 돌아올 희망을 갖고 있었던 것이다.

스타인은 14일 동안의 발굴 작업을 마친 후 두둑한 보따리를 메고 돌아갔다.

# 7
# 유령이 떠도는 부처의 나라 호탄

머나먼 서쪽, 곤륜산 자락의 신비한 고대국가 호탄(于闐)이 중국 역사 속으로 걸어들어 온 것은 최소한 3천년이 넘는 일이다. 곤륜이란 이름은 처음부터 탐험가 또는 탐험활동을 떠올리게 한다.

곤륜산 북쪽 자락에 위치한 호탄(지금의 和田허텐)은 유명한 서역 여러 나라 중 하나였다. 호탄하와 카슈가르의 유룬카쉬 강이 그 땅을 적셔 옥토가 사방에 널린 서역에서 가장 풍요로운 지역이었다. 한(漢) 시대에는 실크로드가 이곳을 지나갔기 때문에 불교가 중국으로 전파되는 과정에서 가장 먼저 도달하는 곳이 이곳이었고, 따라서 이곳은 상당한 규모의 서역불교 중심지였다. 문헌 자료를 근거로 한 고증을 통해서나 현재 남아 있는 유적을 보드라도 호탄은 부처의 나라였다고 해도 지나침이 없다.

한 나라 서역 36국 시기에 호탄은 중간 규모의 오아시스 왕국이었다. 누란이나 구시(車師)와는 달리 역사적 기복이 심한 "눈부신" 곳도 아니었고 수러나 쿠차(龜茲)처럼 패기가 넘치는 왕국도 아니었다. 당시에 호탄의 인구는 3,300호, 19,300명이었다. 주요 도시는 동성과 서성이었고 국왕은 서성에 주재했다. 호탄의 동서 양쪽으로는 오래된 교통선을 따라 융로(戎盧), 거륵(渠勒), 피산(皮山) 등의 소국이 분포하고 있었다. 호탄과 누란 중간에는 구미(拘彌)라고 하는 비교적 큰 오아시스 도시국가가 있었는데 인구는 호탄보다 많았고 "승병(勝兵, 병역을 감당할 수 있는 남정)" 또한 호탄보다 1/3이나 많았다. 구미와 호탄은 타림분지 남쪽에 나란히 선 고대국가였다.

호탄은 극도로 복잡한 정치 환경 속에서 살아남기 위해 주변 국가에 대해 능수능란하게 대처한 덕분에 국운이 1,300여 년 동안이나 이어졌고 왕통은 송 시대까지 지속되었다.

## 비운의 탐험가—뒤트루이 드 렝

호탄이 망하고 890년 후에 프랑스 탐험대가 호탄 유적을 찾아 떠났다. 서역 탐험사에서 가장 불행했던 이 탐험대는 프랑스인 뒤트루이 드 렝(J. L. Dutreuil de Rhins)과 그의 조수이자 동방학자인 그르나르(Grenard)가 이끌었다. "바워 고본(古本)"*이 학계를 뒤흔든 후 프랑스 정부 공공교육부는 곧 탐험대를 조직하여 중국 서부지역으로 파견했다. 1892년, 뒤트루이 드 렝은 호탄에 도착하여 고적과 문물을 찾기 시작했다.

뒤트루이 드 렝 탐험대는 호탄에 머문 첫 번째 탐험대였다. 경쟁상대도 없고 참고할 대상도 없는 상황이라 그들의 작업은 비교적 가볍게

* "Bower Manuscript". 1890년 인도 주둔 영국군 정보장교 Hamilton Bower가 쿠차에서 사들인 브라미어 불경. 실크로드의 잊혀진 불교문명에 관한 학계의 관심을 불러일으키는 계기가 되었다[역주].

진행되었다. 무엇보다 호탄이란 보물창고는 아직 아무도 손댄 적이 없었고 바로 그 때문에 깊이 들어가기가 어려웠다. 뒤트루이 드 렝 탐험대는 뒤에 그곳을 찾아온 스벤 헤딘 탐험대와 비교할 때 정신적인 각오가 철저하지 않았다.

애초에 탐험대는 브라미어 불경(법구경, 法句經), 도기 불상, 고대의 동전 등 적지 않은 문물을 모았다. 그러나 탐험대 전원이 치명적인 재난을 당해 문물을 버려야 했다. 이후 대부분의 수집품과 탐험대의 보급품은 회수했으나 먼 길을 운반하는 과정에서 일부를 잃어버리고 남은 것은 얼마 되지 않았다.

뒤트루이는 호탄에서 일 년 가까이 활동하면서 티베트로 들어갈 준비를 했다. 1893년 여름, 뒤트루이는 호탄을 떠나 티베트로 들어갔다. 그들은 지나는 길마다 문물을 약탈하거나 절취했다. 그들의 행동을 주목한 현지 관리들과 군중들이 즉각 떠나라고 경고했으나 탐험대가 순응하지 않자 분노한 군중들이 탐험대를 감금했다. 그르나르 등은 탈출하여 프랑스로 돌아갔으나 뒤트루이는 혼란 중에 목숨을 잃었다. 몇 년 후 그르나르가 뒤트루이 탐험대의 조사보고서가 포함된 『아시아 고원에서의 과학고찰』이라는 책을 펴냈다. 3권으로 구성된 이 책의 중요성은 의심할 여지가 없을 뿐만 아니라 호탄 관련 부분은 지금까지도 학술적 가치를 잃지 않고 있다.

## 스벤 헤딘의 발자국을 따라서

1896년 1월 5일, 몇 차례의 시련을 겪은 끝에 스벤 헤딘은 호탄에 도착했고 그곳에서 새로운 탐험대를 조직하여 호탄강 상류의 동쪽 지류인 유룬카쉬강(玉龍喀什河)을 따라서 타클라마칸 사막으로 들어갔다. 4일 동안 행군해 유명한 타와칙촌(塔瓦啓克村)에 도착했다. 그후 헤딘은 다시 길잡이의 안내를 따라 단단오이릭—"상아의 집"이란 뜻이다—이란 고성에 도착했다. 단단오이릭의 발견은 중대한 의미를 갖는다. 그곳은 서방 탐험가가 발견하고 도굴한 첫 번째 고성이다. 단단오이릭이 호탄과 누란 등 왕국의 탐험사에서 차지하는 지위는 니야의 정절국 고성이나 롭 노르의 누란 고성과 맞먹는다.

고성은 흐르는 모래 아래 조용히 누워있었다. 여기저기 남아있는 성벽은 모래바람에 침식된 흔적을 드러내고 있었다. 부서지거나 대체로 완전한 모습의 불상이 도처에 있었다. 일부 불상은 삭풍을 맞으며 벽 앞에 늘어서 있었는데 벽에는 말할 수 없이 아름다운 벽화가 그려져 있었다. 불상과 벽화의 구도는 말할 것도 없고 기법이 순수한 간다라식—인도유럽식—에 속했다. 이곳이 한때 부처의 나라 호탄이라 불리던 중요한 오아시스 도시였음은 의심의 여지가 없었다.

스벤 헤딘은 계속 동쪽으로 나아가 카라둔(喀拉墩) 고성을 발견하고 조사했다. 그곳은 2천 년 전에 세워졌고 한때는 활기가 넘치고 번영하는 도시국가였다. 카라둔이란 검은 모래언덕이란 뜻이다. 카라둔이란 이름이 붙게 된 까닭은 고성의 언저리에 사막 버드나무가 우거진

20여m 높이의 모래언덕 두 곳이 있기 때문이다. 두 곳의 모래언덕은 성 밖에서 서로 마주보며 우뚝 서 있었다. 카라둔은 호탄 왕국의 역사에서 어느 도시였는지 지금까지 정론이 없지만 사막의 정중앙에 서 있는 특이한 위치로 보아 보통이 아닌 내력을 가진 성이었음은 분명하다.

다시 호탄으로 돌아왔을 때는 1896년 5월이었다. 그동안 헤딘은 유명한 요트칸(約特干)을 탐사하고 마차타그(麻紮塔格) 성 보루를 돌아보았다. 요트칸에서 그가 거둔 수확은 그보다 앞서 온 뒤트루이나 그보다 뒤에 오게 되는 스타인이 거둔 수확보다 풍부했다. 그는 밀종(密宗) 불교의 유물과 간다라 풍의 예술품을 구입했을 뿐만 아니라 경교(景教)—네스토리우스교—의 유물인 금 십자가와 사도들의 이름을 새긴 금 방패도 구입했다. 이때 수집한 문물은 523건이었고, 그 중에는 문서와 고대 동전은 포함되지 않는다. 그 무렵의 요트칸은 미친 보물사냥꾼들이 마구 파헤치기 전이라 지상 건축의 기초가 상당수 남아 있었다.

스웨덴으로 돌아간 헤딘은 탐험의 전 과정을 담은 조사보고서 『아시아를 가로질러』를 출간했고 이 책은 그에게 큰 명예를 안겨주었다.

### 스타인과 호탄

타림분지로 들어가기 전에 스타인은 먼저 파미르고원의 험난한 고대 교통로를 탐사했다. 적막 속에서 스스로 생겨났다 사라져버린 길은 산 속의 촌락, 아득한 옛날부터 변함없이 방어시설을 한 적이 없는 좁은 관문은 그에게 깊은 인상을 주었다. 빙산의 아버지라고 하는 무스타크봉 산 아래 키르기즈인 촌락 수바쉬(蘇巴什)에서 스타인은 처음으로 앞서간 스벤 헤딘이 남겨놓은 발자국을 밟았다.

1900년, 카슈가르에 도착한 직후 스타인이 망설임 없이 탐험의 방향을 호탄으로 잡았던 것도 스벤 헤딘의 영향을 받았기 때문이었다.

스타인이 호탄에서 첫 번째로 선정한 발굴지가 바로 헤딘이 알렸던 단단오이릭 고성이었다. 이보다 앞서 그는 요트칸을 먼저 찾아와 그곳의 오래된 지역의 지면이 현재의 농경지와 주택의 대지보다 훨씬 낮다는 사실을 확인했다. 그는 요트칸이 1,300년을 지탱한 고대 호탄 왕국의 수도 서산성(西山城)이라고 확신한 최초의 서방 탐험가였다.

"11월 15일, 나는 고대 호탄국의 수도 요트칸으로 갔다." "그 유적에서 황금을 캐낼 수 있는 곳은 아직도 분해된 쓰레기와 부식토를 품고 있는 지층이었다. 그 지층 속에 묻혀있는 도기편은 채색하지 않은 것도 있었고 꽃무늬가 그려진 것도 있었다. 동물의 골격, 부식된 목재 조각과 재도 나왔다. 우리가 이곳에서 찾아낸 부스러기들은 그곳이 몇 세기 동안 대량의 건물이 있었던 곳이었음을 설명해준다. 이곳에서 찾아낸 다량의 동전은 현지 통치자들이 주조한 쌍체전(雙體錢)—한문과 초기 카로슈티어를 함께 새긴 동전—도 있었고 당 나라에서 통용되던 모난 구멍 동전도 있었다. 이런 퇴적물이 나온 지층은 비교적 빠른 시기에 형성되었을 가능성이 높고 색깔은 모두 암갈색이며 두께는 일정하지 않았다. 서쪽과 남쪽의 평균 두께는 5~8피트였다. 그러나 발굴 지점의 북쪽에 파헤쳐진 도랑이 하르체(哈勒徹)의 가옥 바로 아래에 닿은 곳에서 작은 크기의 붉은 색 도기 소상(塑像)과 인장 등 풍부한 유물이 나왔다. 그곳은 13~14피트 두께의 문화층이었다."

"고대 유물이 묻혀있는 지층은 두께 9~20피트의 충적층으로서 지점마다 두께가 달랐다. 초기에 요트칸을 찾은 유럽의 여행가들은 고성 유물을 함유하고 있는 두꺼운 지층이 엄청난 규모의 대홍수로 인해 형성된 것이라고 설명했다. 그들은 고성의 훼손을 가상의 대재난의 탓으로 돌렸다. 파헤친 도랑의 단면을 몇 시간 동안 조사한 결과 이런 억측을 완전히 배제할 수 있었다."

"이 문제를 설명하기란 어렵지 않다고 생각한다. 호탄의 경작방식은 투르키스탄 다른 지역과 다를 게 없다. 경작지에는 끊임없이 물을 끌어다줘야 한다. 봄과 여름 두 계절 동안에 산에서 내려오는 물을 요트칸의 경지에 끌어들일 때 풍화로 인해 생긴 진흙이 대량으로 물길을 따라 들어오고 이것이 경작지의 충적층을 형성한다. 이런 일이 반복되면서 오아시스 경작지의 지평면은 빠르게 높아진다. 나는 오아시스 어느 곳을 가든 농경지를 가로지르는 주요 도로가 주변 경지의 수평면보다 매우 낮다는 사실을 알아차렸다."

1900년 12월, 스타인 일행은 단단오이릭에 도착했다. 이 "타클라마칸 고성"에서 그들은 14일 동안 도굴했다. 수확의 풍성함에 있어서는 일찍부터 이곳을 열망해왔던 스타인조차도 믿기 어려울 정도였다. 그의 저서 『고대 호탄』에는 단단오이릭의 불당을 발굴하는 모습을 찍은 사진 두 장이 실려 있다. 벽화는 방금 그린 듯 아름다우며 거대하고 박진감 넘치는 소상—북방 수호신 비사문천천왕 (毘沙門天天王)—은 속인이나 장인이 만들 수 있는 수준이 아니다. 그가 현지에서 발견한 다량의 문서에는 그곳의 지명을 "걸사(杰謝)"라고 부르고 있는데 당 시대의 "개원통보(開元通寶)"가 곳곳에서 발견되는 것으로 보아 당의 유적지임을 알 수 있었다.

단단오이릭에서 스타인은 건축물 14곳을 발굴했다. 가장 중요한 발굴은 30명의 일꾼을 동원하여 고대 불교사원 안에서 파낸 것이었다. 첫날 작업에서부터 150여 건의 불교 벽화와 소상을 찾아냈다. 둘째 날에는 모래층을 2~3m 걷어내고 건물 하나를 찾아냈는데 그곳에도 벽화와 소상이 있었다. 그러나 없어서는 안 되는 문자 기록은 찾아내지 못했다. 그는 높은 상금을 내걸고 일꾼들에게 모래 속에서 고문서를 찾도록 독려했다.

마침내 기적이 일어났다. 일꾼들은 끊임없이 스타인에게 종잇조각을 올려 보냈다. 모두가 5~6세기에 쓰인 산스크리트어 불교 경전이었다. 뒤에 가서는 다량의 한문 원고와 목판조각, 초상화가 나왔다. 스타인은 흥분에 빠졌다.

단단오이릭을 언급할 때면 이 불교사원에서 발굴한 두 폭의 목판화를 언급하지 않을 수 없다. 이 두 폭의 그림이 세계적인 명성을 얻게 된 까닭은 당 시대의 걸작 『대당서역기(大唐西域記)』의 삽화일 가능성이 매우 높기 때문이다.

부처에게 빌었던 일이 이루어져 감사의 표시로 바친 것으로 추정

「단단오일릭 불교유적」(스벤 헤딘 촬영)

「오렐 스타인과 그의 탐험대, 인부」

되는 목판화는 발굴 당시 원본이 비교적 흐릿했으나 대영박물관의 복원전문가로부터 특수 세척처리를 거치자 학계의 큰 관심을 불러일으켰다.

그중 한 폭의 목판화는 이상하게도 등장인물이 두 사람의 시종 중간에 앉은 왕관을 쓴 쥐였다. 이 그림은 스타인으로 하여금 호탄에서 들은 한 전설을 생각나게 했다. 그것은 바로 『대당서역기』에 나오는 전설이었다. 옛날에 흉노가 수십 만 기병을 몰고 호탄국을 침범했다. 호탄 국왕은 직접 수만 명의 군사를 이끌고 나가 적을 막았으나 중과부적이라 물리칠 수가 없었다. 절체절명의 순간에 갑자기 한 무리의 쥐떼가 나타났다. 크기는 고슴도치만하고 몸에는 금과 은색의 털이 난 왕 쥐가 쥐떼를 지휘하여 흉노군의 진지로 달려갔다. 이때 호탄왕은 신령의 도움임을 깨닫고 날이 밝기 전에 군사를 이끌고 흉노군 본부를 기습했다. 혼란에 빠진 흉노군은 무기를 챙겨 말을 타고 적을 맞으려 했으나 말안장과 군복, 활, 갑옷 등이 모두 쥐떼가 갉아먹어 쓸 수가 없었고 군량과 말먹이도 모두 쥐떼가 먹어치워 버렸다. 싸울 방법이 없어진 흉노는 황급히 달아났다. 이때부터 호탄 사람들은 쥐를 신으로 숭배하기 시작했다. 그들은 사람 몸에 쥐 얼굴을 하고 왕관을 쓴 인물을 만들어 제사를 지냈다. 스타인이 발견한 그림은 바로 이런 전설을 묘사한 것이었다. 함께 발견된 목판화는 말을 탄 사람과 쌍봉낙타를 탄 사람을 그렸다. 그림은 높은 수준의 회화기법을 보여주었을 뿐만 아니라 중국과 인도와 페르시아의 회화 특색이 잘 어우러진 것이었다.

길잡이가 "우상의 사원"이라고 부른 또 다른 불당에서 스타인은 한 무더기의 옛 문물을 수습했다. "모래가 덮인 내전에서 수십 개의 소상 부스러기가 나온 후 나는 오래 전에 무너졌으나 한 때 장식이 가득했을 내전 벽의 부조(浮彫) 부분의 양식을 보고 분명하게 알 수 있었다. 이 부조는 원래는 아주 단정한 장식 부분이었다. 거듭 출토되는 건물의 장식화 중에 벽 아랫부분의 불상 부조도 섞여 나왔다. 불상의 자세는 손을 들고 설교를 하거나, 가부좌를 틀고 명상하는 등 정통적이었고 나머지 작은 부조는 모두가 부처를 봉양하는 시종이었다. 그 중에서 연꽃 좌대 위에 앉아 화환을 들고 있는 여자는 건달파신(乾闥婆神)임이 분명했다. 어디서나 볼 수 있는 예술품이었지만 하나의 계통을 이루면서 발굴되는 상황이 나의 관심을 끌었다. 마찬가지로 나를 기쁘게 한 것은 이 작은 부조들의 원래 선명한 색깔이 아직도 잘 보존되고 있다는 점이었다. 천정을 바치는 기둥과 대들보에 그려진 정교한 불교 성인상은 색채 또한 선명하게 남아 있었다. 모래가 문물을 보존하는데 얼마나 큰 작용을 하는지 증명되었다."

"고립된 작은 불당을 정리하면서 유럽으로 운반하기에 적합한 대략 150조각의 석회반죽 부조를 손에 넣었다. 이번의 발굴을 통해 앞으로 더 깊은 폐허에 매장된 유물을 발굴할 때 참고할 경험을 쌓았다."

"비교적 완전하게 보존된 불당의 동남쪽 부분은 나머지 세 구석과 마찬가지로 무너져 잔해가 1피트 높이로 쌓여 있었고 그 아래 서 있던 진흙 소상도 파괴되었다. 그래도 정교한 원형의 연꽃 받침은 사진을 보아도 분간할 수 있을 정도로 남아 있었다. 행운이라고 한다면, 이 곳에서 비교적 완전하게 보존된 몇 가지 장식물을 찾을 수 있었다는 점이었다. 방바닥과 주요 불상이 놓였던 단을 정리하면서 독립된 소형 회반죽 소상 하나를 찾아냈다. 높이는 3/4피트, 머리와 어깨 부분을 제외하고는 보존상태가 비교적 좋았다. 의복을 정교한 선으로 표시한 점을 볼 때 이 소상은 부처나 보살상이 분명하다. 붉은 빛을 띤 갈색 가사의 색깔이 잘 보존되어 있다. 불상을 모셨던 작은 나무판도 온전하게 보존되었다. 이 나무판은 불상을 옮길 때 여전히 유용하게 사용될 수 있었고 불상의 회반죽은 충분히 튼튼했다. 나는 불상을 가져가기로 결심했다. 호탄에서 준비한 솜과 현지에서 생산하는 부드러운 종이를 이용하여 불상을 조심스럽게 싼 후 상자에 담았다. 이 소형 소상은 우리가 예상했던 것보다 안전하고 순조롭게 장거리 여행을 마치고 런던에 도착했다."

## 카라둔 도굴

단단오이릭에서 크리야(克里雅, 현재의 위톈于田 현)로 돌아왔을 때는 1901년 초봄이었다. 다음 단계로 그는 크리야 강을 따라서 카라둔으로 갈 준비를 했다. 스타인은 카라둔에는 유물이 적었다고 말하고 있다. 『사막에 묻힌 호탄』에서 그는 카라둔을 "고성"이라고 부르는 것은 "상상일 뿐 고고학적으로는 중시할 가치가 없는 곳"이라고 썼다. 이런 표현은 무지의 소치이다. 카라둔은 당연히 명실상부한 "고성"이다.

중국 한나라 시대의 고성은 대부분이 변경을 수비하는 보루였다. 카라둔은 상당히 중요한 성이다. 부근에는 유적이 많고 범위도 넓다. "고고학적으로는 중시할 가치가 없는 곳"이란 표현은 "보물을 찾는 사람들에게는 중시할 가치가 없는 곳"이란 표현으로 바꿔야 마땅하다. 이곳에서 나온 "보물"이 많지 않은 것은 사실이다. 그러나 카라둔의 중요성은 지리적 위치, 역사적 지위, 타클라마칸 사막의 생태 평형에 미치는 영향에 있다. 이런 기준에서 볼 때 서역에서 카라둔만큼 중요한 고성은 없을 것이다. 스타인은 "보물을 찾는 사람"이었지 결코 "문화고찰자"나 "과학적 발굴자"는 아니었다.

## 르와크가 당한 재앙

봄날이면 타클라마칸 한복판에서는 황사가 쉼 없이 분다. 이 때문에 스타인은 여러 가지 문제에 부닥쳤다. 4월 18일부터 그는 모래바람을 무릅쓰고 남쪽을 향해 나아갔다. 돌아가는 길에 그는 따마꺼우(達瑪溝)를 탐사하였다. 그 후 그는 다시 악수필(阿克斯皮力)—흰 벽이란 뜻—고성과 중요한 불교 사원유적인 르와크를 탐사했다.

르와크 대불사 유적은 롭(洛浦) 현에서 서북쪽으로 50km 떨어진 사막 가운데 있으며 호탄지역에서 현존하는 불교사원 중에 면적이 가장 넓은 곳이다. 주변에는 모래언덕이 끊임없이 펼쳐져 있고 지형은 기이하며 인적이 거의 끊어진 곳이다.

르와크란 지명은 후세 사람들이 붙인 것이고 위구르어로 "누각",

"정자"란 뜻이다. 사원의 흙탑이 우뚝 솟아 있어 이런 이름을 얻게 되었다.

스타인 일행이 이곳에 도착했을 때는 형편없이 무너진 불탑 2기뿐이었다. 훗날 스타인은 다음과 같이 썼다. "여기서 고고 발굴시즌의 정점에 들어갈 줄은 생각지도 못했다." 탑에 다가가서 보물 찾는 자들이 버리고 간 사방에 흩어진 진기한 부조 두상을 목격한 스타인은 르와크의 중요성을 한눈에 알아보았다. 사원은 대부분이 모래 아래에 묻혀 있었지만 지면 위로 드러난 한 끝자락이 르와크 유적에 얼마나 풍부한 유물이었을지 웅변으로 말해주고 있었다. 르와크 유적을 발견한 스타인은 감동할 따름이었다.

하늘까지 그를 돕느라 그랬는지 불탑에서 겨우 1km 떨어진 곳에서 우물을 발견했고, 그가 고용한 10명의 일꾼을 위해서는 충분한 수량이었다. 진을 치기에 이보다 좋은 곳은 없었다.

스타인은 4월 11일에서 19일까지 9일 동안 도굴을 벌였다. 모래바람이 하늘과 땅 사이를 가득 채우는 날씨 속에도 발굴 작업은 멈추지 않았다.

일꾼들이 서둘러 파헤친 흙더미 속에서 스타인은 진흙으로 구워 만든 범상치 않는 불상의 단편들을 수습했다. 그의 예리한 눈길은 불상의 표면에 붙은 아주 얇은 금박을 알아냈다. 그는 이슬람교도들이 이름을 붙인 유적에서 당나라 시대 현장의 발자국을 찾아냈다는 생각을 했다. 얇디얇은 금박은 "원래 거대한 불상의 왼쪽 무릎에 붙은 금잎"이었고, "현장법사가 기록한 바에 따르면 무슨 병이든 생기면 금잎을 병이 난 위치에 대응하는 부처의 몸에다 붙이면 병이 나을 수 있다고 하였다."

이런 배경을 알게 된 스타인은 르와크 사원의 광대한 면적, 불탑의 바닥에서 꼭대기 오르는 유일한 계단식 사다리, 손이 닿는 곳마다 주울 수 있는 신도들이 기도의 응답에 감사하며 던진 동전, 르와크에 도착했을 때의 첫 인상과 수확에 대해 차분하게 바라볼 수 있었다. 그는 모래더미 아래서 더욱 놀라운 새로운 역사의 화면이 떠오를 것이라는 예감을 가졌다.

그는 발굴의 속도를 높이기 위해 수십 킬로미터 떨어진 마을에서 10명의 일꾼을 고용하여 발굴현장에 추가로 투입했다. 넉넉한 임금을 받게 된 일꾼들은 발굴에 힘을 쏟아 붓기 시작했다.

일꾼들이 지하 2m까지 모래를 걷어내자 사원 담장 안에 한 줄로 서 있던 키 큰 불상군이 드러났다. 당시의 화려하고 번성했던 불교 사원의 웅대한 모습이 마침내 햇빛을 다시 보게 되었다. 기적 같은 현실을 눈앞에 둔 스타인은 기뻐서 어쩔 줄 몰랐다.

"르와크의 면적은 잊을 수가 없다. 발굴한 불탑들의 높이를 모두 합하면 164피트, 폭은 143피트이다. 불탑의 담장은 두께 3피트, 높이 11피트이다. 불탑은 2층으로 되어 있고 그 위에 반원형의 지붕을 얹었다. 탑 기단의 4면 돌출 부위에는 원래 모두 사다리식 계단이 있었고", 이 때문에 "일종의 균형 잡힌 십자가처럼 보였다." 한 나라 때의 동전은 기도가 이루어짐에 대해 부처에게 바친 감사의 표시였음이 분명했다. 이 모든 것들은 르와크가 번영했던 시절의 증명이었다.

스타인이 가장 감탄한 작품은 벽 안팎에 상감된, 거대한 부처와 보살의 흘러내린 옷자락과 붙어 있는 공양인 부조였다. 이곳에서는 한때 불광(佛光)이 사방으로 뻗어가고 승려와 신도들이 무리지어 불상들을 신이나 천사처럼 받들었다. 그러나 신이든 천사든 자신의 몸체나 몸체가 의존했던 장소를 보호할 수는 없었다. 한때 번성했던 불교 성지도 결국은 하루아침에 무너졌고 자신의 이름조차도 남겨 전하지 못했다.

스타인의 발굴 작업은 얇은 얼음 위를 걷듯 여러 가지 어려움에 부닥쳤다. 지하수가 스며 나와 소상의 몸체를 침식했다. 상부를 덮고 있던 모래층을 걷어내자 소상은 빠르게 무너졌고 정성들여 설계한 신성한 광배는 곧 떨어져 나가기 시작했다. 그래서 그들은 가져갈 수 없다고 판단한 91기의 대형 조소 불상, 보살상, 공양인상은 사진을 찍고 모사 기록을 남긴 후 다시 두터운 모래를 덮어 묻었다. 찍은 사진의 필름만 해도 총길이가 300피트에 이르렀다. 사진과 평면 측량도는 훗날 발표한 저서에 수록되었다. 스타인은 저서에 다음과 같이 기술했다. "지하에서 끌어올린 모든 소상의 원래 위치와 구체적인 형상을 정확한 수치로 그 자리에서 기록했다. 그밖에 소상을 벽에서 떼어내는 과정도 사진으로 기록했다."

저서 『고대 호탄』에서 스타인은 이들 소상을 분석한 결과 형식과 배치가 페샤와르 지역의 불교사원과 밀접한 관계가 있으며 인도에 있는 사원의 그리스 조소 불상과 일치한다는 결론을 내렸다. 인도불교가 들어오는 길목인 르와크에서 부처는 절반쯤 세속화된 모습의 소상으로 빚어졌다. 사실적인 형상을 갖춘 불상이건 신비한 형상을 갖춘 불상이건, 그리스화 된 것이건 반쯤 그리스화 된 것이건 부처는 한결같이 호탄인들의 의복과 호탄식의 흑홍색 가죽장화를 신었다. 이것은 불교가 호탄에 들어온 후 동쪽을 향해 전파되는 과정에서 일종의 과도적 형식과 초보적 변형이 나타나는 특징을 보여준다.

운반할 방법이 없어 남겨둔 대형 조소 불상에 대해 스타인은 저서 『사막의 호탄폐허기』에서 깊은 애정과 아쉬움을 가지고 다음과 같이 기술했다. "그 거대한 소상을 안전하게 땅속에 다시 묻을 수밖에 없었다. 먼 훗날 호탄이 자신의 박물관을 가질 때까지 보호받으면서 조용하게 휴식할 수 있다고 믿는다." "지금하고 있는 소상의 침통한 재매장은 진짜 매장을 연상케 한다."

그러나 정말 유감스럽게도, 스타인이 5년 후에 르와크를 다시 찾았을 때 1,500여 년을 견뎌온 진기한 예술품은 사라지고 없었다. 현지의 보물사냥꾼들이 거대한 소상 복부에 금은보화가 들어있다고 생각하고 다시 파내서 부처와 보살의 소상을 산산조각냈다.

현지의 보물사냥꾼들이 르와크 사원의 불상을 깨끗이 파괴한 일은 스타인이 무리를 동원하여 제일 처음 르와크를 파헤친 일과 객관적인 인과관계가 있다고 말하지 않을 수 없다.

스타인은 르와크에서 상당한 양의 조소와 부조, 100매의 오수전(五銖錢) 동전과 기타 문물을 가져갔고 큰 불상 91기는 매장했다. 그러나 이때의 매장은 스타인 자신의 말이 화근이 되어 "진짜 매장"이 되고 말았다.

거듭된 재난을 당한 르와크 불교사원 유적은 지금은 만신창이가 되어 형편없는 모습이다. 소형 소상과 부조는 스타인이 런던으로 실고가 박물관에 진열되었다. 남겨진 91기의 큰 불상과 보살상은 도둑들이 깨뜨렸고 롭 현 현장에서 파낸 20기의 대형 조소 불상과 3기의 도금 불상도 행방을 알 수 없다. 1,000여 년 전에 불교사원의 담장 안팎에 단정하게 앉아 있던 140기의 대형 불상과 보살상은 이슬람교가 들어온 후에도 안전무사하게 천년을 지냈는데 20세기에 들어와 서방 탐험가들과 보물사냥꾼의 탐욕과 무지 덕분에 세계적인 보물이 사라져 버렸다.

## 숨겨진 마차타그를 찾아서

마차타그는 호탄강 하류의 서쪽 기슭에 있다. 부근에는 호탄강 지류가 많아 강 가운데 섬과 모래톱이 많다. "마차타그"는 위구르어로 "무덤 산"이란 뜻이다. 산 위에 무덤이 있어 이런 이름이 붙여졌다. 『송사(宋史)-우전지(于田誌)』에서는 마차타그 산을 "통성산(通聖山)"이라 불렀다. 당 시대의 문헌에 등장하는 "신산(神山)"도 이 산을 가리킨다. 마차타그산은 홍산(紅山)과 백산(白山) 두 개로 구성되어 있다. 석양빛이 남아 있을 때 두 산봉우리는 투구를 쓰고 긴 수염을 휼날리는 두 무사가 머리를 맞대고 타클라마칸 사막의 한 가운데 조용히 누워 있는 장중하고도 편안한 모습을 연상시킨다. 마차타그 산은 서쪽으로 고동산(古董山)과 이어지고, 동쪽으로는 크리야 강과 호탄 강 사이의 고대 오아시스에 이르며, 카라둔 고성과 고대 취락 유적과는 멀리서 마주보고 있다.

마차타그 산 정상에 우뚝 솟아 있는 한 나라 시대 보루와 봉수대는 실크로드 상의 중요한 요새이자 역참이었다. 건조한 기후 때문에 천년이 지난 지금까지도 의연하게 옛 모습을 지니고 있다.

옛 보루의 성문, 성벽, 전망대는 아직도 남아있다. 성벽의 높이는 대략 6m, 총면적은 1,100㎡이다. 보루는 안팎 3중으로 지어졌고 장방형이다. 보루와 불교사원 등 건축물은 이슬람교와 불교의 종교전쟁 때문에 파괴되었을 가능성이 높고 파괴된 시기의 하한은 남·북 송 시대까지 내려온다. 옛 보루에서 당 시대에 투르판인들이 통치하던 시기의 문물이 대량으로 출토된 점으로 미루어 보루의 전성기는 당시 투르판인들이 서역을 통치하던 시기임을 알 수 있다.

마차타그산 "무덤 산" 위의 분묘에 대해서 한 민간 전설은 다음과 같이 전하고 있다. 아주 오래 전에 마장칸이란 호탄의 한 불교도가 종교전쟁 중에 이슬람 군대에 몰래 정보를 전해주었다가 동족들에게 살해되었다. 이슬람교 세력이 호탄을 점령한 후 마장칸을 기념하기 위해 그의 시신을 홍산 꼭대기에 매장하고 울타리와 표지석을 설치하였다.

이곳에는 수많은 외국 탐험대와 고고학자들의 발자국이 남아있다. 1903년 1월, 일본의 오타니 탐험대의 대원 호리(堀賢雄)와 와타나베(渡邊哲信)가 호탄강을 탐사한 적이 있는데 그들은 마차타그 근처를 스쳐가기만 하고 옛 보루를 발견하지 못했다. 1908년 4월과 11월에 스타인은 두 차례 마차타그에 와서 옛 보루를 탐사하고 문물을 대량 도굴했다. 그는 『서역』과 『아시아의 심장부』란 두 저서에서 이곳에서 일꾼을 고용하여 나무 활과 화살, 붓, 나무 빗, 나무 열쇠와 자물쇠, 나무 병마개, 나무 방추를 발굴했고 모직제품으로는 붉은색과 보라색과 옅은 황색 및 암갈색 양모 의복과 신발, 여러 가지 색깔의 펠트 조각과 털실 뭉치를 발굴했다. 그밖에도 도기 용기의 파편, 철편, 구리 단추, 구리 반지, 구리 액세서리와 피혁제품, 방직품, 어망, 짚신, 펠트 신발 등을 발굴했다. 1903년에 스타인이 처음 이곳에 왔을 때는 주의 깊게 관찰하지 않았기 때문에 옛 보루 부근의 불교사원 유적은 찾지 못했다. 그는 옛 보루에서 단단한 마호가니 나무로 만든 좌불 부조를 파냈고 성벽의 서쪽 끝 쓰레기더미 가운데서 고대 티베트어 목간과 종이문서, 한문·호탄문·고대 위구르어·아라비아어·카로슈티어·카로슈티어에서 변화한 문자로 기록된 종잇조각을 발굴했으나 그다지 중시하지는 않았다.

1908년 4월, 스타인이 마차타그에 다시 왔을 때는 불교사원이 있다는 확신을 갖고 있었다. 그는 마침내 불교사원을 찾아내고 발굴했다. 사원 내부에는 반원형의 소상 기단이 있었고 건축양식은 그가 단단오이릭에서 발굴한 신감(神龕) 건축과 같았다. 이곳에서 그는 원구형과 복발(覆鉢)형이 결합된 정교한 조각 장식물을 발굴했고 부조에서 떨어져 나온 섬유질이 포함된 석고 파편, 채색벽화의 파편, 정교한 도안이 새겨진 나무판 등도 발굴했다. 스타인은 이 불교사원과 옛 보루가 티베트인들이 마지막으로 점거했던 서기 8~9세기에 존재했다고 판단했다. 그는 저서에서 다음과 같이 기술했다. "이들 유적은 여러 세대에 걸쳐 전해 내려오는 현지의 예배풍속이 직접적인 고고학적 증거가 된다는 사실을 설명해준다. 이 지역과 중앙아시아 기타 지역에서 통상적으로 발견되는 바이지만, 불교 성지가 이슬람의 모슬렘으로 변했다." 그가 지적하는 것은 "통성산" 위에 결국은 이슬람의 "성묘(聖墓)"가 건설된 사실이다.

스타인이 손에 넣은 문서 가운데는 중국의 관서가 786년에 발행한 증명서가 있었다. 또 다른 문서에는 중국의 고위 군사지휘관의 이름이 언급되어 있었고 안서(安西)와 구차(庫車) 같은 지명과 안서도호부(安西都護府) 같은 관서의 지위도 언급하고 있었다.

어떤 문서는 호탄문자와 티베트어 혹은 한문을 병기하였다. 스타인은 "이것은 행정사무에 있어서 현지어와 관변어를 동시에 사용할 필요가 있었음을 증명한다"고 해석했다. 모든 발굴증거가 "의심의 여지없이 이곳이 중국 행정기관의 관할이었음을 보여준다."

특별히 흥미를 끄는 것은 스타인이 손에 넣은 승려들의 장부였다. 장부의 모양은 두루마리였고 비단 주머니에 들어 있었다. 장부에는 승려와 사원의 일 년 중 마지막 3개월과 하반기 첫 달의 일상 지출이 기록되어 있었다. 유감스럽게도 어느 해의 기록인지는 알 수가 없다. 어떤 학자는 이 장부가 7~8세기 작성되었다고 해석한다. 이 기이한 장부에는 술과 음식을 사고, 군인들에게 과일을 사주고, 중국의 고위 장교의 장례식에 예물을 보낸 사실을 기록하고 있다. 이를 근거로 스타인은 "마차타그란 사막지역에서 이런 종류의 지출은 상상하기 어렵다. 이 기이한 사원의 장부는 분명 다른 지방에서 흘러들었다"고 주장하였다. 이 장부가 품고 있는 풀기 어려운 수수께끼는 인간의 상상력의 공간에서 해답을 기다릴 수밖에 없다.

# 8
# 짓밟힌 쿠차 석굴

## 유유히 흐르는 역사의 강

천산(天山) 남쪽 기슭, 한나라에서 서역으로 가는 북로 위에 서역의 중요한 옛 왕국 쿠차(龜玆)가 있었다. 오늘날의 쿠차현(庫車縣)이 바로 지난날의 쿠차왕국이 있던 곳이다.

쿠차왕국은 서한(西漢) 시대에 서역 36국 가운데서 가장 큰 오아시스 왕국으로서 실크로드의 요충이었고 한과 당 왕조는 이곳에 서역도호부와 안서도호부를 설치했다.

쿠차의 지리적 위치는 매우 중요했다. 서쪽으로는 카슈가르를 지나 서역남로의 호탄 등지와 연결되었기 때문에 불교가 서역에 전래된 후 곧바로 쿠차 오아시스에도 전파되었다. 일찍이 1세기부터 쿠차에는 불교의 영향이 나타났다. 문헌기록에는 쿠차 왕족의 성이 한자로 "백(白)" 또는 "백(帛)"으로 음역되고 있다. 삼국시대 위(魏)나라 감로(甘露) 3년(서기 258년)에 낙양(洛陽)으로 와 『무량청정평등각경(無量淸淨平等覺經)』을 번역한 백연(帛延)은 쿠차 출신의 불교도였을 가능성이 많다. 『진서(晋書)-사이전(四夷傳)』에서도 쿠차에는 "성곽이 있는데 세 겹이며, 그 가운데 불탑과 불당이 천여 곳이 있다"고 하였다.

3세기에서 10세기 사이에 뚫은 수많은 석굴은 쿠차지역의 가장 가치 있는 불교 문화유산이다. 쿠차와 빠이청(拜城) 등지의 산골짜기에 분포된 석굴은 뚫은 시기가 이르고 외래문화의 색채가 풍부한 것으로 이름이 알려져 있다. 유명한 빠이청의 키질 석굴, 쿠차의 쿰투라 석굴(천불동), 키질가하 석굴, 선무사임 석굴 등이 그러한 석굴이다. 산 절벽에 조성된 이런 사원들은 고대 쿠차지역 석굴 건축의 특유한 면모와 내용을 보여준다.

대부분의 석굴 내부에는 벽화가 그려져 있다. 기원 6세기 이전에는 주로 석가, 석가의 출생, 설법, 인연 등이 벽화의 주요 소재였다. 6세기에는 천불이 등장했다. 8세기 이후로는 점차로 중원 북방지역 석굴의 영향을 받아 아미타(阿彌陀)와 아미타정토(阿彌陀淨土), 그리고 일부 밀교의 형상이 이곳으로 전파되었다.

쿠차 석굴군에서 번호가 붙여진 동굴은 570여 곳이다. 그 중에서 키질 석굴군으로 분류된 동굴이 236곳, 보존된 벽화의 면적이 10,000㎡로서 가장 대표적이다. 키질 석굴은 빠이청으로부터 서쪽으로 60km, 쿠차로부터 동쪽으로 67km 떨어져 있다. 키질이란 위구르어로 붉은 색을 뜻한다. 석굴이 자리한 차르다크(雀爾達格)산은 홍갈색이어서 해가 뜰 때와 석양 무렵에는 입술연지와 같은 붉은색을 띠게 되고 산 아래 흐르는 무자트(木紮提)강 물 위에 비쳐 아름다운 풍경을 연출하기 때문에 이런 이름을 얻게 되었다.

쿠차 석굴벽화의 표제와 낙관은 대부분이 중국 방식이다. 쿰투라와 선무사임 천불동의 벽화가 한문과 쿠차어, 위구르어로 동시에 표시하고 있다는 사실로 중원문화가 얼마나 깊이 침투했는지 알 수 있다.

쿠차의 고대문화는 간다라의 영향을 많이 받았다. 예술적 관념이나 유파, 기법이나 구성이 모두 간다라에서 나왔다. 쿠차 불탑의 건축, 부처와 보살의 형상, 석굴의 총체적 배치 등 무엇이라도 간다라 예술의 내용과 분위기를 드러내지 않는 것이 없다.

쿠차 예술의 다원성, 혼합성, 융합성은 문화교류의 산물이다. 중국, 그리스, 인도, 아라비아 문화가 실크로드를 따라서 쿠차에 모여들어 창조성이 충만한 문화예술을 형성했다. 쿠차 문화예술의 가치와 독특한 매력은 바로 여기에 있다.

## 사라진 사리함

쿠차는 서역불교의 중심이었고 소호리사(昭怙厘寺)는 쿠차 최대의 사원이었다. 소호리사의 위상과 명성에 관해서는 여러 가지 설이 있다. 청나라 때 서송(徐松)은 『서역수도기(西域水道記)』에서 쿰투라의 천불동과 강 서쪽 기슭의 고성 유적이 현장법사가 말한 동·서 두 소호리사라는 주장을 처음으로 내놓았다. "수바쉬 유적이 바로 소호리 사원"이라는 주장도 있는데, 이 설은 스타인이 제기했고 학계의 광범위한 지지를 받고 있다.

쿠차에서 북쪽으로 20km 정도 가면 소호리사 유적이 차르다크산 아래 광활한 고비사막 가운데서 모습을 드러낸다. 동광하(銅廣河)는 고비사막 가운데로 흘러와 사원을 동쪽 구역과 서쪽 구역으로 갈라놓는다. 동·서 유적은 강기슭의 높은 대지 위에 올라 앉아 강을 사이에

「쿠차 고성유적 소호리사」

두로 서로 마주보고 있다. 오랫동안 사람들은 이곳을 수바쉬 고성이라 불러왔다. 수바쉬는 위구르어로 "용의 입"이란 뜻이나 사실은 전형적인 불교사원이다.

산세의 기복을 따라 유적 전체가 층층이 펼쳐져 있어 높낮이가 일정치 않고 구불구불 이어져 있다. 강 서쪽의 유적은 남북으로 길이가 700m, 동서로 폭이 200m이며 그 안에 승방, 사원, 불탑, 동굴이 분포되어 있다. 비교적 보존상태가 양호한 곳은 강 서쪽 기슭에 인접한 네모꼴 사원으로서 사방이 튼튼하고 두꺼운 담으로 쌓여 있다. 사원의 남쪽 변두리에 난 문으로 유적에 출입할 수 있고 유적의 중앙에는 높이가 9m인 네모꼴 흙탑이 서있다. 사원 밖에도 선실(禪室)의 유적이 남아 있다. 선실의 서쪽, 고비사막 가운데에 네모난 탑의 기단과 삼각형의 탑신이 남아 있다. 높이 10여 미터의 사리 흙탑의 남쪽으로 사다리꼴의 평탄한 대지가 이어지고 그 위에 세워진 선실 안에 벽화가 남아 있다. 불탑 북쪽에는 승방과 선실이 길게 촘촘히 이어진다.

인간이 일으킨 전쟁과 자연이 일으킨 모래바람이 일찍이 휘황했던 소호리사를 만신창이로 만들어 놓았다. 옛 모습은 완전히 없어진데다 20세기 초에는 외국 탐험대가 연이어 몰려와 소호리사를 다시 짓밟아 놓았다. 러시아, 프랑스, 일본, 영국, 독일의 탐험가들이 차례로 몰려와 이곳을 멋대로 파헤쳤다. 그들은 다량의 불상, 벽화, 고대 동전과 문서 등 진기한 문물을 대량으로 도굴해 갔다. 특히, 일본의 오타니 탐험대와 프랑스의 펠리오는 이곳에서 적지 않은 사리함을 찾아내 모두 일본과 프랑스로 가져갔다. 1903년에 오타니가 가져간 범상치 않은 사리함은 지금은 도쿄의 한 개인 소장가가 갖고 있다. 목제 사리함은 몸체가 홍·회백·짙은 남색 세 가지로 칠해졌고 네모난 금박 장식이 상감되어 있었다. 사리함 안에는 뼛가루만 남아 있었고 외형은 특별할 게 없었다. 그렇기 때문에 반세기 가량 먼지를 뒤집어 쓴 채 사람들의 주목을 받지 못했다. 1950년대에 누군가 사리함의 색칠한 표면 아래에서 그림의 흔적을 발견했다. 안료를 벗겨내자 정교하고 아름다운 무악도(舞樂圖)가 세상에 모습을 드러냈다.

사리함의 몸체는 원주형이고 뚜껑은 원추형, 전체 높이 31cm, 직경 38cm이다. 몸체 바깥에 거친 마포를 붙이고 그 위에 흰색을 칠한 후에 채색을 했다. 그림 위에는 투명 재료를 한 층 입혔다. 뚜껑에는 벌거벗은 동자 넷이 각기 필률(觱篥), 수공후(竪箜篌), 비파와 손으로

뜯는 악기를 연주하는 모습을 그렸다. 감탄을 금할 수 없는 것은 사리함의 몸체 둘레에 그려진 그림이다. 생동감이 넘치는 무악도는 쿠차의 노래와 춤을 보여주는 보기 드문 자료이며 당시의 세속 생활을 진실하게 보여준다.

일본 학자 쿠마타니(熊谷宣夫)의 연구에 따르면 이 사리함은 7세기에 만들어졌다. 이 시기는 수(隋) 나라 말에서 성당(盛唐) 초기에 해당한다. 중앙 정부가 쿠차에 도호부를 설치하자 쿠차 사회는 여러 방면에서 빠르게 발전하여 광대한 서역 지역 정치·문화의 중심이 되었다. 이러한 상황에서 음악·무용 예술분야에서도 전례 없는 번영이 나타났다. 쿠차 사회의 번성과 발전은 사리함 그림에서 열정적인 장면, 만족스러운 표정, 풍부한 몸짓, 화려한 복장, 다양한 악기, 여러 종류의 등장인물로 표출되고 있다. 다시 말해 이 무악도는 번성한 쿠차 역사의 축소판이라 할 수 있다. 이 사리함이 소호리사에서 출토되었다는 것은 어떤 면에서는 불교문화와 쿠차 사회에서 성행한 가무 문화의 관계를 반영하고 있다. 사리함의 제작 기법과 그림이 정교하고 아름답다는 점과 그것이 소호리사의 중심 불당 폐허에서 출토되었다는 사실은 덕망이 높았던 승려를 화장한 후 이 사리함이 사용되었음을 시사한다. 따라서 쿠차 예술이 불교문화에 강력한 영향을 미치고 있었음이 증명된다. 세속적인 가무예술이 당당하게 불교문화의 문턱을 넘어 들어가 "세속을 초탈한" 불교 승려에게도 받아들여지고 사랑받았다는 사실은 가무예술의 강력한 침투력을 반영한다.

오타니 탐험대의 뒤를 이어 프랑스인 펠리오가 1907년에 서쪽 소호리사에서 여섯 개의 사리함을 발굴했다. 연구자들의 말에 의하면 펠리오가 가져간 사리함은 오타니 탐험대가 가져간 사리함과 모양은 유사하나 정교하고 아름다운 면에서는 뒤진다고 한다.

역사의 발자취를 따라가다 보면 여러 가지를 연상하게 된다. 가치를 따질 수 없는 보물이 외국의 이른바 "탐험가"라고 하는 보물 도둑들에게 약탈당한 과정을 알게 되면 비탄을 금할 수가 없다. 그러나 불행 중에 다행도 있는 법이어서 신비한 부처 발자국 옥석은 기적처럼 보존되었다.

『대당서역기』에는 다음과 같은 기사가 나온다. 쿠차성 북쪽에 이름난 가람이 둘 있는데, "동 소호리 불당 가운데 너비 2척 여, 황백색을 띠고 바다 조개같이 생긴 옥석이 있다. 돌 위에는 부처가 발을 디딘 흔적이 있는데 가로 1척 8촌, 세로 6촌을 넘는다. 재일(齋日)이면 촛불을 밝혀 빛나게 한다." 신비한 부처 발자국이 찍힌 거대한 옥석은 고색창연한 불교 사원 안에서 최소한 1,300여 년을 조용히 누워 있었다. 그런데 뜻밖에 이번에도 외국인이 이 옥석에 재난을 가져왔다. 1898년 러시아인 코스로프가 소호리사에 와서 "부처발자국 옥석"을 가져가려 했다. 그러나 이 옥석 중의 왕은 무게가 2톤이나 되어서 운반은 물론 들어서 자리를 옮기기도 어려웠다. 천 근 옥석도 세상에 없는 귀한 보물로 치는데 4천 근 나가는 옥석이라면 더 말할 필요도 없다. 코스로프가 이런 옥석을 그냥 둘리가 없었다. 그는 사람을 불러와 옥석을 두 조각으로 잘랐다. 그는 통나무 굴대로 길을 만들어 옥석을 쿠차 현 성내까지 운반했다가 기회가 되면 중국 밖으로 옮길 계획을 세웠다. 마침 이때 노련한 옥 장인이 쿠차에 왔다. 장인은 옥을 보는 눈도 있고 옥을 사랑했다. 그는 현지 주민들과 힘을 합해 비교할 대상이 없는 거대한 옥 두 덩어리를 교묘하게 숨겼다. 1964년, 북경 자연박물관에서 옥을 수집하기 위해 신강으로 사람을 파견했는데 이때 두 덩어리의 옥석도 다시 햇빛을 보게 되었다. 쿠차현 정부 청사 홀에 보존되어 있던 "부처 발자국 옥석"은 두 장의 대형 펠트에 소중하게 쌓여 북경으로 옮겨졌다.

마야 피라미드나 바빌론의 공중정원처럼 역사를 따라 먼지 속으로 사라지지 않은 것은 쿠차 석굴군의 행운이라고 할 수 있다. 역사라고 하는 기나긴 강물을 따라 흘러가며 온갖 고난을 당한 것은 쿠차 석굴군의 불행이라고 할 것이다. 원래 쿠차에 있었던 무수한 보물은 아마도 영원히 돌아오지 못할 것이다.

# 9
# 먼지 속의 고창 불교유적

중국에서 지대가 가장 낮은 분지 고창(高昌, 까오창)은 한때는 찬란한 고대문화를 낳고 키웠다.

고창이란 이름은 그곳이 "지세는 높고 넓으며 백성은 번창한다(地勢高敞, 人庶昌盛)"는 전설과 관련이 있다. 기원전 104년, 한 무제는 대완국(大宛國)을 정벌하기 위해 이사장군(貳師將軍) 이광리(李廣利)를 보냈다. 이광리는 군대를 이끌고 하서(河西) 회랑을 떠나 막하연적(莫賀延磧)으로 들어갔다. 날씨는 건조하고 뜨거운데다 후방의 보급은 원활치 않아 부상자와 병자가 속출했다. 투르판 분지에 들어가자 오아시스의 자연조건이 군대의 곤경을 해소시켰다. 맑은 물과 음식을 섭취한 군대는 사기를 회복했다. 이곳의 기후가 사람살기에 적당하고 천산의 눈 녹은 물이 흘려내려 경지 개간에 좋은 조건이었기 때문에 이광리는 군사 중에서 병자와 부상자를 모아 이곳에서 둔전하게 하였다. 그 후 이곳은 "고창벽(高昌壁)"이라 불렀다. 인구가 점차로 늘어나 한나라 정부는 그곳에 무기교위(戊己校尉)를 설치하고 지키게 하였다. 위·진 시대에도 이곳은 중앙정부가 설치한 무기교위부의 소재지였고 오랫동안 돈황군 관할이었다. 고창은 점차로 중앙정부가 서역을 통치하는 정치중심으로 되었다. 서기 327년, 전량의 장준이 고창군을 설치하고 고창성의 규모를 확대했다. 북량(北涼) 때에 이르러 북량의 차거무휘(且

渠無諱)와 차거안주(且渠安周)가 근거지를 투르판으로 옮기면서 당시 고창 태수 감상(闞爽)을 쫓아내고 고창을 북량의 왕도로 삼았다. 서기 460년, 유연(柔然)이 차거안주를 멸하고 감상의 후손 감백주(闞伯周)를 고창 왕으로 세웠다. 이때부터 고창국이 사서에 등장하기 시작한다.

현재 투르판에 있는 고창 고성이 바로 당시 고창국의 왕도 유적이다. 고창 고성의 둘레는 3,415m이고 성벽의 높이는 11~12m, 황토로 쌓아 올렸는데 성벽 기단부의 두께는 11m이다. 성 밖으로는 옹성(甕城)을 갖추고 있어서 당시 서역의 "철옹성"이라고 할 수 있었다.

고창은 비교적 일찍 불교의 영향을 받았다. 북량 시기에 차거몽손(且渠蒙遜)이 고창군을 설치한 후 불교가 비교적 빠르게 성장하기 시작했고 이후 국씨(麴氏) 고창과 당 서주(西州) 시기의 불교 장려에 힘입어 이곳은 실크로드에서 또 하나의 불교 중심지가 되었다.

고창 고성 내에 보존된 수많은 불교사원 유적은 주로 외성의 남쪽에 집중되어 있다. 동남부에는 불탑의 기단부와 석굴의 잔재가 보존되어 있고 벽화도 일부 남아 있다. 서남부 사원의 면적은 매우 넓어서 약 만여$m^2$에 이른다. 사원 내에서 발견된 벽화와 번화(幡畫) 등 불교 예술품은 고창 성내에서 불교가 얼마나 번성했는지 보여준다.

고창 지역에는 그밖에도 아주 중요한 불교사원 유적 두 곳이 있는데 당 시대의 문헌 『서주도경(西州圖經)』에 나오는 "정곡굴사(丁谷窟寺)"와 "영융굴사(寧戎窟寺)"가 바로 그곳이다. "정곡굴사"는 오늘날의 토욕구(吐峪溝) 석굴이고 "영융굴사"는 현재 베제클릭(伯孜克里克) 석굴이다.

토욕구는 고창 고성에서 동쪽으로 20여 리 지점에 있다. 이 골짜기에는 아직도 46개의 석굴이 들쭉날쭉하게 분포되어 있다. 『서주도경』에서는 다음과 같이 기록하고 있다. "절은 그 산에 기대고 있다. 불탑은 나는 듯 공중에 솟았고 무지개다리 아래로는 은하수처럼 물이 흐른다. 바위는 어지럽게 솟아 구름을 끊는 듯하다." 이를 보면 당시의 환경은 승려들이 모여 수행하기에 아주 적합한 곳이었던 듯하다. 토욕구 석굴 가운데서 연대가 가장 앞서는 것은 진(晋)과 16국 시기에 조성된 것이다. 골짜기의 동쪽에 남아 있는 한 석굴에는 이전에는 부처의 전생 얘기를 그린 벽화가 보존되어 있었고 그 벽화에는 "시비대왕(屍毗大王)" "옛날에 묘광(妙光)이란 국왕이 있었는데 모든 것을……를 위하여"라는 글자가 적혀 있었다. 차거안주는 투르판에서 왕을 칭한 후에 불교 전파를 적극적으로 지원했고 토욕구에 굴을 파서 부처를 모셨다.

20세기 초, 여러 외국 탐험대들이 다투어 이곳을 찾아와 불교 예술품의 걸작을 대량 도굴해갔다. 독일인 르 코크가 러시아인의 뒤를 이어 투르판으로 들어와 탐험했다. 르 코크는 고창 고성에서 북량 승평(承平) 3년(서기 445년)에 세운 "차거안주 사원건립비(且渠安周造寺碑)"를 도굴해갔다. 그는 토욕구 석굴 내의 아름다운 벽화와 소상을 멋대로 잘라냈고 폐쇄된 밀실에서 불교 전적을 모조리 꺼내 벽화와 소상과 함께 베를린으로 가져갔다. 우리를 더욱 안타깝게 하는 것은 이 걸작 불교 예술품들도 끝내 재앙을 면치 못하고 제2차 세계대전

「토욕구 석굴」

때 불타고 말았다는 사실이다.

일본 오타니 탐험대도 토욕구에서 대량의 문서, 필사본 불경과 구리 불상을 약탈해갔다. 그 중에는 "대량왕 대 차거안주가 공양한 것(大涼王大且渠安周所供養)"이란 서명이 들어 있는 "불설보살경(佛說菩薩經)" 필사본과 진(晋) 원강(元康) 6년(서기 296년)에 필사한 『제불요집경(諸佛要集經)』이 있었다. 특히, 『제불요집경』은 현존하는 기년이 있는 서역 불경 가운데서 가장 오래된 것이다.

베제클릭은 지금의 투르판 현 동북쪽 약 57km 지점에 있는데 "베제클릭"이란 위구르어로 "산허리"란 뜻이다. 베제클릭 석굴은 바로 큰 산의 허리쯤에 위치하고 있다. 석굴사는 국씨 고창 시기에 조성되기 시작하여 서기 13세기까지 지속되었다. 석굴 내 벽화의 소재는 불교 전

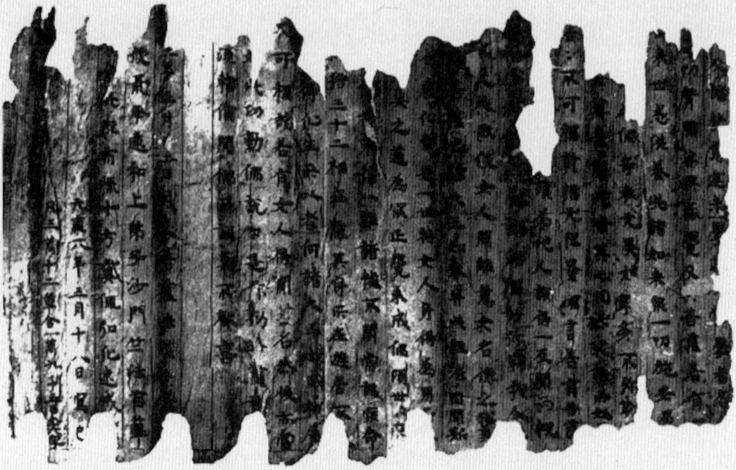

「제불요집경」(진 원강 6년 필사본)

「베제클릭 석굴」

설이 많고 화면이 완전하며 색채가 선명하다. 그 중에서 고창위구르국왕과 왕후 모습의 공양인 상은 벽화 중의 핵심이다.

고창 위구르국은 서기 9세기 중엽에 고비사막 북쪽에 거주하던 위구르족이 투르판 분지로 들어와 세운 나라이다. 그들은 고비사막 북쪽에 거주할 때 마니교를 신봉했고 그래서 베제클릭에도 마니교 석굴과 벽화가 있다. 고창위구르국 통치자들은 투르판으로 옮겨온 후 얼마 지나지 않아 불교에 귀의하여 경건한 불교도가 되었고 석굴을 조성하는데 많은 힘을 쏟았다. 베제클릭 석굴사의 규모는 서기 10세기에서 11세기를 전후해 전성기에 올랐다. 이곳은 한때 왕가의 전용 사원이었다.

베제클릭 석굴사도 외국 탐험가들의 약탈을 피해갈 수는 없었다. 르 코크 등은 칼과 송곳, 망치 등으로 벽화 전체를 잘라내 가져갔다. 제9호 굴로 분류된 석굴에서 그들은 고창 위구르 왕과 왕후의 초상을 뜯어갔다. 초상 중의 국왕은 머리에는 연꽃잎 모양의 왕관을 쓰고 몸에는 둥근 목깃과 넓은 소매의 두루마기를 걸쳤으며 허리띠를 매고 장화를 신었다. 왕후는 체구가 풍만하고 머리에는 꼬리를 치켜든 물고기 모양의 관을 쓰고, 머리는 좌우로 나누어 묶고 금은 장식을 가득 꽂았으며, 몸에는 좁은 소매의 상의와 통치마를 걸쳤고 옷깃에는 꽃무늬 수를 놓았다. 르 코크는 한 불당에서 벽화를 몽땅 잘라내 베를린으로 가져갔다. 지금까지도 베제클릭 석굴사 중에는 당시에 벽화를 잘라낸 흔적이 남아있는 석굴이 있다. 제2차 세계대전 당시 연합국 공군의 폭격으로 베를린 인류문화박물관이 소장하고 있던 620폭의 벽화 대부분이 파손되었다.

# 10
## 모래더미에 묻힌 문서-카로슈티 문서의 액운

19세기 말에서 20세기 초에 중국의 서북지역에 출몰한 탐험가들 대부분은 이상한 글자가 새겨진 목간을 도굴했다. 한자가 아닌 이 고대 문자를 처음에는 "박트리아문자"라고 불렀다가 후에는 다시 "카불문자", "아리안문자", "간다라문자" 등으로 불렀다. 19세기 말 프랑스 학자 라쿠페리(T. Lacouperie)가 처음으로 불경 가운데서 "카로슈티문자"라는 명칭을 찾아냈다. 이때부터 신비한 분위기를 풍기는 "죽은" 고대 중앙아시아 문자는 "카로슈티문자"라 불리게 되었다.

카로슈티문자의 발견은 중앙아시아와 중국 서북지역의 사회·역사·경제·문화·종교·민속 등을 연구하는데 중요한 의미를 갖는다. 비교적 완전한 카로슈티문서 한 부가 곧 비교적 완전한 중앙아시아사라고 할 수 있다.

카로슈티는 산스크리트어 음역이며 원래의 뜻은 "당나귀 입술"인데 고대 신화에 나오는 신의 이름이다. 고대인들은 "당나귀 입술"이 이 문자를 만들었다고 믿었다. 불경 가운데서 고대 인도의 언어 이름이 나옴으로써 카로슈티어의 존재는 고고학 자료를 통해 입증되었다. 카로슈티문자가 신비하고 난해한 이유는 당연한 얘기지만 이 언어가 "죽어버렸기" 때문이다. 기원 전후의 인도 북부와 훗날 서역에서 한때 통용된 카로슈티문자는 7, 8백 년 동안 사용되다가 어느 날 갑자기 완벽하게 사라져버렸고, 그 후로는 어떤 지역 어떤 나라에서도 사용되지 않았다. 특히, 이 문자는 아주 철저하게 "죽어버렸기" 때문에 다른 문자로 진화·계승되지도 않아 주목을 받기에 충분하다. 언어도 생명체와 마찬가지로 발전과 연속의 과정을 거치며 계통이 분명하다는 것이 특징이다. 차가타이문자를 예로 들면, 현재 중국에서 이 언어를 사용하는 사람은 없지만 이 언어로부터 진화되어 현대 위구르어가 형성되었다. 카로슈티문자는 "친족관계"에 있는 언어를 찾을 수가 없고 "살아있는" 언어 가운데서 계승관계를 가진 언어도 없다.

카로슈티문자는 기원전 3세기 인도 마우리야 왕조의 아쇼카 왕 시대에 처음으로 등장했고 인도어 중 서북부의 방언이었다. 이 문자는 처음에 인도 서북부와 지금의 파키스탄 지역 일대에서 통용되다 후에 인도 서북부에서 북쪽으로 전파되어 아프가니스탄, 우즈벡, 타지크 등에서 사용되었고 중국 신강 경내의 고대왕국 호탄과 누란에서도 널리 사용되었다. 대략 서기 1~2세기경에 대월지(大月氏) 인들이 지금의 아프가니스탄 경내에 쿠샨 왕조를 세웠다. 카로슈티어는 이때 브라미어, 그리스어와 함께 공용어로 사용되었다. 3세기 중엽부터 페르시아의 사산 왕조가 쿠샨 왕국을 침입하기 시작하였고 쿠샨 왕조는 5세기에 에프탈인들에 의해 멸망되었다. 이후 카로슈티어는 점차로 사용되지 않아 일종의 죽은 문자가 되었다. 그런데 기이하게도 카로슈티어는 인도에서 소멸됨과 동시에 갑자기 현재의 중국 타림분지 주변 오아시스 도시국가 —호탄, 누란, 선선—에 나타났다.

카로슈티어가 사람들 앞에 다시 나타난 것은 18세기 말이었다. 고고학자들이 중앙아시아 박트리아 왕이 주조한 동전에서 이 문자를 보게 되었으나 당시에는 어떤 문자인지 몰라 해독하지 못했다. 1837년이 되어서야 영국 학자 프린셉(J. Prinsep)이 문자를 해독해냈다.

프린셉은 카로슈티어와 그리스어가 병기된 이중어 동전을 보고 자모의 음가를 알아냈다. 그런 다음에 카로슈티어와 밀접한 관계를 가진 인도의 다른 고대문자 브라미어를 연구하여 많은 고유명사를 연속적으로 해독해냈고, 영국의 팔리어 학자 터너(G. Turnour)의 도움을 받아 비명 가운데 나오는 "아쇼카왕"이란 단어를 해독해냈다. 이를 바탕으로 그는 아쇼카 왕의 법전을 해독하는데 성공했다. 카로슈티문자를 해독하는 길로 들어가는 문이 열렸다.

중국 신강 경내에서 발견된 카로슈티문자 자료로서 가장 일찍 발견된 것은 1874년 호탄 지역에서 발견된 두 점의 "한문-카로슈티문 이중어 동전"이라고 할 수 있다. 이런 종류의 동전은 고대 호탄국에서 주조했을 가능성이 높다. 출토된 카로슈티어 문서 가운데서 가장 일찍 발굴된 것도 역시 호탄에서 나왔다. 1892년 러시아인과 프랑스인이 호탄에서 카로슈티어로 필사된『법구경』파손본을 사들였다. 이후 각국의 "탐험가들"이 인더스강 유역의 마애칙령(磨崖勅令), 비명, 기명(器銘)과 타림분지의 유명한 고대유적—니야, 누란, 미란 등—에서 발견한 대량의 카로슈티어 자료를 잇달아 발견했다.

## 탐사 광풍

신강지역에서 카로슈티어 고고유물이 처음으로 발견된 때는 1870년대였다. 1874년, 영국인 포사이스(D. Forsyth)가 정부의 명을 받아 정치사절단을 이끌고 타림분지의 호탄, 야르칸드, 카슈가르 일대에서 활동하면서 상당한 양의 고대 문물을 수집했다. 그의 서면 보고서 『고비사막에 묻힌 도시에 관하여』를 보면 수집한 문물 중에는 한문-카로슈티어가 병기된 동전(Bilingual Sino-Karosthi coin) 2점이 있었다.

19세기 후반부터 1930년대까지 전 세계에 중앙아시아 탐험 열풍이 불었다. 이 열풍을 선도한 사람들은 스웨덴, 영국, 프랑스, 독일, 일본, 러시아, 미국의 고고학자와 지리탐험가들이었다. 이들이 신강 타림분지에서 절취한 각종 유물 가운데 많은 양의 카로슈티어 자료가 있었다.

1890년대에 포사이스의 뒤를 이어서 영국의 중앙아시아 담당 외교관 골드프레이(S. H. Goldfrey), 맥카트니(G. Macartney), 탈보트(A.C. Talbot) 세 사람이 호탄과 쿠차 등에서 도굴꾼과 골동품상들로부터 고대 두루마리 경전과 한문-카로슈티어 이중어 동전을 대량으로 사들였다. 이들이 사들인 문물의 구체적인 숫자는 알려지지 않았으나 어떤 자료에 따르면 1893~1901년 사이에 그들이 찾아내서 가져간 이중어 동전만도 97점이라고 한다. 그중에는 쿠차에서 나온 문서 초고 잔편이 한 상자 있었는데 훗날 연구한 결과 쿠차 변형체 카로슈티문과 브라미문을 섞어서 기록한 문서임이 밝혀졌다. 이것은 한문-카로슈티문

방식 이외에 또 한 종류의 카로슈티문 병기 문서가 존재한다는 증거였다.

러시아의 카슈가르 주재 총영사 페토프스키(N. Petovsky)가 호탄 등지에서 한문-카로슈티어 이중어 동전 21매와 카로슈티어 필사본 불교경전 『법구경』의 파손본을 수집했다. 이 진기한 유물들은 현재 상트페테르부르크의 에르미타주 박물관에 소장되어 있다.

1892년, 프랑스의 제도(製圖) 전문가 뒤트루이 드 렝 등이 호탄에서 현지 주민으로부터 한문-카로슈티 이중어 동전 몇 점과 상술한 법구경에서 떨어져 나온 3쪽을 사들였다. 주민들이 전하는 말에 따르면 이들 유물은 카라카슈강(黑玉河) 동쪽 기슭에 있는 한 불교사원 유적에서 나왔다고 하였다. 유물은 현재 파리 프랑스학원 도서관이 소장하고 있고 1898년에 소장품 사진집이 발간된 적이 있다.

이 시기에 발견된 카로슈티문 자료는 일반적으로 수집품이어서 정확한 출토지점이 알려지지 않았다. 따라서 연구가치가 상대적으로 낮다.

1900년 3월, 스웨덴의 탐험가 스벤 헤딘이 타림분지를 탐사하면서 세계를 놀라게 한 누란 고성유적을 발견했다. 그는 이 유적에서 파괴적인 발굴을 진행하여 상당량의 한문 문서와 카로슈티어 목간문서 한 점을 찾아냈다. 한문 문서의 뒷면에는 몇 줄의 카로슈티어가 적혀 있었다. 이것이 누란 고성유적에서 첫 번째로 발견된 카로슈티어 문서자료이며, 이후 이곳에서는 대량의 카로슈티 문서가 잇달아 발견되었다. 스벤 헤딘이 발굴한 카로슈티어 문서는 현재 스톡홀름의 스웨덴 인종

학박물관이 소장하고 있다.

1905년, 미국인 헌팅턴(Ellsworth Huntington)이 신강에 와서 천산 남로의 니야 유적에서 카로슈티어 목간 6점을 파냈다. 헌팅턴은 발굴의 구체적인 과정을 저서 『아시아의 맥박』에 기록하였다. 카로슈티어 목간은 전문학자의 연구를 거쳐 그 결과가 『1913~1914년 니야와 누란에서 발견된 명문(銘文)』이란 책으로 출간되었다. 목간은 현재 하버드 포그 박물관에 소장되어 있다.

1906~1907년에는 프랑스 정부가 파견한 펠리오가 신강 등지를 탐사했다. 이때 그는 오늘날의 웨이간강(渭干河) 하구 양쪽에 있는 도르아훌(都爾阿護爾) 불교 유적과 쿠차 북쪽의 수바쉬 불교유적 두 곳에서 훗날 연구결과 쿠차 변형체로 밝혀진 카로슈티문 자료를 발굴했다. 이 자료는 현재 파리 국립도서관에 보관되어 있다. 연구 결과에 따르면 이들 문서는 쿠차에서 7세기의 산스크리트어 문헌과 함께 출토되었다고 한다. 이것이 사실이라면 이 문서들은 타림분지에서 발견된 연대가 가장 늦은 카로슈티어 자료가 된다.

1902~1914년 사이에 두 나라의 중앙아시아 탐험대가 각자 신강에서 활동하면서 카로슈티어 자료를 파갔다. 그 중 하나인 일본 오타니탐험대의 대장 다치바나는 타클라마칸사막 남쪽 언저리의 이름이 알려지지 않은 고대 유적에서 상당량의 카로슈티어 목간을 발굴했다. 독일 학자 그룬베델(A. Grunwedel)과 르 코크는 타클라마칸사막 북쪽 쿠차 등지의 유적에서 대량의 카로슈티어 문서를 발굴했고 카로슈티어 비문도 가져갔다. 오타니 소장품은 주로 누란과 니야에서 나왔고 현

재는 도쿄 류코쿠대학 도서관에 수장되어 있다. 호탄과 쿠차에서 출토된 다른 일부는 현재 대련·여순 박물관이 소장하고 있다. 르 코크 소장품은 현재 전 동독과학원 역사고고연구실에 보존되어 있다. 르 코크 소장품 가운데 투르판의 토욕구에서 출토된 한 문서는 글자가 카로슈티어와 유사하나 언어는 간다라어이다.

1928~1929년 사이에 스웨덴 고고학자 베르히만이 롭 노르 서안 누란 고성유적에서 카로슈티어가 적힌 비단 천을 발굴했다.

신강에서 고고학적 탐험을 벌인 외국인 가운데서 스타인이 타클라마칸 사막 남쪽 언저리에서 찾아낸 각종 카로슈티문 유물이 수량도 제일 많고 학술적 가치도 가장 높다.

중앙아시아에서 가장 오랫동안 고고 탐사 활동을 벌인 인물은 스타인이다. 1900~1930년 사이에 그는 도합 네 차례의 중앙아시아 고고 탐사에 나섰고 매번의 탐사에서 대량의 카로슈티문 고고 자료를 발굴했다. 대부분이 카로슈티어 목간 문서이며(약 1,000건), 한문-카로슈티어 이중어 동전(187점)과 카로슈티어 표제와 백서(帛書) 등이 있다. 문서의 절대 다수는 니야 유적에서 나왔고 누란 유적과 소수는 안디르(安迪爾)강 하구 씨아양(夏羊) 산 유적에서 나왔다. 한문-카로슈티 이중어 동전은 절대 다수(176점)가 호탄에서 나왔고 소수는 쿠차와 야르칸드 동쪽 미란강 지역의 불교사원 유적에서 나왔다.

스타인 소장품—니야, 안디르, 누란, 돈황, 호탄 등지의 발굴품—은 주로 대영박물관과 대영도서관에 보관되어 있다. 소수의 목간과 문서 파편은 뉴델리 인도 국립박물관에 보관되어 있다. 스타인이 도굴한 문서 가운데서 5명의 선선 왕과 한 명의 호탄 왕비의 기록이 나왔다.

신강지역에서 발굴되고 유실된 카로슈티문 유물을 종류별로 정리하면 아래와 같다.

1. 목질간독서(木質簡牘書), 통칭 목간 : 약 4건
2. 한문-카로슈티 이중어 동전 : 353점
3. 카로슈티문 백서(帛書) : 5건
4. 카로슈티문 표제 : 2곳
5. 카로슈티문 비명 : 1건
6. 카로슈티문 종이문서 : 1상자
7. 카로슈티문 경전 두루마리 : 1부와 약간의 파편

상술한 내용을 발견(출토) 지역별로 정리하면 아래와 같이 4곳이 중심지역이다.

1. 니야강 지역-고대 선선국
2. 호탄시 일대-고대 호탄국
3. 누란 고성 유적지역-고대 선선국
4. 쿠차 지역-고대 쿠차국

카로슈티어 유물이 신강지역에서 발견된 이후의 유물 발굴 상황(1950년 이전)을 정리하면 아래 표와 같다.

| 발견자 | 국적 | 발견시기 | 종류 | 수량 | 발견지점 |
|---|---|---|---|---|---|
| 포사이스 | 영국 | 1874 | 한-카 이중어 동전 | 2 | 호탄 일대 |
| 골드프레이 | 영국 | 1893<br>-1901 | 한-카 이중어 동전,<br>초고 파편 | 97점 이상,<br>1상자 | 호탄 등 |
| 페토프스키 | 러시아 | 18세기<br>90년대 | 한-카 이중어 동전,<br>경전 파본 | 21,<br>1부 | 호탄 등 |
| 뒤트루이<br>드 렝 | 프랑스 | 1892 | 한-카 이중어 동전,<br>경전 파본 | (미상)<br>약간 | 호탄 |
| 스벤 헤딘 | 스웨덴 | 1901 | 목간문서 | 2 | 누란 고성 |
| 헌팅턴 | 미국 | 1905 | 목간문서 | 6 | 니야 유적 |
| 펠리오 | 프랑스 | 1906<br>-1907 | 문서 | (미상) | 쿠차 |
| 다치바나 | 일본 | 1902<br>-1914 | 한-카 이중어 동전,<br>목간문서 | 11 | (미상) |
| 그룬베델,<br>르 코크 | 독일 | 1902<br>-1914 | 목간문서, 비명 | (미상) | 쿠차 등 |
| 황문필(黃文弼) | 중국 | 1928<br>-1929 | 한-카 이중어 동전, | 1 | 악삽 고성 |
| 베르히만 | 스웨덴 | 1928<br>-1929 | 백서 | 1 | 누란 고성 |
| 스타인 | 영국 | 1900<br>-1930 | 목간문서,<br>한-카 이중어 동전,<br>백서 | 수천<br>187<br>22 | 니야, 누란,<br>씨아양산,<br>미란 불교<br>사원 유적 |

이들 진기한 카로슈티문 자료는 극소수를 제외하고는 모두 국외로 유실되었다.

## 아득한 옛날, 신비의 유물

세계적인 범위에서 카로슈티어 유물의 발견과 분포 밀도라는 면에서 보자면 인더스강 상류 아프가니스탄과 파키스탄 경내의 고대 간다라 지역이 "카로슈티어 문화의 중심"이라고 할 수 있고, 시기적으로는 마우리야 왕조에서 쿠샨 왕조 시대이다(기원전 3세기~5세기). 쿠샨 왕조의 주류민족은 중국의 고대 역사문헌에 나오는 대월지와 대하(大夏)이다. 타림분지의 카로슈티어 분포지역의 면적은 비교적 좁았고 그곳의 카로슈티어는 간다라의 카로슈티어와는 큰 차이가 났다. 말하자면 간다라 카로슈티어의의 별종이었다. 양대 카로슈티어 문화 분포지역 사이의 주종 관계를—전파와 피전파 관계—수십 년 연구한 결과 기본적으로는 분명하게 밝혀졌다. 인더스강 상류의 간다라 지역은 카로슈티어의 발원지이자 주류 분포지역이었고 타림분지의 카로슈티어는 본토 문화가 아니라 간다라 지역에서 전파된 것었다. 타림분지의 카로슈티어 문화는 외곽 문화, 또는 카로슈티어의 일종의 고고학적 유형이라고 할 수 있고 주류와는 지역·전통 문화에서 일정한 차이가 나는 것은 불가피한 일이었다.

고고학적인 관점에서 신강 카로슈티어 유물의 시대구분을 하면 한 가지 편리한 점이 있다. 중요한 카로슈티어 유물이 한문 문서, 구리거울, 동전 등 비교적 시대구분의 분명한 근거가 될 수 있는 한문 문화유물과 고고학적으로 같은 지층에서 공존상태에 있다는 점이 그것이다. 다른 예를 들면, 투르판어 두루마리 불경이 출토된 적이 있는 씨아양산 유적은 당 중·후기의 투르판 보루였음이 밝혀졌으므로 한문-카로슈티 이중어 동전이 출토된 유적의 시대를 확인할 수 있는 단서가 된다. 이런 요소들을 종합할 때 이 지역에서 카로슈티어가 사용된 시대의 하한은 당 시대 이전이라고 확정할 수 있다.

누란의 고성유적과 니야의 유적 및 미란의 불교사원 유적에서 카로슈티어 유물과 한문문서, 중국식 구리거울과 동전, 간다라 불교 조형예술의 특징을 고루 갖춘 "날개달린 천사" 벽화 등이 공존한다는 사실은 시대구분의 근거로 삼을 수 있는 유물의 연대를 판정할 수 있다는 뜻이며 따라서 상응하는 카로슈티어의 시대도 알 수 있다. 누란 고성유적에서 출토된 한문 문서는 그 중에 포함된 기년(紀年) 문서(가장 이른 것은 조씨 위나라 제왕齊王 가평嘉平 4년이고 가장 늦은 것은 전량 장준 건흥建興 18년)와 한나라 구리거울, 한나라 동전을 근거로 하여 시대를 확정할 수 있다. 이러한 비교적 명확하게 시대구분을 할 수 있는 유물의 연대를 근거로 할 때 누란 고성과 성 교외의 묘지의 시대는 기원전 2세기~기원후 4세기, 즉 중국의 한나라 초기~동진 시기에 해당한다.

니야 유적도 유사한 상황을 보여준다. 니야에서 나온 한문 문서의 경우 기년 문서와 출토된 동한 동전과 구리거울, 비단 등을 근거로 할 때 문서의 시대 내지 유적의 시대는 1~3세기, 다시 말해 중국의 동한~서진 왕조 시기에 해당한다. 이 유적과 누란 유적이 다른 점은, 이곳에서는 누란과는 정반대로 카로슈티문서의 수량이 절대다수란 점이다. 양의 변화는 일정한 사실을 반영한다. 니야의 카로슈티문서의 시대와 유적의 시대는 중첩 관계에 있고 한문문서의 시대는 그 중 일부거나 한 단계이다. 이런 사실이 직접적으로 의미하는 바는 니야강 유역, 다시 말해 타림분지 전체는 카로슈티문화의 중심 지역의 하나이고 한문문화는 그 중의 일부라는 점이다. 그러나 누란의 경우는 정반대이다.

차르킬릭(중국어로는 루어치앙若羌) 동쪽의 미란강 유역은 고대 선선국의 불교 문화 중심지이다. 그곳 불교 사원 유적의 "탑사(塔寺)" 벽화에서 간다라 불교 예술—그리스식 불교 예술—의 특징으로 이름난 "날개달린 천사" 그림이 두 차례 발견되었다. 스타인은 벽화가 그려진 벽에서 카로슈티어 표제를 발견했다. 그렇다면 이 벽화의 시대는 미란의 카로슈티문서의 시대와는 증거로서 상반된 의미를 갖는다. 그러나 벽화 자체의 특징이 의심의 여지없이 고고학적 시대—비교적 초기—를 밝혀준다.

지금까지의 분석을 통해, 카로슈티어의 대략적인 시대 범위는 기원전 2세기에서 기원후 4~5세기까지라고 추정할 수 있다. 신강 타림분지에서 일정한 역사단계에서 카로슈티어를 사용하는 문화현상이 출현했다는 사실은 이 지역과 고대 쿠샨왕국 지역의 역사적 관계를 설명해준다. 카로슈티어는 쿠샨왕국 지역에서부터 모종의 경로와 전파 수단을 통하여 다른 문화 계통인 타림분지에 스며들었다.

카로슈티어 유물의 거의 대부분이 타림분지의 남쪽 언저리—『한서(漢書) 서역전(西域傳)』에서 말하는 "남도(南道)"의 불교 문화 유적—에서 나왔다. 그러므로 카로슈티어가 이 지역에서 출현했다는 것과 이 지역의 불교 전파는 중대한 관계를 갖는다. 불교는 기원전 6세기에 처음으로 출현했다가 기원전 3세기 마우리야 왕조의 아쇼카 왕, 쿠샨 왕조의 비마 카드피세스 왕과 카니쉬카 왕 시대에 전성기를 맞으면서 간다라 지역에서 당시 세계 불교 문화의 중심을 형성하였고 그 지역에 보존되어 오던 그리스 문화의 특색을 흡수했다. 이렇게 해서 형성된 일종의 새로운 불교 예술이 "간다라 불교 예술", 혹은 "그리스식 불교 예술"이다. 이곳에서부터 불교 문화는 사방으로 퍼져나갔다. 이러한 전파과정에서 가장 중요한 한 갈래가 동쪽으로 중원의 한자문화권에 전해져 최종적으로는 "중국식 불교"가 되었고 이 과정에서 타림분지 지역은 교량 역할을 하였다. 당 시대에 이르러 동쪽 불교가 "서천에서 불경을 구해오는(西天取經)" 방향성은 끝이 나고 중원에서 새로운 문화적 배경 하의 불교 문화 중심이 형성되었다. 뿐만 아니라 이때부터는 중원에서 서역을 향하여 새로운 불교 문화가 유입되는 피드백 현상이 나타났다. 타림분지의 커류슈티어 시대는 앞에서 이미 설명한 바와 같이 기원전 2세기~기원후 4, 5세기이다. 이때는 불교의 중국화 시기여서 불교의 전파 방향, 경로, 시간과 카로슈티어의 전파 방향, 경로, 시간은 일치했다. 다시 말해 타림분지에 카로슈티어가 등장한 역사적 배경은 불교 문화의 동방 전래현상 그 자체였다.

다시 한 번 앞에서 설명한 바와 같이, 타림분지의 역사를 연구하는 학계에서는 일종의 "돌연변이" 설이 유행하고 있다. 이 지역의 여러 토착 문화가 갑자기 파괴되고 새로운 문화가 갑자기 등장한 원인은 돌발적인 자연현상이나 인위적인 사건 때문이었음이 분명하다. 누란 고성과 롭 노르의 고대 오아시스의 사막화, 니야 유적의 황폐화를 "돌연

변이" 설로 설명한 학자가 이미 있다. 이 관점은 카로슈티어가 타림분지에 존재하게 된 이유를 설명하는데 많은 시사를 한다. 한편으로는, 타림분지에 카로슈티어라는 특정한 문화 요소가 갑자기 등장한 이유는 쿠샨인들이 직접 타림분지에 진입했기 때문이라는 주장도 있다. 기원 2세기 말에서 3세기 초 사이에 쿠샨 왕국 내부에 돌발적인 변화가 일어났고 이때 카로슈티어를 능숙하게 다룰 수 있는 능력을 가진 쿠샨인들이 이웃한 타림분지로 도피하면서 그들이 신봉하던 불교가 이곳으로 유입됐다는 해석이 있다. 그러나 이 설은 아직은 논쟁의 여지가 많다.

타림분지에서 카로슈티어 문서와 자료의 발굴은 이 지역이 "실크로드" 동쪽과 서쪽의 문화교류에 역사적 작용을 했음을 입증한다. 카로슈티어의 존재는 서방문화가 서역과 동방에 침투, 전파되고 영향을 주었음을 증명한다. 카로슈티어는 타림분지라고 하는 "다리"가 동서방 문화교류에서 갖는 거대한 의미를 밝혀준다. 타림분지의 문화는 융합, 흡수, 계승 전달 등 매개작용을 한 일종의 "교량 문화", "회랑 문화"였다.

# 11
# 흩어진 갑골문

문자는 한 지역과 민족문화의 담체이다. 세계의 4대 고대문자 중에서 이집트의 파피루스 문자, 바빌로니아의 진흙판에 기록한 문자, 마야 문자는 진화 과정에서 정지하거나 사용되지 않아 생명력을 상실하고 점차 역사의 무대에서 소멸되었다. 오직 중국의 갑골문만 지금까지 이어져 내려오고 있다. 한자는 세계 유일의 완벽한 체계를 갖춘 표의문자이다.

갑골문의 해석은 그 자체로 역사 해석이다. 문헌기록이 부족한 탓에 옛사람들은 오랫동안 상(商)·주(周) 시기의 사회상황과 역사의 진실한 면모를 알 수 없었다. 2천여 년 전에 공자는 "은(殷)의 예(禮)는 증거가 없다"고 탄식한 바 있다. 은허에서 출토된 갑골문은 상 왕조의 궁정에서 점을 친 내용을 새긴 기록이다. 갑골문은 상 왕조가 후기에 와서 초보적인 번영에서 전성기로 진입하는 단계를 반영하고 있다. 갑골에 새겨진 내용은 3천 년 전의 은상(殷商) 시대의 정치, 경제, 문화, 사회풍속, 천문, 종교 등 거의 모든 분야를 망라하고 있다.

그러나 유감스럽게도 갑골문은 출토되던 날부터 끊임없이 유실되기 시작했다. 처음에는 약재로, 후에는 제국주의 각국 문화 거간꾼들이 각종 명목을 앞세워 대량으로 사갔다. 최근의 통계에 따르면 현재 중국의 갑골문을 수장하고 있는 국가와 지역은 12곳에 이른다.

## "용골(龍骨)"에서 나온 갑골문

갑골문은 중국의 은상 시대 후기(대략 기원 전 1,500년에서 1,100년 사이)에 사용된 문자이다. 주로 점을 친 내용을 거북이 등껍질이나 짐승의 뼈에 새겼기 때문에 갑골문이라 불렀다. 은상 갑골문이 최초로 발견된 때는 청 말 광서 연간이었다.

갑골문의 발견 과정에 관해서는 오랫동안 다음과 같은 흥미 있는 얘기가 전해져 왔다. 1899년 북경의 국자감(國子監) 제주(祭酒) 왕의영(王懿榮)(자는 겸생廉生, 시호는 문민공文敏公)이 학질에 걸렸다. 태의(太醫)가 진맥한 후 처방전을 써주었는데 그 중에 "용골"이란 약재가 들어 있었다. 왕의영은 집안 일꾼을 시켜 선무문(宣武門) 밖 야채시장의 오래된 약재상 "달인당(達仁堂)"에서 처방대로 약재를 사왔다. 왕의영은 직접 포장을 풀고 약재를 일일이 살펴보던 중 무심결에 "용골"에 삐뚤삐뚤하고 마치 전자(篆字)같은 모양이지만 해독할 수 없는 문자가 새겨진 것을 발견했다. 평소 금석학을 좋아해 동기명문(銅器銘文)에 정통했던 그는 고문자에 대해서도 비교적 깊은 소양과 조예를 갖고 있었다. 이 우연한 발견을 통해 그는 "용골"이 보통의 약재가 아니라고 확신했다. 그는 다시 사람을 보내 약방에서 "용골"을 몽땅 사왔다. 이 일은 당시의 문화계를 뒤흔들었다. 특히 역사를 공부한 학자들 중에서 많은 사람들이 깊은 관심을 보였다. 북경 성 안의 약재상에서 파는 "용골"은 모두 하남의 약재 중개인들이 북경으로 들여온 것이란 사실이 알려졌다. 이른바 "용골'이란 하남 안양(安陽) 일대의 농민들이 밭을

갈다 발견한 물건이었다. 왕의영 등 학자들은 각고의 연구 끝에 용골에 새겨진 삐뚤삐뚤한 도안은 일종의 문자일 뿐만 아니라 당시까지 알려졌던 어떤 문자보다도 오래되었다는 최초의 결론을 내렸다. 세상을 놀라게 한 갑골문은 이렇게 우연한 기회에 발견되었다.

갑골문의 발견 경위에 관해서는 다른 설도 있다. 1898년, 당시 하남 안양 일대에서는 수시로 고대 청동기와 기타 문물이 출토되고 있었고, 북방 각지의 골동품상들이 이곳으로 몰려들어 고문물을 사들이고 북경과 천진 등으로 전매했다. 이런 골동품상인 가운데 산동 유(潍)현 출신의 범유경(范維卿)이란 사람이 안양 소둔촌(小屯村) 농민들이 파낸 글자가 새겨진 "용골"을 주목하고 이 사실을 천진의 가난한 수재(秀才) 맹정생(孟定生)과 왕양(王襄) 등에게 알렸다. 두 사람은 고대의 간책(簡册)일 가능성이 높다고 말해주었다. 1899년 가을, 범유경은 글자가 새겨진 "용골"을 사서 북경으로 가져와 왕의영에게 보였다. 왕의영은 미칠 듯이 기뻐하며 많은 돈을 주고 이를 사들였다. 왕의영은 해박한 금속학과 고문자 관련 지식을 이용해 마침내 용골이 상 시대 점에 사용된 갑골이며, 새겨진 문자는 전자보다 더 오래된 문자라고 단정했다.

비록 전설이기는 하지만 갑골문의 발견은 왕의영과 밀접한 관계를 갖고 있다. 훗날 학자들의 고증을 통해 "용골"은 바로 상 시대 말기 왕실과 귀족이 점을 친 문자 기록이란 사실이 밝혀졌다. 3천 년 동안 깊은 잠에 빠져있던 "용골"이 깨어나 갑골문으로서 사람들 앞에 모습을 드러낸 것이다.

## 은허갑골

갑골이 발견된 소둔촌은 하남성 안양시에서 서북쪽으로 6리, 원수(洹水)가 그 동북쪽을 감돌아 흐르는 곳에 있다. 이곳은 상 왕조의 옛 도읍이며, 『사기(史記)－항우본기(項羽本紀)』에서 말한 은허(殷墟)가 바로 그곳이다. 은허갑골은 은상의 통치자들이 조상과 신에 대한 제사나 왕의 즉위 날짜를 정할 때, 출입의 길흉, 제사에 바치는 희생물의 수량, 수렵의 수확, 전쟁의 승리, 농사의 흉풍, 강우의 다소, 질병의 치료 등 중대한 문제의 결과를 예측할 때 거북의 등껍질을 사용해 실행 여부를 결정한 기록이다. 은상의 점치는 의식은 매우 성대해서 그 일만을 전담하는 "태복(太卜)"이란 관리가 있었다. 당시의 점치는 방식은, 거북 등껍질이나 짐승 뼈의 뒤쪽에 점치고자 하는 일의 내용을 적은 후 이를 태워서 앞면에 나타나는 자연적인 조짐을 보고 길흉을 판정했다. 나타난 조짐의 근처에 1, 2, 3, 4차의 차수를 새겼고 어떤 경우에는 어느 날 점괘를 물었다는 사실을 부기했다.

짐승 뼈 가운데는 전쟁에서 승리하여 포로를 잡은 사실을 새긴 것과 60갑자를 6행으로 배열한 갑자표를 새긴 것도 있다. 이것은 점을 친 기록이 아니라 후세에 나타나는 간책의 원형이다. 짐승의 머리뼈에 글자를 새기거나 소의 발굽 뼈에 글자를 새긴 것도 간혹 있는데 특수한 경우이다.

"갑골학"이란 용어는 어떻게 나왔을까? 갑골문의 발견에서 갑골학의 성립과 갑골학이란 명칭의 정립까지는 수십 년의 시간밖에 걸리지 않았다. 정식으로 발표된 논문과 저작 가운데서 직접적으로 "갑골학"이란 제목을 단 첫 번째 사례는 1931년 주여동(周予同)이 쓴 『갑골학에 관하여(關于甲骨學)』란 논문이다. 1933년에는 주방포(朱芳圃)가 쓴 『갑골학문자편(甲骨學文字編)』과 이듬해 『갑골학상사편(甲骨學商史編)』이란 두 권의 저서가 나왔다. 이후 1944년과 1945년이 되어서야 호후선(胡厚宣)의 『갑골학상사론총(甲骨學商史論叢)』 1권과 2권이 잇달아 세상에 나오면서 "갑골학"이란 용어가 보편화되었다.

## 보물의 유실

광서 28년(1902년), 왕의영의 아들 왕숭렬(王崇烈)이 집안에서 소장하고 있던 고문물을 내다 팔았는데 이때 왕의영이 소장했던 갑골이 유악(劉鶚)의 소유가 되었다. 유악은 갑골을 계속 사들였다. 그는 광서 29년(1903년)에 소장하고 있던 갑골 중에서 1,058점을 골라 『철운장귀(鐵雲藏龜)』 6책을 저술했는데 이것이 은허 갑골을 수록한 저서의 효시였다. 유악은 이 책의 서문에서 갑골을 귀판(龜板)이라 불렀다. 이를 보면 당시에는 갑골의 용도를 완전하게 이해하지 못했음을 알 수 있다.

왕의영과 같은 시기에 갑골을 사들인 사람은 천진의 왕양과 맹정생이었다. 왕양의 저서 『제소록정복문책(題所錄貞卜文册)』과 『제역노원은결탁책(題易櫓園殷契拓册)』의 서문에 따르면, 1898년 겨울에 범고(范估)로부터 갑골의 소식을 들었는데 당시에 맹정생은 간책이라고 의

심했으나 실물을 보지 못해 확인할 수 없었다고 했다. 이듬해 가을에 범고가 갑골을 천진으로 가져와 구입을 권유했을 때는 왕의영이 알아보고 "귀판이란 이름"을 붙인 후였다. 왕양과 맹정생 두 사람은 처음에 약 5~6백 점을 구입했고 그 후 왕양이 북경과 천진 두 곳에서 계속해 갑골 4천여 점을 구입했다. 그중에서 1,125점이 그의 저서 『궤실은결징문(簠室殷契徵文)』에 수록되었다.

갑골을 사 모은 사람 중에는 단방(端方)이란 인물도 있었다. 단방은 청 왕조의 고위 관료로서 관직이 총독에까지 올랐던 사람이다. 『갑골연표』에 기록된 바에 따르면, 1899년에 "산동 유현의 골동품상 범유경이 단방을 위해 고문물을 사들였는데 하남성 무안(武安)과 창덕(彰德)을 오가면서 갑골에 문자가 새겨졌음을 보게 되었다. 그 중 일부를 사서 단방에게 바치자 단방이 기뻐하여 글자 한자마다 은 2냥 5전을 쳐주었다. 그러자 범유경은 온힘을 기울여 사들였다. 지금도 소둔촌 사람들 사이에서는 이 일이 미담으로 전해지고 있다"고 하였다.

사상 처음으로 갑골문을 책으로 엮어 사회에 널리 알려진 유악은 "8국 연합군"이 중국을 침입했을 때 러시아군이 점령한 정부창고로부터 싼 값으로 곡식을 사들여 굶주리는 난민들을 구제한 일로 당국의 불만을 샀다. 일직부터 그를 "매국노"라 손가락질한 사람이 있던 차에 이 일로 인해 그는 큰 "죄"를 짓게 되었다. "신축조약"이 체결되고 나서 얼마후에 청 정부는 정식으로 그의 죄를 물었다. 그는 신강으로 유배되어 힘든 노역에 종사했다. 수학에 정통하고, 의술을 이해하며, 문학과 고고학을 좋아했고, 포부가 컸던 그는 『노잔유기(老殘游記)』*의 저술을 마치지도 못하고 변경으로 끌려가 죄수로 살아야 했다. 유악이 신강에서 죽은 후 그의 집안은 몰락했다. 결국 그의 가족들은 그가 생전에 수집했던 진기한 갑골을 내다 팔수밖에 없었다. 그 중의 일부는 상해에서 아편을 팔아 치부한 영국 국적인 유태인 하둔(Silas Aaron Hardoon)에게 팔렸다. 다른 일부는 이곳저곳을 떠돌다가 도쿄로 흘러들어가 일본인의 소유가 되었다.

갑골문이 아득한 역사의 터널을 지나 20세기 초에 세상에 다시 모습을 드러내자 중국의 역사문물에 눈독을 들여왔던 제국주의자들이 갑골을 새로운 약탈의 대상으로 점찍었다. 외국인들은 중국에서의 정치적 특권을 이용하거나 금전의 위력을 빌어 갑골문을 사들였다. 어느 통계에 의하면 안양 소둔에서 출토된 근 20여 만 편의 갑골 중에서 최소한 2만 내지 3만 편이 해외로 흘러나갔다. 현재 뉴욕, 런던, 도쿄 등 세계 유명 도시의 박물관들이 다량의 갑골을 소장하고 있다. 지난 80여 년 동안에 갑골을 연구한 외국학자가 백여 명에 이른다. 학문에는 국경이 없고 중국의 역사문물에 매료되어 외국학자들이 열정적으로 연구한다는 것은 근본적으로 기쁜 일이기는 하지만 그 배경에는 결코 잊어서는 안 되는 중국인과 중국이란 국가의 지난날의 고난이 자리 잡고 있다.

미국 장로교는 19세기 말에 산동 유현에 교회를 세웠다. 당시에 유현은 골동품 거래의 중심지였다. 1888년에 교단에서 파견해 유현으

* 중국 근대의 대표적인 백화(白話)소설의 하나[역주].

로 온 첼펀트(F. H. Chalfant, 중국명 방법렴方法斂) 목사는 곧바로 골동품 수집에 나섰다. 의화단 운동이 일어나자 잠시 유현을 떠났던 첼펀트가 1901년에 돌아왔을 때는 안양에서 출토된 갑골이 대량으로 유현 골동시장에 등장했다. 골동품 수집의 고수였던 그는 갑골에 관심을 갖고 대량으로 사 모으기 시작했다. 개인의 재력으로는 시장에 나온 갑골을 모두 사 모으기가 힘들었던 첼펀트는 같은 현의 영국 침례교 목사 쿨링(Samuel Couling, 중국명 고수령庫壽齡)에게 갑골을 소개하고 함께 사 모으기 시작했다. 쿨링은 훗날 제국주의 열강이 중국의 갑골을 사들이는 일의 총대리인이 되었다. 쿨링은 풍부한 재력을 바탕으로 영국과 미국의 공공기관과 개인을 대리하여 갑골을 구매했는데 상해의 아시아문회분회(亞細亞文會分會) 박물관, 스코틀랜드 왕립박물관, 대영박물관, 피츠버그 카네기 박물관, 시카고 포드 박물관, 영국 영사 홉킨스(Lionel Charles Hopkins, 중국명 금장金璋) 등이 그의 중요 고객이었다. 그가 사들인 갑골의 수량이 얼마인지는 알 수 없으나 최소한 수천 점 이상인 것으로 추정된다. 쿨링의 개인 수집품은 현재 피츠버그 카네기 박물관에 소장되어 있다. 첼펀트는 1914년에 귀국했고 일 년 후에 죽었다. 첼펀트는 생전에 갑골을 사들일 때면 반드시 도형을 그려놓은 후 다시 갑골에 새겨진 문자를 모사해두었다고 하며 다른 곳에서 갑골을 보았을 때도 그렇게 했다고 한다. 훗날 브리턴(Roswell S. Britton, 중국명 백서화白瑞華)가 첼펀트의 갑골 모사를 정리하여 『고·방이씨장갑골소사(庫·方二氏藏甲骨小辭)』란 책으로 엮어 1935년에 중국에서 출판했다. 첼펀트 자신은 1906년에 『중국원시문자고(中

國原始文字考)』를 출판했는데 서양인으로서 갑골을 연구하고 소개한 첫 번째 인물이었다.

쿨링은 『하남의 복골(河南之卜骨)』이란 글에서 갑골과 다른 문물을 사기 위해 중국에 세 차례 왔고 돌아간 후에는 구입한 문물을 세계 여러 나라의 박물관에 팔았다고 밝혔다.

1909년에 독일인 빌츠(Wiltz, 중국명 威爾茨)가 청도에서 구입한 갑골 711점은 제2차 세계대전 중에 사라져버렸고, 빌헬름(Richard Wilhelm, 중국명 衛禮賢)이 사들인 72점 중에서 70점은 스위스의 바젤 민속박물관, 1점은 독일의 프랑크푸르트 중국학원에 갔으며, 다른 한 점은 유실되었다.

영국에 갑골이 유입된 것은 1908년 무렵이었다. 의화단운동 후 영국 교회는 천진에 "신학서원(新學書院)"이란 학교를 세웠다. 왕의영의 아들이 이 학교에서 공부하면서 집안에서 소장하고 있던 문물을 학교에 기증했는데 그 중에 소둔촌에서 출토된 갑골 25점이 있었다. 학교 당국은 갑골이 무엇인지 몰라 당시 천진 주재 영국 영사 홉킨스에게 연구를 부탁했다. 홉킨스는 중국의 고문자를 연구하는 인물이었고, 1881년 하문(廈門)에서 대동(戴侗)의 "육서고(六書古)"를 영어로 번역하여 출판한 적이 있었다. 그는 갑골문자를 연구한 논문을 신학서원에서 1908년 5월에 "학원 메아리"에 발표했다. 이때부터 홉킨스는 갑골문에 깊은 흥미를 가지게 되었다. 그는 췰펀트가 『중국고대문자』란 저서를 출판할 것이란 소식을 듣고 연락을 취했다. 두 사람은 협력하여 갑골을 사들이기 시작했다. 홉킨스는 췰펀트를 통해 케임브리지대학 도서관을 위해 약 900점의 갑골을 사들였다. 현재 케임브리지대학은 이밖에도 단방이 수집한 갑골 50점도 소장하고 있는데, 이것들은 영국의 유명한 중국 고문물 전문가 예츠(W. Percevol Yetts)가 북경에서 구해 이 대학 도서관에 보낸 것이다. 이 50점의 갑골은 『철운장귀』의 일부임이 분명하다.

초기에 서양인들이 수집한 갑골은 최소한 5천 점 이상일 것으로 추산된다.

일본인 니시무라(西村博)와 미츠이(三井源右衛門) 등도 일찍부터 갑골 수집에 뛰어들었다. 1903년에 『철운장귀』가 출판되자 일본 고등사범학교 교수 문학박사 하야시(林泰輔)는 책에 실린 갑골이 위조품이라 의심했다. 1905년 도쿄의 문구당(文求堂)이 갑골문 100여 점을 팔려고 내놓자 그 중 10점을 사들인 하야시는 실물을 확인하고 의심을 풀었다. 그는 1909년에 『청나라 하남 탕음현 발굴 귀갑과 수골(淸國河男湯陰縣發現之龜甲獸骨)』이란 논문을 발표하여 갑골의 존재를 선전했다. 당시 일본인 가운데는 갑골의 존재에 대해 의문을 가진 사람이 많은 상황에서 하야시 혼자서만 특별한 관심을 가지고 갑복 600여 점을 사들여 연구를 계속했다. 1917년, 하야시는 주유문회(周遺文會), 각불재(榷不齋), 청빙각(聽氷閣), 계술당(繼述堂) 등이 소장하고 있던 갑골 실물을 탁본하여 1918년에 『귀갑수골문자(龜甲獸骨文字)』란 책으로 펴냈다. 1918년, 하야시는 직접 안양으로 가서 갑골을 조사해 사들였고 이때부터 일본인 가운데서 갑골을 수집하는 사람이 늘어났다.

곽말약(郭沫若)은 1932년 도쿄와 교토의 수장가 아홉 사람이 소장하고 있던 갑골 3천 점 이상을 직접 보았다. 그는 다음과 같이 말했다. "나는 이 나라에 머무는 기회를 이용해 여러 수장가들이 갖고 있는 갑골을 살펴보고 한 권의 책으로 엮고 싶었다. 지난해 여름에서 가을 사이에 탐방에 나섰는데 에도(江戶)에서 본 것만 해도 동경대 고고학연구실 소장 약 백 점, 우에노(上野) 박물관 20여 점, 동양문고 5백여 점, 나카무라(中村不折)씨 소장 약 천 점, 나카지마(中島蠔山)씨 소장 2백 점, 다나카(田中子祥)씨 소장 4백여 점 등 2천여 점 이상이 된다. 11월 중순, 교토로 가 교토대학 고고학교실이 소장한 40~50점, 나이토(內滕湖南) 박사가 소장한 20여 점, 도미오카(故富岡君撝)씨가 소장한 7~8백여 점을 보았다. 지금까지 일본에서 본 것이 합계 3천 점 가량이다. 이밖에도 대형 수집가가 있다고 들었으나 여러 가지 이유로 아직 보지 못했다." 1933년, 곽말약은 비교적 중요한 것들만 골라 『일본소장갑골택우(日本所藏甲骨擇尤)』란 글로 엮어 『복사통찬(卜辭通纂)』에 수록했다(1933년 일본 도쿄 문구당서점 석판 인쇄).

1931년 9·18사변이 일어난 후 일본 제국주의는 동북지역에서의 특수한 지위를 이용하여 은허 문물을 대량으로 실어갔다. 1937년, 김조동(金祖同)이 일본에서 갑골을 수소문해 탁본을 만들었는데 도쿄 한 곳에서만 카와이(河井荃蘆), 나카무라(中村不折), 도오노마에(堂野前種松), 나카지마(中島蠔山), 타나카(田中救堂), 미츠이(三井源右衛門) 등 여섯 사람이 소장한 3, 4천 점의 갑골을 보았다. 김조동은 그중에서 1,459점을 골라 『은허유주(殷墟遺珠)』란 책으로 펴냈다. 이밖에도

「갑골편」

丁丑卜宾贞尔
得王固曰其得
惟庚其惟丙其
齿四日庚辰尔允
得十二月

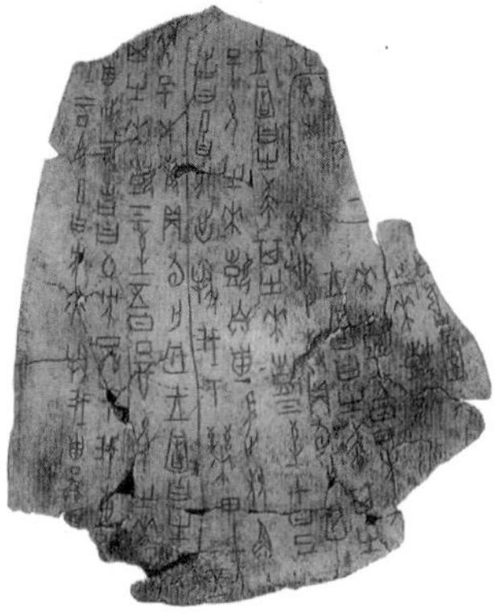
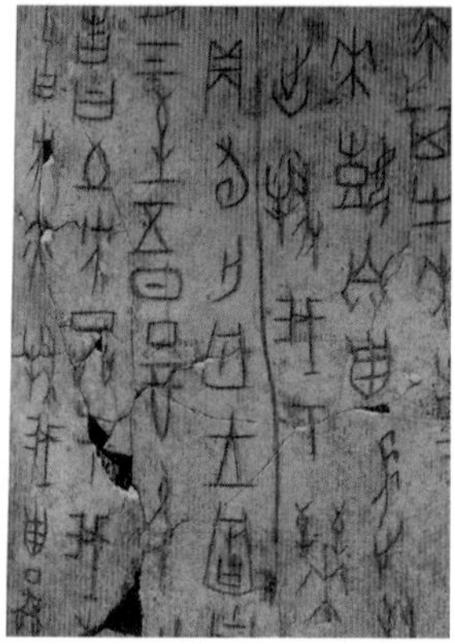

「갑골편」

교토대학 인문과학연구소 소장 갑골 3천 점과 다른 공공기관과 개인이 소장한 것 등 일본에 흩어져 있는 갑골이 만 점 이상인 것으로 추산된다.

캐나다인 멘지스(James Mellon Menzies, 중국명 명의사明義士)는 1914년에 안양에서 장로교 목사로 일하고 있을 때 은허에서 갑골이 출토된다는 소식을 들었다. 그는 늘 흰 말을 타고 원수(洹水) 북쪽 기슭을 배회하면서 갑골이 출토되는 상황을 지켜보았다. 그는 은허를 처음 발견한 사람으로 자부했지만 갑골은 그 전에 발견되었고 나진옥이 이미 은허를 고증한 사실은 알지 못했다. 멘지스는 원래 고고학에 대해 아는 바가 없었으나 전력을 기울여 연구한 탓에 진위를 감별할 수 있는 전문가로 변신했다. 그는 1917년에 『은허복사(殷墟卜辭)』를 출판하면서 5만 점의 갑골을 소장하고 있다고 자처했는데 과장된 바가 없지 않았다. 훗날 알려진 바로는 그래도 3만 점 이상을 소장했다고 한다. 그가 소장했던 갑골은 남경의 캐나다 대사관과 제남(濟南)의 제로(齊魯)대학에 나누어 보관되었다가 몇 차례 국외 반출을 시도했으나 방법을 찾지 못해 그냥 남아 있었다. 신 중국 수립 후에 캐나다 대사관은 소장품을 남경박물원에 이관했는데 이때 점검한 결과 2,390점이 남아 있었다. 제로대학에서는 갑골 만여 점을 보관하고 있었으나 부식이 심했고 산동성 문물관리위원회로 이관되었다. 온전하고 자료 가치가 뛰어난 다량의 갑골이 이미 국외로 반출되었음이 분명하다. 멘지스의 소장품 가운데서 캐나다 국적의 화교학자 허진웅(許進雄) 박사가 3,176점을 골라내고 짜 맞추어 『은허복사 속편 제1집』이란 책으로 출판했다.

## 국외의 갑골문 소장 상황

갑골문이 발견된 후 백 년이 흘렀다. 당시의 무능한 중국정부는 외국 "절도·약탈자들"의 침입을 막아내지 못해 다량의 갑골이 해외로 흘러나갔다. 중국 내에서 수십 년 동안 갑골학 학자들이 배출되었고 훌륭한 연구업적도 많이 나왔지만 원시자료의 부족이란 장애는 뛰어넘을 수가 없었다.

비교적 정확한 통계에 따르면 국외에 흩어져 있는 은허갑골문은 일본에 가장 많다. 일본 학자들의 노력 덕분에 일부 개별적인 경우—예컨대 천리대학—를 제외하고는 주요 소장가의 갑골은 기본적으로 공개되어 갑골학 연구에 많은 도움을 주고 있다. 현재 일본의 공공기관과 개인의 갑골 소장 상황은 잘 알려져 있다. 공공기관 31곳이 7,677점의 갑골을 소장하고 있고, 개인 소장가 31명이 4,776점을 소장하고 있다. 이를 합하면 12,443점이다. 그러나 어떤 일본 학자가 조사한 통계에 따르면 공공기관과 개인 소장가의 소장품 가운데 많은 갑골이 행방을 알 수 없어 비교적 정확하게 계산하자면 일본 국내에서 소재가 확인된 갑골은 약 8,200점이라고 한다.

캐나다인 멘지스가 펴낸 『은허복사』에는 갑골 2,369점이 수록되어 있고 이 책은 서양학자가 출판한 첫 번째의 갑골수록서이다.

앞서 소개한 허진웅의 『은허복사 속편 제1집』은 1972년 캐나다 왕립 온타리오 박물관에서 동판 영인본으로 나왔는데 2,805점의 갑골을 수록하고 있다.

허진웅 박사는 『화이트 등 소장 갑골문집』도 편찬했다. 이 책은 1979년 캐나다 토론토의 왕립 온타리오 박물관에서 영인본으로 출간했고 1,915점의 갑골을 수록하고 있다.

캐나다가 소장하고 있는 갑골의 수량은 일본 다음이며 갑골을 소장한 12개 국가 중에서 두 번째로 많다. 멘지스가 소장했던 갑골은 대부분 현재 중국 국내에 남아있고 주로 다음 세 곳에 보존되어 있다. 남경 박물원 2,396점, 산동성 박물관 3,668점, 고궁(자금성)박물원 2,306점, 일부는 캐나다로 흘러가 현재 왕립 온타리오 박물관에 8,702점이 보존되어 있다.

첼펀트가 모사하고 브리턴이 교열하여 1935년에 상무인서관에서 석판으로 찍어낸 『고·방이씨장갑골소사』는 갑골 1,687점을 수록하고 있다. 이 책에 수록된 갑골 중에 현재 영국 스코틀랜드 왕립박물관에 760점, 런던 박물관에 485점, 미국 카네기 박물관에 438점, 시카고 포드박물관에 4점이 보존되어 있다.

첼펀트가 모사하고 브리턴이 교열하여 1938년에 미국 뉴욕에서 영인 출판한 『갑골복사 7집』에는 갑골 527점이 수록되어 있다. 이 책에 수록된 갑골은 다음 일곱 명의 소장가들의 소장품이다. 천진 신학서원 25점, 원래 왕의영의 수집품이었다가 상해 왕립아시아학회 박물관이 사들인 195점(현재 상해 박물관 소장), 원래 버겐(Paul D. Bergen)의 수집품이었다가 제남 광지원(廣智院)을 거쳐 현재 산동성 박물관이 소장하고 있는 79점, 미국 프린스턴대학 72점, 산동성 임치(臨淄)의 손중란(孫中瀾)이 소장했다가 현재는 산동성 박물관과 중국 사회과학원 역사연구소가 소장하고 있는 31점, 런던 왕립아시아학회 6점 등이다.

첼펀트가 모사하고 브리턴이 교열하여 1939년에 미국 뉴욕에서 영인본으로 출간된 『금장소장갑골복사(金璋所藏甲骨卜辭)』에는 갑골 484점이 수록되어 있다. 원래는 홉킨스의 소장품이었으나 현재는 영국 케임브리지대학이 소장하고 있다.

미국 캘리포니아대학에서 출판한 주홍상(周鴻翔)의 저서 『미국소장갑골록』에 수록된 갑골 700점은 카네기 박물관, 하버드대학 피바디 박물관, 컬럼비아대학 도서관, 세인트루이스 시 예술박물관, 워싱턴 프리어 박물관 등 11개 기관 소장품 가운데 선정하여 탁본한 것이다.

불완전한 통계이기는 하지만 현재 미국에는 21개 기관과 9명의 개인이 갑골문 1,882점을 소장하고 있다.

갑골학계는 오랫동안 영국이 소장한 갑골에 대해 깊은 관심을 갖고 지켜보았다. 『고·방이씨장갑골소사』와 『금장소장갑골복사』에 적지 않은 중요 자료가 수록되어 있기는 하지만 전부가 영국이 소장하고 있는 갑골도 아니고 모사에 오류가 있을 뿐만 아니라 혹 논란의 소지가 있는 갑골도 수록되어 있을 수 있다. 그래서 영국이 소장한 갑골 전부를 탁본한 책이 필요했다.

이학근(李學勤), 제문심(齊文心), 앨런(Sarah Allan, 영국인)이 편집한 『영국소장갑골집』이 1985년에 중화서국에서 발간되었는데, 이 책에는 현재 영국이 소장하고 있는 갑골문 자료 전부(2,647점)가 수록되어 있다. 저명한 갑골학자 호후선(胡厚宣)은 이 책의 서문에서 "갑골학 연구의 일대 공헌"이라고 평가했다.

이미 알려진 영국 소장 갑골 중에서 학자들이 직접 영국으로 가서 조사하고 탁본한 갑골은 3,089점(위조품 포함)이고 11곳의 공공기관과 개인이 소장하고 있다. 그 밖의 국가의 갑골 소장 상황은 다음과 같다.

전 서독 베를린 민속박물관 711점, 프랑크푸르트 중국학원 1점, 개인 3점.

전 소련 국립 에르미타주 박물관 199점.

스웨덴 극동 고문물박물관 100점.

스위스 바젤 민속박물관 70점, 개인 소장가 29점.

프랑스 파리 국립도서관 28점, 기메 박물관 13점, 세르뉘쉬 박물관 9점, 파리대학 중국학원 4점, 개인 10점.

싱가포르 남양(南洋)대학 이광전(李光前) 문물관 28점. 이효정(李孝定)이 『이광전문물관 소장 갑골문자 간석(簡釋)』에 이를 수록하고 해독하였다(1976년).

벨기에 왕립예술박물관 6점.

한국 서울대학교박물관 6점.

중국의 은허 갑골문을 소장하고 있는 국가는 총 12개국, 소장 총수는 26,700점 가량이다.

# 3부 혼란 중의 유실

1911년에 신해혁명이 일어나자 부패한 청 왕조는 멸망하고 중화민국이 수립되었다. 중국은 새로운 역사 단계에 진입했다. 중화민국 30여 년 동안 전반기에는 군벌이 혼전을 벌였고 후반기에는 일제가 침략해서 내우외환이 그칠 날이 없었다. 이러한 시대적 상황 하에서 중국은 문물보호 사업을 제대로 펼칠 겨를이 없었다. 각지에서 도굴이 성행하고 외적이 문물을 약탈하는가 하면 전란으로 인한 문물의 파괴는 막심했다. 간상모리배들이 이 틈을 타 외국 상인들에게 문물을 헐값으로 넘겼다. 문물보호 법규는 있었으나 실제로 적용된 적은 없었다. 중국 문물의 정수가 썰물처럼 빠져나가 이국으로 흩어졌다.

중화민국 초기에 문물고적의 보호는 내정부(內政部) 소관이었다. 그러나 전문기구가 없어 외국 학자가 임의로 중국에서 유물을 발굴하고 이를 개인적으로 실어나가도 단속하는 사람이 없었다. 남경 국민정부가 수립된 후 문물학자와 전문가로 구성된 중앙고물보호위원회(中央

古物保護委員會)가 설치되었다. 1930년, 국민정부는 『고물보존법』을 공포했다. 1931년에는 『고물보존법시행실칙(實則)』이 제정됨으로써 문물의 등록, 발굴, 유통에 관하여 비교적 명확한 규정이 마련되었다. 1935년에는 『채굴고물규칙(採掘古物規則)』, 『외국학술단체 또는 개인의 고물채굴 참가규칙』, 『고물출국호조(古物出國護照) 규칙』 등이 제정되었다. 이런 기관의 설치와 관련 법규의 제정 공포는 문물보호에 상당한 기여를 하였고 과거에 외국인이 중국의 문물을 마음대로 발굴하고 국외로 반출하던 상황과 비교한다면 중대한 진전이라고 할 것이다. 1928년, 중앙고물보호위원회는 미국 자연사박물관 몽고탐사대 대장 앤드류스(Andrews)가 문물을 몰래 국외로 반출하려던 시도를 제지하고 발굴한 고고학 역사학 자료를 모두 압류했다. 이 일이 있기 전에 앤드류스는 세 차례나 탐사대를 조직하여 내몽고 일대에서 대량의 고문물을 발굴해 가져간 적이 있었다. 1929년, 미국 자연사박물관이 재차 내몽고 일대에서 탐사활동을 벌이려는 계획을 세우자 중앙고물보호위원회가 항의하였다. 쌍방은 회담을 열고 합동으로 탐사대를 조직하며 발굴한 고척추동물 화석은 똑같은 표본을 만들어 중국에 남겨두기로 합의했다. 1930년, 영국인 스타인이 중국 서북지역을 탐사하려 하자 고물보호위원회는 그가 1900년부터 1916년 사이에 서북지역에서 세 차례나 중국의 문물을 파헤치고 대량으로 반출한 경력을 고려하여 입국을 금지시켰다.

이밖에도 고물보호위원회는 고건축·고분묘·고대석각 등에 대해서도 보호활동을 벌였고, 세관과 협력하여 문물의 불법반출 행위를 막았으며, 남경·북경·운강(雲岡) 석굴 등에서 고적 조사활동을 실시하고 보고서를 발간했다. 그러나 이 정도의 노력만으로는 국가문물 전체가 파괴되고 문물이 대량으로 유출되는 비참한 상황을 변화시킬 수가 없었다. 청의 마지막 황제 부의(溥儀)는 퇴위한 후에 자금성을 나가면서 대량의 문물을 가져갔다. 북양군벌 정부는 이를 알고도 추궁하지 않아 결국 국보가 대량 유실되게 만들었다. 전국 각지에서는 문화재 도굴이 성행하였으나 정부는 이를 막을 의지도 능력도 없었다. 특히 일부 군벌과 지방 비적은 공공연하게 도굴 약탈을 자행했다. 그중에서 가장 유명한 사건은 군벌 손전영(孫殿英)이 휘하의 부대를 동원하여 청 왕조의 동능(東陵)을 도굴한 일이었다. 이 사건은 결국 흐지부지 처리되고 말았다. 일본은 중국을 침략하면서 중국 인민의 생명과 재산에 막대한 손실을 입혔을 뿐만 아니라 중국의 문화유산에 대해서도 무수한 피해를 가져왔다. 정치는 부패하고 법률은 느슨하며 관리는 탐욕에 빠졌고 국내외의 간상모리배들이 결탁한 민국 시기에 문물시장은 혼란 그 자체였다. 효율적인 관리는 말할 것도 없었고 문물의 유출은 마치 무인지경과 같았다. 미국 등 서방국가의 공·사간 수장가들은 바로 이러한 상황에서 중국의 문물을 싼값으로 대량 사들였다. 문물은 전체 인류의 문화적 공동유산이지만 문물의 소유권에는 국경의 구분이 있게 마련이다. 서방 식민자들은 "자유무역"의 깃발을 내걸고 금전이란 수단을 동원하여 정치·경제적으로 낙후한 고대 문명국의 문화유산을 차지했다. 이런 행위는 어떻게 표현하더라도 문화적 약탈임을 부인할 수 없다. 하물며 파괴와 절도 행위의 명백하고도 움직일 수 없는 증거가 있다면 더 보탤 말이 필요할까?

# 12
# 마지막 황제와 서화명품의 부침

역대를 전해 내려온 서화명품은 중국의 가장 귀한 문화유산이다. 그것은 고대 예술가들의 지혜의 결정이며 중국의 독특한 예술전통과 민족적 심미안을 대표한다. 봉건통치 시대에 서화명품은 각 왕조의 통치자들이 깊은 관심을 가지고 수집한 황실 내부 재산이자 민간의 수장가들이 대를 이어 물려주던 보물이었다. 북송 휘종(徽宗) 선화(宣和) 연간에 내부(內府)를 설치하여 서화명품을 수집한 이래로 청 황실은 최대의 서화명품을 수집했다. 청 초기에 전국 각지에 흩어져 있던 서화를 황실이 수집하기 시작했고, 이후 수많은 개인 수집가들—예컨대, 양청표(梁清標), 고사기(高士奇), 안기(安岐) 등—의 소장품이 지속적으로 내부(內府)로 모여들었다. 건륭 60년, 청 황실이 소장한 서화는 이미 만여 점을 넘었고 당시까지 현존하던 당, 송, 원의 서화 2천여 점이 모두 포함되어 있었다. 건륭, 가경 연간에 이들 소장품은 세 차례의 감별과 정리를 거쳐 『석거보급(石渠寶笈)』으로—"정편(正編)" 45책, "속편(續編)" 88책, "삼편(三編)" 108책—편찬되었는데, 수록작품의 다양함이나 상세함에서 역대 어느 왕조보다 뛰어났다. 수록작품에는 "건륭어람지보(乾隆御覽之寶)", "가경어람(嘉慶御覽)" 등 옥새를 찍고 상세한 소장 내력을 기록했다. 가경 이후로 국력이 쇠퇴하자 서화의 소장도 소홀해졌다. 청 말에 이르러 내우외환이 겹치자 이들 국보는 몇 차례 전례를 찾기 어려운 액운을 겪으면서 소멸되거나 파손되었을 뿐만 아니라 다수가 해외로 흩어졌다. 첫 번째 액운은 함풍 10년(1860년)의 제2차 아편전쟁이었다. 영국과 프랑스 연합군이 북경으로 들어와 원명원을 불태웠고 이때 원명원이 소장하고 있던 서화 200여 점이 불타거나 약탈당했다. 예컨대, 동진의 고개지가 그린 『여사잠도권』은 영국군 장교가 약탈하여 런던으로 가져갔고 1903년에 대영박물관이 이를 사들였다. 광서 26년(1900년)에 8국 연합군이 북경을 점거하고 황궁에 들어갔을 때 궁내의 서화작품이 다시 재난을 당했는데 그 피해가 막중했다. 1912년에 청 황제가 퇴위했는데, 마지막 황제 부의가 궁을 나갈 때 가져간 1,200여 점의 서화 명품은 후에 동북지역에서 유실되었다. 여기서는 주로 부의의 자금성 소조정에서 벌어진 서화와 골동의 절도 행위 과정과 문물이 흩어진 상황에 대해 살펴보겠다.

## 자금성 내의 소황궁

1911년 10월 10일, 무창(武昌) 봉기의 포성이 붕괴하기 직전의 청 왕조를 뒤흔들어 놓았다. 다음해 2월 12일에 마지막 황제 부의가 퇴위를 선포했다. 청 왕조 260여 년의 통치는 이렇게 끝나고 2천 년을 이어온 중국의 봉건주의제도도 끝났다. 철저하지 못했던 신해혁명 탓에 혁명의 과실은 청 제국의 내각총리대신을 지낸 원세개(袁世凱)가 훔쳐갔고, 그의 농간으로 민국정부는 혁명의 종지와는 어긋나는 『청 황제 퇴위 후의 우대조건』이란 협약을 청 왕실과 체결하게 된다. 이 협약의 주요 내용은 다음과 같다. 청 황제는 황제의 칭호를 계속 유지하며 잠정적으로 자금성 내에 거주하고, 민국정부는 외국 군주에 대한 예로서 대우하며 매년 4백만 위안의 비용을 지급하며, 자금성 내의 집사 인원은 이전대로 유지하며, 민국정부는 황제의 사유재산을 원래대로 특별 보호한다. 여섯 살 밖에 안 되는 황제 부의의 소황궁은 자금성 내에서 민국정부의 합법적인 이웃으로서 13년의 세월을 구차하게 이어갔다.

"우대조건"에서 언급한 자금성 내의 "잠정적인" 거주는 기한이 명시되지 않았다. 자금성 내의 3대 궁전만 민국정부의 소유로 규정되었고 나머지는 모두 황제의 "독점적 공간(궁금, 宮禁)"이 되었다. 원래 자금성 내에 소장되었던 다량의 고문물과 보물은 모두 황제의 "사유재산"이 되어 "특별 보호"를 받았다. 부의와 그의 신하들은 다량의 금전을 흩뿌리며 옛날과 같은 궁정생활을 유지했다. 어린 황제가 부리는 노복은 천 명을 넘었고 소조정에서 관혼상제가 있을 때마다 민국정부는 예의를 갖추어야 했다.

표면적으로는 조용한 자금성 내에서는 황제 복위 음모가 싹트고 있었다. 1915년, 중화민국 대총통이던 원세개는 마침내 황제가 되려던 꿈을 이루었으나 겨우 83일 동안 불안하게 보좌에 앉았다가 인민의 원성이 높은 가운데 화병으로 죽었다. 1917년, 소조정은 왕정복고 세력인 장훈(張勛) "변발군(辮子軍)"의 힘을 빌려 부의를 황제로 복위시키려는 희극을 벌였다. 희극은 12일 만에 끝나고 부의는 두 번째로 퇴위하였다. 그런데도 민국정부는 청 왕실에 대해 책임을 묻지 않았고

"우대조건"도 변함이 없었다. 소황제는 이전대로 깊은 궁중에 칩거했다. 청 말의 중국은 외국 열강이 노리는 먹잇감으로 전락했고, 이런 정세 하에서 만주를 독점한 후 중국을 군사적으로 점령하려던 계획을 갖고 있던 일본에게 소조정이 좋은 도구가 될 수 있었다.

## 외국행을 꿈꾸는 소년 "천자"

어린 부의는 소황궁 안에서 근심 걱정이 없어야 할 소년 시절을 보내며 성장했다. 궁정의 엄격한 예의 제도와 내무부(內務府)의 통제로 인해 소년 황제는 쫓겨나기 전까지는 자금성 밖으로 한 발자국도 나가보지 못했다. 부의에게 궁정은 거대한 감옥이었다. 그의 주변에는 같이 놀 친구도 없었고 있는 사람들이라고는 한 무리의 늙은 환관들뿐이었다. 이들은 기회가 있을 때마다 소년 천자에게 "조상의 위업을 회복해야 한다"는 생각을 주입시켰다. "고국광복"의 사상이 한시도 소년 천자를 떠난 적이 없었다. 그는 점차로 자신이 맡아야 할 역할을 이해하게 되었고, "하늘에는 해가 둘일 수 없고 나라에는 임금이 둘일 수 없다"는 말의 의미를 깨닫게 되었다. 부의가 육경궁(毓慶宮)에서 공부할 때 스승이었던 진보침(陳寶琛)과 영국인 존스턴(Reginald Fleming Johnston)은 그의 두 "영혼"이었다. 존스턴의 영향을 받아 부의는 청 왕조의 상징인 변발을 자르고 자금성 내에서 내무부와 환관 조직을 개혁했다. 더 중요한 것은, 부의가 존스턴을 통해 궁 밖 세계인 대청제국 이외의 세계를 접촉하게 되었다는 사실이다. 그는 궁중의 단조로운 생활과 주변 사람들에 대해 염증을 느끼기 시작했다. 한편으로 부의는 자신이 처한 상황, 내전의 발생, 순식간에 변하는 정국도 이해하게 되었다. 위험은 언제든지 닥쳐올 수 있고 급변하는 정세 하에서 열강이 배후에서 작용하지 않으면 이른바 "우대조건"이란 것도 유지된다는 보장이 없다는 점을 부의는 분명하게 인식하게 되었다. 그는 "민국의 새로운 당국자로부터 우대를 기대하기보다는 직접 외국인을 찾아가는 게 낫다"는 생각을 하기에 이르렀다. 이렇게 해서 외국으로 유학 가겠다는 생각이 대청제국 소년 "천자"의 마음속에 자리 잡았다.

외국으로 나간다는 계획은 자금성 내의 거의 모든 사람들의 반대에 부딪쳤다. 왕공대신들은 황제가 일단 자금성을 벗어나면 민국의 우대를 잃게 될 것이고 자신들의 사치스러운 생활도 끝나게 될 것이라 염려했다. 공개적으로 자금성을 떠나는 계획이 물거품이 되자 부의는 동생 부걸(溥杰), 부가(溥佳)와 상의해 조용히 기회를 기다리기로 했다. 먼저 해결되어야 할 문제는 경비 조달이었다.

"조상의 위업을 회복하겠다"는 목표를 세운 소조정은 와신상담한 것이 아니라 사치를 계속했다. 민국정부가 지급하는 우대 비용만으로는 거액의 지출을 감당할 수 없었던 청 왕실은 추가 보조금을 구걸했다. 동시에 소조정은 궁중의 보물들을 활용하는 방법을 모색했다. 첫 번째로 추진한 방식은 궁중 보물을 내다팔거나 담보로 은행 돈을 빌리는 것이었다. 1923년 한 해 동안에만 회풍(匯豊)은행에 담보로 맡긴 골동품이 80여 점이었다. 두 번째 방법은 내무부의 대신들이 직접 나서서 각종 이재활동을 벌였다. 그들은 직무상의 이점을 이용해 골동품점을 경영하기도 했다. "나진옥은 산씨반(散氏盤)과 모공정(毛公鼎) 탁본을, 동제후(佟濟煦)는 콜로타이프 판 궁중소장 화집을 큰돈을 받고 내다팔아 세상을 놀라게 했다." 이들의 지나친 판매활동을 단속하기 위해 민국정부는 청 왕실 문물의 해외유출을 겨냥하여 "고적(古籍), 고물 및 고적(古跡)보존법"을 제정해야만 했다. 궁중의 환관들도 대담하게 궁중 문물을 내다 팔았다. 당시에 지안문(地安門) 거리에는 환관이 운영하는 골동품점이 있었다. 미술사에서 말하는 "후문조(後門造)"란 이처럼 궁중에서 흘러나온 서화작품을 일컫는 것이며 낭세녕 작품의 모조품으로 더욱 유명해졌다. 부의는 환관들의 비행을 제지하기 위해 건복궁(建福宮) 소장 유물의 점검을 명령했다. 건복궁에 소장되어 있던 다량의 서화작품과 골동품은 건륭황제가 가장 아끼던 보물이었고 가경황제는 건복궁 전체를 봉인하는 명령을 내렸다. 보물이 가득한 건복궁과 인근의 전각과 창고에서 이유를 알 수 없는 화재가 발생하여 건복궁과 주변의 정이헌(靜怡軒), 연춘각(延春閣)이 잿더미로 변했다. 점검을 마친 보물이나 점검을 마치지 않은 보물이 모두 함께 재가 되었다. 후에 내무부가 밝힌 피해 내용을 보면 금불상 2,665기, 서화작품 1,157점, 골동품 435점, 고서 수만 권이 불타버렸다고 하는데 내무부가 피해 내용을 줄이기 위해 호도한 결과가 이 정도였다.

부의가 해외로 나갈 경비를 마련하기 위해 찾아낸 방법이 모두 이런 일들과 관련이 있었다.

## 도둑이 된 파수꾼

해외로 나갈 비용을 마련하는 일이 대신들의 반대에 부딪치자 부의는 비밀리에 돈을 마련하려다가 상황이 이런 지경에 이르러 천자로서의 위엄을 이미 잃어버렸다. 신성한 황권이란 말도 꺼낼 수 없게 되어 심지어 외국인의 보호를 구하게 되었다. 부의 등이 궁중의 보물을 내다팔거나 담보로 맡긴 일이 사회 여론의 불만을 사게 되자 민국정부는 제약을 가하지 않을 수 없었다. 궁중 보물을 쉽게 내보낼 수 없게 되자 부의는 동생 부걸, 영어 학습 동료이자 재도(載濤)의 아들인 부가와 모의하여 새로운 방법을 찾아냈다. 부의는 부걸과 부가에게 보물을 "상"으로 내렸고 두 사람은 "상"을 당당하게 궁 밖으로 빼내갔다.

이런 절도행위를 모의한 과정은 부가가 작성한 자술서에 기록되어 있다. "1922년 무렵부터 북경이 전화의 위협에 노출되자 부의는 어느 날엔가 궁내에 머물 수 없게 된다면 난을 피할 방법이 없어진다고 염려했다. 나의 아버지(재도)가 그를 대신하여 천진의 영국 조계 13번로에 아파트를 샀다. 우리는 일단 궁을 떠나게 되면 생활비나 해외로 유학할—그때도 해외 유학을 생각하고 있었다—적지 않은 비용을 마련하기 어려울 것이란 점을 감안해 약간의 준비를 해두었다." 이 말은 천천히 음미해야 숨은 뜻을 파악할 수 있다. 사실상 청 왕실은 일찌감치 왕정복고에 대한 믿음을 버리고 퇴로를 준비하는 한편 외국인의 지원을 통해 안전을 확보하려 시도했다. 이런 장기적인 계획은 궁중 보물 몇 점을 내다 팔아서 재원을 마련할 성질이 아니었다. 1922년, 일본 도쿄와 요코하마에서 대지진이 발생했다. 부의는 구호금 조로 미화 30만 불의 거금의 가치를 지닌 고서화 작품을 일본에 기증했고 일본인들이 몰려와 감사의 뜻을 표시했다. "궁중에서는 부의의 결혼식에 외국 사절이 참석했을 때와 같은 흥분된 분위기가 돌았다." 이때 진보잠의 다음과 같은 말에서 우리는 부의가 궁중의 보물을 쾌척한 진정한 의도가 무엇인지 알 수 있을 것이다. "이 행동의 영향은 이번에만 한정되지 않는다."

1922년부터 부의 등은 궁중에서 소장하고 있던 고대 전적과 역대 명인들의 서화작품을 여섯 차례로 나누어 궁 밖으로 내보냈다. 서적과 서화작품은 양이 많아 궁 밖으로 내보낼 때 상당한 곡절이 있었다. 궁내의 각 궁에 보존된 물품은 모두 각 궁의 태감(太監)이 관리 책임을 지고 있어서 부의가 누군가에게 "상"으로 주고자 한다면 각 궁의 장부에 분명한 기록을 남겨야 할뿐만 아니라 사방(司房)*으로 가져와 어떤 물품을 누구에게 상으로 주는지 기록하고 증명서를 발급해야 했다. 이 증명서를 소지한 사람만이 물품을 궁 밖으로 가져나갈 수 있었다. 그런 후에도 다시 궁문을 지키는 태감, 궁정 밖을 지키는 군대의 초소, 신무문(神武門) 밖에서 민국의 보병 통령이 지휘하는 "내성(內城) 수위대" 등 수많은 눈을 속이고 나가기란 쉬운 일이 아니었다. 그들은 스스로 생각하기에 매우 교묘한 방법을 고안해냈다. 부걸과 부가가 매일 학업을 마치고 궁을 나갈 때 "하사" 받은 서화작품을 나누어 가지

* 문서의 분류와 기록을 맡은 기구[역주].

고 나갔다. 당시 궁중에서는 내무부 대신과 교사들이 서화작품을 점검하는 일을 맡고 있어서 부의는 손쉽게 최상품을 골라내 밖으로 내보낼 수 있었다.

희귀본 고서와 부걸 형제가 평소에 들고 다니던 교과서는 겉모양으로 보면 별 차이가 없었고 부피가 적었다. 교과서를 싼 누른색 비단 보자기는 평소 태감들이 들고 다니던 누른색 보자기와 구별하기 어려워 "내성 수위대"의 주목을 받지 않았다. 그래서 "하사품"은 송·원 시대의 희귀본 서적에서부터 시작되었다. 몇 차례의 시험을 거치면서 둔감한 병사들이 태감들의 속임수에 쉽게 넘어간다는 사실이 확인되었다. 1922년 7월 13일부터 9월 25일 사이에 궁문을 빠져나간 송·원 시대의 희귀본 서적 209종을 포함해 총 502권이었다. 그중 절대다수가 송 시대의 목판본이었는데 감본(監本, 국자감에서 판각한 서적)이 적지 않게 포함되어 있었다. 이렇게 궁문을 빠져나간 고서 중에서 가장 값진 것은 남송 임안(臨安) 감본인 『한문주주(韓文朱注)』였다.

경험이 쌓여가자 부의는 "하사품"을 진(晋)과 당 이래의 서화명품으로 바꾸기 시작했다. 그들은 숙련된 솜씨로 두루마리 그림부터 손대기 시작했다. "왕희지(王羲之)·왕헌지(王獻之) 부자의 글씨 『조아비(曹娥碑)』와 『이사첩(二謝帖)』, 종요(鍾繇), 승려 회소(懷素), 구양순(歐陽詢), 송 고종(高宗), 조맹부(趙孟頫), 동기창(董其昌) 등의 글씨, 사마광(司馬光)의 『자치통감(資治通鑑)』 원고, 당 왕유(王維)의 인물화, 송 마원(馬遠)·하규(夏圭)·마기(馬麒) 등이 그린 『장강만리도(長江萬里圖)』, 장택단(張擇端)의 『청명상하도(淸明上河圖)』, 염입본(閻立本)과 송 휘종(徽宗)의 작품 등…” 미술사에 이름이 오르내리는 이들 명작은 부의의 눈길을 피할 수 없었다.

청 왕실이 소장하고 있던 서화작품은 특정한 장정과 포장이 있었다. 두루마리 형식의 작품은 비단 주머니에 넣어 보관했고 책처럼 접힌 작품은 비단 보자기에 싸서 보관했다. 바깥 비단 포장 안쪽에는 부드러운 비단 천을 덧대어 그 위에 품명, 등급, 수장 장소를 표시했다. 보자기나 주머니로 싼 다음에는 녹나무로 짠 상자에 담았다. 소장 장소를 경비하는 근무자는 이런 내용을 알지 못했기 때문에 교과서로 오인하고 내버려 두었다. 서화작품을 궁 밖으로 내가는 사람들은 점차 대담해졌다. “하사”는 한 차례에 10점에서 35점으로 발전하였다. 9월 28일부터 12월 12일 사이에 몇 차례 휴지기를 제외하고는 매일 “하사”가 있었다. 보름 이내에 두루마리식 서화작품은 거의 남김없이 궁 밖으로 나갔고 책 형태는 소량만 남았으며 축(軸)이 있는 작품만은 손대지 않았다. 이렇게 해서 궁 밖으로 나간 두루마리 작품이 1,285점, 책 형태는 68점이었다. 기록에 남은 숫자만 이 정도였지만 “하사” 목록에 아예 기록되지도 않은 작품이 얼마나 되는지는 알 수가 없다. 부걸 형제는 거의 매일 자금성에서 서화작품 보따리를 들고 나갔다. 시간이 흐르자 궁 안의 사람들이 눈치를 채기 시작했고 머지않아 태감과 궁 안의 일꾼들이 부가에게 물어보기 시작했다. “이 물건들이 모두 하사품입니까?” 부가는 그때 애매하게 대답했다. “어떤 것은 하사품이고 수선한 후에 궁으로 다시 갖고 들어오려는 것도 있네.” 그러나 수선을 위해 나간 작품은 있어도 수선을 마치고 돌아온 작품은 없었다. 내무부에서는 사태를 짐작하고 있었고 물건들이 어디로 가는지만 알지 못했다.

"안전"을 확보하기 위해 부의 등은 작품 반출 즉시 천진의 영국 조계로 옮겼고 이때도 우여곡절이 있었다. 7~80개의 큰 나무 상자에 담은 서적과 서화작품은 부피가 클 뿐 아니라 수량도 많아서 화차로 운반할 때 검사를 받고 세금도 내야 했다. 공교롭게도 당시 세무독판 손보기(孫寶琦)가 재륜(載掄)(경친왕 재진載振의 동모 제)의 장인이어서 부가는 재륜을 찾아가 순친왕(醇親王)과 재도의 집에서 나온 물건을 천진으로 옮기려 하니 손보기에게 검사와 세금을 면제받을 수 있는 증명서 발급을 부탁해달라고 요청했다. 화물은 순조롭게 영국 조계 13번로 166호 아파트에 도착할 수 있었다.

모든 준비 작업은 성공적으로 끝났다. 부의는 비밀리에 자금성을 벗어나 외국 공사관으로 갈 준비를 했다. 그는 "순진하게도" 다음과 같은 구상을 갖고 있었다. "나만 자금성을 나가 외국 공사관으로 들어가고 나면 궁중의 대신들이든 민국 정부 당국자든 어떻게 해볼 수가 없을 것이라고 믿었다. 이것은 수년 동안 민국의 역사가 우리에게 준 가장 유용한 지식이었다." 존스턴의 도움을 받아 부의는 직접 네덜란드 공사관과 전화로 연락하여 출궁 시간과 지점을 약속했다. 한편으로는 부가를 공사관으로 보내 최종적인 확인까지 마쳤고 궁 안의 태감을 매수해두었다. 1923년 2월 25일, 예정 시각보다 한 시간 전에 누구인지는 모르나 한 태감이 내무부에 보고해버렸다. 부의는 양심전(養心殿)을 벗어나기도 전에 궁문을 모두 닫으라고 외치는 소리를 들어야 했다. 자금성 전체는 계엄 상태에 들어갔다. 부의의 외국 유학 꿈은 완전히 깨어져 버렸다. 그는 궁중으로 돌아왔지만 그가 내보낸 진기한 보물은 자금성으로 돌아오지 못하고 민간에 떠도는 신세가 되었다.

1924년 10월, 풍옥상(馮玉祥)이 "북경정변"을 일으켰다. 그가 파견한 경비총사령 녹종린(鹿鐘麟)과 경찰총감 장벽(張璧)이 20명의 소총수를 데리고 11월 5일에 자금성에 난입했다. 그로부터 한 시간 후에 부의는 자금성에서 쫓겨났다. "우대조건"은 취소되었고 부의는 "민국의 공민"이 되었으며 청 왕실이 수장하고 있던 문물은 민국 정부의 소유가 되었다. 자금성을 접수하기 위해 "청실선후위원회(淸室善後委員會)"가 설립되고 왕조명(王兆銘), 채원배(蔡元培), 진원(陳垣), 심겸사(沈兼士) 등 사회 저명인사와 학자들이 위원에 취임했다. 자금성 수장 문물에 대한 점검은 전국적인 관심사여서 엄격한 점검 원칙이 세워졌다. 육경궁을 점검하면서 위원회는 부의가 부걸에게 "하사"한 목록을 발견했다. "모든 것을 공개한다"는 원칙에 따라 위원회는 이 목록을 바탕으로 하여 『고궁에서 유실된 서적과 서화 목록(故宮已佚書籍書畫目錄)』(약칭 일목佚目)을 작성하고 이를 인쇄 배포했다. 자금성에 남아 있던 서화작품과 보물은 1937년 항일 전쟁이 터지기 전날 민국정부가 남경으로 옮겼다. 자금성 문물은 그 후 귀주(貴州)와 사천 일대를 전전하다가 항일 전쟁이 끝난 후 남경으로 돌아왔고, 홍군이 남경을 점령하기 직전에 다시 핵심적인 것들만 골라 세 차례로 나누어 대만으로 옮겨졌다.

## 천진에서의 "행재(行在)" 생활

부의가 자금성에서 쫓겨난 일은 청 왕실과 옛 신하들에게는 큰 충격이었다. 그들은 지금까지 부의에게 기대어 민국정부로부터 우대를 받았다. 일찍부터 쓸모없는 옛 신하들에게 싫증을 느낀 부의는 정효서(鄭孝胥)와 존스턴의 도움으로 비밀리에 순친왕 저택으로 거처를 옮겼다가 이내 동교민항(東郊民巷)의 공사관으로 갔다. 처음에는 독일인이 운영하는 병원으로 갔다가 일본 공사관으로 옮겨가 열렬한 환영을 받았다. "옛 신하들은 희망의 끈을 놓지 않으려고 일본 공사관으로 몰려왔고 부의는 다시 소조정을 회복했다." 그는 용상 대신에 서양식 의자에 앉아 서양식 옷을 입고 옛 신하들의 조배(朝拜)를 받았다. 막후에서는 제국주의 열강이 "황제"를 업고 각자의 이익을 챙기기 위해 쟁탈전을 벌였다. 부의 자신은 물론이고 일본 쪽도 민국 정부의 압력과 대중의 강렬한 반대에 부닥쳤다. 부의는 다시 출국 유학을 꿈꾸었고 이번에는 일본의 도움으로 동양으로 갈 생각이었다. 부의의 희망은 일본의 계략과 맞아 떨어졌다. "친일파" 나진옥이 주선해 1925년 2월 23일에 부의는 몰래 공사관 후문을 빠져나와 걸어서 기차역으로 갔다. 일본 비밀경찰의 "보호"를 받아 천진으로 잠입한 부의는 일본 조계 내의 "장원(張園)"에 자리를 잡았고 나중에 "정원(靜園)"으로 옮겼다. 2,000㎡ 밖에 안 되는 저택이 부의의 "신궁(新宮)"이 되었다. 청 왕실과 옛 신하들이 북경에서 순번을 정해 천진으로 찾아와 시중을 들었다. 각국 공사관에서도 찾아와 "알현" 하였다. 세상 사람들은 그의 거주를 일러 "행재"라고 하였다.

부의는 "소조정"의 사치생활을 지속했다. "신궁"의 생존을 보장받기 위해 부의는 끊임없이 금전과 진기한 문물로 군벌과 외국인의 환심을 샀다. 거대한 지출은 일찍부터 외국계 화비(華比)은행에 맡겨둔 예금에서도 나왔지만 더 많은 액수가 국보를 내다 판 돈에서 나왔다. 옛 신하 진보희(陳寶熙)와 정효서, 부의, 골동품상들이 함께 어울려 국보 매각극을 벌였다. 이렇게 생긴 돈은 모두 외국 은행에 맡겼다. 천진에서 얼마나 많은 서화작품이 팔렸는지는 기록을 남기지 않아 알 수가 없다. 남아 있는 약간의 자료를 통해 한 때 건륭황제의 "삼희당(三希堂)"이라 불리던 세 작품 중에서 왕헌지의 『중추첩(中秋帖)』과 왕순(王珣)의 『백원첩(伯遠帖)』이 이때 팔려나간 사실이 밝혀졌다. 원 시대 조맹부의 『난국도(灤菊圖)』는 훗날 일본인 나이토(內藤虎)가 그림의 뒷면에 내력을 밝힌 다음과 같은 발문을 남겼다. "근년에 퇴위한 선통(宣統)황제가 우리의 오카베(岡部長景) 자작에게 넘겼고 자작이 발문을 요청하기에……" 황후의 영어 개인교수를 지냈던 사람이 소개한 미국인이 "정원"에 찾아와 그림을 사갔다. 이 인물은 어느 박물관의 대리인이라 자칭하며 중국 예술에 대해 깊은 관심을 갖고 있다고 하면서 그림 12점을 골랐다. 가격을 흥정한 끝에 3점은 가격이 맞지 않아 부의는 9점만 팔기로 결정했다. 값을 치른 후 이 인물은 서둘러 그림을 갖고 떠났다. 그가 떠난 다음 부의는 남은 그림을 살펴보다가 그림 한 점을 더 가져간 사실을 알게 되었다. 그림 값이라는 것도 부른 가격의 1/10에 불과했다. 원래 부의는 옛 신하 진증수(陳曾壽)를 시켜 상담하게 할 생각이었는데 영어 개인교수가 그럴 필요가 없다고 우겼다. 부의는 돌이켜보니 이들이 처음부터 자신을 속일 생각이었음을 알게 되었다. 부의가 사람을 보내 이 미국인과 영어 개인교수를 찾아보았으나 돌아온 답은 가격은 이미 정해졌으니 재론할 수 없고 그 미국인은 그림을 갖고 이미 북경으로 떠났다는 것이었다. 마침 그림 값이 다 치러지지 않았기 때문에 부의는 다시 노욱동(魯郁彤)과 내시 제계충(齊繼忠)을 북경으로 보내 미국인과 교섭하게 하는 한편 미국인이 발뺌할 경우를 대비해 변호사에게도 사건 처리를 의뢰했다. 다행스럽게도 교섭은 순조롭게 결말을 보았다. 노욱동과 미국인은 육국반점(六國飯店)에서 한바탕 격론을 벌인 후 다음과 같이 타협했다. 값이 비싼 5점과 더 가져간 한 점은 돌려주고 나머지 4점은 원래 합의된 가격으로 판다. 이렇게 해서 쌍방이 체면을 세울 수 있게 되었다. 돌려받은 6점은 안전을 위해 일본군 사령부가 파견한 인원이 대신 운반하였다. 돌려받은 6점 가운데는 이성(李成)의 『한림도(寒林圖)』와 『무림원수도(茂林遠岫圖)』, 연문귀(燕文貴)의 『계풍도(溪風圖)』도 포함되어 있었다. 이러한 거래 과정은 호사원(胡嗣瑗)의 『직로일기(直盧日記)』에 기록되어 있다. 비슷한 거래가 얼마나 더 있었는지는 알 도리가 없다.

1928년, 세상을 놀라게 한 "동릉사건"이 발생했다. 군벌 손전영이 군대를 동원하여 동릉의 건륭황제 능침과 자희태후의 능침을 계획적으로 도굴했다. 군대는 3일 동안 밤을 이용해 부장품을 남김없이 파갔다. 이 사건은 청 왕실과 옛 신하들에게는 왕정복고는 꿈에서라도 생각하지 말라는 경고와 같았다. 부의는 "이 원수를 갚지 못하면 아이신

교로(愛新覺羅)*의 자손이 아니라고" 맹세했다 한다. "장원"에서는 조상들의 신위를 세워놓고 제사를 지냈다. 청 왕실은 철저한 조사와 엄격한 처벌을 요구했으나 민국 정부는 범인을 풀어주었다. 이 사건을 통해 부의는 복위의 방도를 일본 제국주의 쪽에서 찾기로 결심했을 것이다. 부의는 거처를 "정원(靜園)"으로 옮기고 새로운 거처의 이름 그대로 "조용히 시기를 기다리며 변화를 정관"하였다.

1931년, 일본은 9·18사변을 일으키고 동북 3성을 점령했다. 일본은 부의의 복위 욕망을 이용하여 동북지역에 이른바 "만주국"이란 허수아비 정권을 세웠다. 11월, 부의는 일본 군인 복장으로 변장하고 일본 상선을 이용해 동북으로 들어갔다. 1932년 3월 1일, 부의는 광서황제가 입었던 용포를 입고 "만주국" 황제의 자리에 올랐다.

부의가 천진을 몰래 빠져나갈 때에는 국민군의 주둔지를 통과해야 했기 때문에 옥기(玉器) 몇 개만 몸에 지녔을 뿐 서화와 보물을 담은 상자 70개는 "정원"에 두고 가야 했다. "만주국" 건립 이후 일본 관동군 사령부 참모 요시오카(吉岡安置) 중장이 이 상자들을 장춘(長春)의 만주국 황궁으로 옮겼다. 관리 책임자는 유진영(劉振瀛)이었다. 서화작품을 담은 나무 상자는 "소백루(小白樓)"라고 하는 황궁 동쪽의 눈에 잘 띄지 않는 건물 안에 보관했다. 옥기와 골동품 및 금장식들은 수시로 사용할 수 있도록 "내정(內廷)" 집희루(緝熙樓) 홀에 두었다. 이런 배치는 모두 비밀리에 진행되었고 극소수의 사람만 내용을 알고

---

* 청 황실의 성(姓).

있었다. "소백루" 안에 보관된 서화작품들은 그곳의 근무자들조차 존재를 몰랐다. 그렇게 14년이 흘러갔다.

## "소백루" 서화작품의 비참한 운명

1945년 8월, 일본이 항복을 선언하기 전에 관동군 사령관 야마타(山田乙三)는 만주국의 수도를 통화(通化)로 옮긴다고 발표했다. 13일, 부의 일행은 황궁에 보관하고 있던 서화작품 가운데서 걸작품 120여 점과 대부분의 보물을 60대의 트럭에 싣고 통화 대율자구(大栗子溝)로 옮겼다. 이번 운반은 비행기를 이용해 일본으로 도피하기 위한 준비과정이었다. 통화에서 잠시 머무는 동안에 15일이 되었고 일본은 항복을 선언했다. 만주국의 화폐는 휴지조각이 되었고 부의는 상자에서 서화작품 몇 점을 꺼내 지방 유지들에게 싼 값으로 팔아치웠다. 이 때 팔린 작품 가운데는 당 시대 한간(韓干)이 그린 『신준도(神駿圖)』, 남송 조백구(趙伯駒)의 『연주신월도(蓮舟新月圖)』와 『수촌도(水村圖)』 등이 있었다. 17일, 심양에서 비행기를 갈아탈 준비를 하고 있던 부의는 인민해방군과 소련군의 포로가 되었고 가지고 있던 서화작품과 보물들은 압수되었다. 압수된 작품들은 마침내 온당한 소장처를 찾은 셈이지만 부의가 "소백루"에 남겨두고 온 작품들은 참혹한 운명을 맞았다.

일본이 항복한 후 동북에 주둔하고 있던 관동군이 철수하고 만주국 군대인 "국병(國兵)"이 황궁 경호를 맡았다. 국병 병사 하나가 우연한 기회에 소백루를 지나가다가 호기심이 발동하여 창문을 깨고 들어가 서화작품을 담은 나무 상자를 열어보았다. 상자 안의 화려한 비단 보자기에 싸인 물건에 흥미를 느낀 병사는 손 가는대로 몇 개를 끌러 보았다. 이 일이 병사들 사이에 알려지기 시작했다. 고등학교 교육을 받은 몇 명의 병사는 서화작품에 관해 약간의 지식은 갖고 있어서 그것들이 국보급 문물이라고 추측했다. 소백루에서의 예상 밖의 발견으로 병사들 사이에서는 대소동이 일어났고 즉시 야만적인 약탈이 벌어졌다. 서로 차지하려고 서화작품을 움켜쥐고 밀고 당기는 사이에 어떤 작품은 절반으로 찢겼고 어떤 것은 서너 조각으로 찢어졌다. 심한 경우에는 갈가리 찢어져 도저히 복원할 수 없는 상태가 되었다. 이공린(李公麟)의 『삼마도(三馬圖)』는 세 조각으로 찢긴 후 어디로 흩어졌는지 알 수 없었고 원 시대 조맹부 가족이 쓴 『조씨척독삼첩(趙氏尺牘三帖)』은 조맹부 본인, 그의 부인 관도승(管道升), 큰 아들 조옹(趙雍) 세 사람의 글씨로 되어 있었는데 지금 남은 것은 조옹이 쓴 부분뿐이다. 원 시대 왕진붕(王振鵬)이 그린 『용주경도도(龍舟競渡圖)』의 예서로 쓴 표제 부분과 여러 명사들의 발제 부분은 흩어져 지금은 미국 개인 소장가의 손에 들어가 있다. 유사한 사례는 수없이 많다. 소백루에서 한바탕 "소탕작전"이 끝난 후 방안에는 빈 나무 상자와 여기저기 흩어진 비단 보자기만 남았다. 그래도 송·원 시대의 희귀본 서적은 비교적 온전한 상태로 살아남았는데 내용을 알아보는 사람이 없어 내팽개쳐진 덕분이었다.

만주국 병사들이 약탈해간 서화작품 중에서 어떤 것은 병사가 자기 집으로 가져가 몰래 숨겼다가 신 중국이 수립된 후 정부가 회수하여 세상 구경을 하게 되었다. 어떤 것은 당시에 바로 팔려서 세상 사람들이 주목하는 "동북 물건"이 되었다. 어떤 것은 참혹한 운명을 맞았다. 만주국 병사 김향혜(金香蕙)는 약탈한 작품 수십 폭을 요녕성 개현(盖縣) 고향집으로 가져갔다. 그는 출신성분이 지주 집안이었다. 신 중국이 수립되고 토지개혁을 실시하던 초기에 김향혜가 출타하여 집을 비운 사이에 집안의 출신성분 때문에 진기한 문물을 소장한 사실이 밝혀지면 더 무거운 처벌을 받을까 두려워한 그의 아내가 우매하게도 귀중한 국보를 땔감으로 한 권씩 부엌 아궁이의 불길 속에 던져 넣었다. 이렇게 재만 남은 작품 가운데는 서성(書聖)이라고 일컫던 동진 왕희지의 『이사첩』과 『악비, 문천상 합권(岳飛, 文天祥 合卷)』, 남송 진용(陳容)의 『육룡도(六龍圖)』가 있었다.

## "동북 물건"

『일목』에 나오는 서화작품과 희귀본 고전적들은 자금성에서 빠져나간 후 많은 사람이 눈독을 들이는 대상이 되었다. 국민당 고위 관료들, 문물감식가들, 외국 골동품상들, 북경·천진·장춘의 골동품상들이 이를 다투어 사들였다. 일본이 항복한 후 동북지역을 접수하기 위해 국민당 정부가 파견한 고위관료들—국민당 교육부장 왕세걸(王世杰), 민정청장 유시범(劉時范), 동북 주둔 군사기관의 책임자 정동국(鄭洞國), 국민당 원로 장군(張群)과 장학량(張學良) 장군 등—대부분은 서화 감식과 소장 전문가였다. 이들 대부분은 국민당이 대만으로 패주할 때 서화작품들을 가지고 갔다. 그 중에서 장학량 등은 미국이나 다른 국가로 이주하였고 문물도 그들을 따라 국외로 흘러나갔다.

『일목』 서화작품은 당시 북경과 천진의 골동품상들 사이에서 "동북 물건"이라 불렸다. "동북 물건"을 둘러싸고 각종 영업 활동이 장춘에서 북경, 천진, 상해, 홍콩에 이르기까지 활발하게 벌어졌다. 그 중에서 북경의 유리창(琉璃厰)이 활동의 중심이었고 홍콩은 이들 국보가 해외로 흘러나가는 중개지였다.

민국시기에 북경 유리창에는 서화작품만 전문으로 다루는 점포가 130여 곳이 있었다. 1946년에 옥지산방(玉池山房)의 주인 마제천(馬濟川)이 장춘으로 가 만주국 황궁에서 흘러나온 서화작품 매매의 문을 연 이후로 유리창의 골동품상들은 마치 신대륙을 발견한 콜럼버스처럼 맹활약을 펼쳤다. "동북 물건"은 베스트셀러였고 큰돈을 벌어다 주었다. 유리창은 "동북 물건" 덕분에 한동안 흥청거렸다. 장춘의 매도자와 국내외 고객들을 상대하여 더 많은 돈을 벌기 위해 유리창의 골동품상들은 이른바 "팔공사(八公司)"라는 동맹을 맺었다. 중심 인물은 마제천과 묵연각(墨緣閣)의 마보산(馬寶山), 묵고재(墨古齋)의 목반침(穆磻忱)과 심양의 유요서(劉耀西)였다. 이들은 장춘, 천진, 상해 사이를 오가며 활약했다. 마제천의 도제였던 장신침(張藎忱)이 홍콩 방면의 연락 업무를 맡았다. 유리창 "8공사"는 신 중국 수립을 전후하여 "동북 물건"으로 거액을 벌었다. 국내외에 소재하는 『일목』 서화작품 중에서 국민당 요원들이 장춘에서 사들인 일부를 제외한 나머지는 대부분 "8공사"의 손을 거쳤다.

"8공사"와 함께 이름을 떨쳤던 윤지재(倫池齋)의 주인 근백성(靳伯聲)도 "동북 물건"에 열중하여 활동한 인물이었다. 그는 밑천도 풍부하고 수완도 좋아서 여러 화가와 고객과 관계를 맺고 사업을 크게 일으켰다. 근백성은 북송 곽희(郭熙)의 산수화 3폭을 소장하고 있었고 그런 까닭에 서화 소장가들 사이에서는 "삼희당(三熙堂)"이란 이름으로 불렸다. 신 중국 수립 직후에 그는 골동가에 흘러나온 당 후기 손위(孫位)의 작품 『고일도(高逸圖)』(현재 상해 박물관 소장)를 사기 위해 "삼희당" 작품을 팔았는데 지금까지 그 행방이 알려지지 않고 있다. 그는 또 마제천과 함께 송 휘종의 작품 『금영추금도(金英秋禽圖)』와 원 시대의 『조씨삼세인마도(趙氏三世人馬圖)』를 홍콩 쪽에 팔았다. 『조씨삼세인마도』는 미국인 그로포드(J. M. Growford)가 사갔고 현재는 뉴욕 메트로폴리탄 미술관이 소장하고 있다.

유리창의 "동북 물건"은 자연히 많은 서화 감식가와 소장가의 관심을 끌었다. 신 중국 수립 직전에 해외로 이주한 장대천(張大千)과 왕계천(王季遷), 홍콩의 왕문백(王文伯)과 주유(周游)와 여협중(余協中), 북경의 장백구(張伯駒)와 혜효동(惠孝同), 상해의 오호범(吳湖帆)과 담경(譚敬) 등 수집가들의 일부 소장품은 당시 "8공사"의 활약과 관계가 있다. 장백구 선생은 국보가 파괴되거나 국외로 유실될 위험에 처한 상황을 알게 되자 그의 부인 반소(潘素)와 함께 가산을 기울여 국보를 사들였다. 현존하는 산수화 중에서 가장 오래된 수 시대 전자건(展子虔)의 『유춘도(游春圖)』를 사들이기 위해 장백구 선생 부부는 집을 팔아 돈을 마련했다. 육기(陸機)의 『평복첩(平復帖)』을 샀을 때는 불의의 사고를 막기 위해 작품을 입고 다니는 옷 속에 바느질하여 숨겼다. 장백구 선생은 비적들에게 납치되어 거액의 몸값을 요구받는 상황에서도 부인에게 "산적 소굴에서 죽어도 좋으니 집안의 소장품을 팔지 말라"고 연락했다.

## 해외로 흘러나간 "일목" 서화작품

『일목』 서화작품은 부의가 천진의 "장원"에 있을 때 이미 외국인들의 주목을 받았다. 외국인들은 "하사" 받은 대신들에게 사들이거나 어떤 경우에는 심지어 "장원"으로 직접 찾아가 "황제"와 작품가격을 흥정했다. 진보침의 조카 유준업(劉駿業)에게 하사된 당 염입본의 『역대제왕상도권(歷代帝王像圖卷)』은 돌고 돌아 지금은 미국에 가 있다. 일본인에게 팔린 북송 이공린의 『오마도(五馬圖)』는 일본으로 흘러나간 후 제2차 세계대전 때에 폭격을 맞아 불타버렸다. 이공린의 『소상와유도(瀟湘臥游圖)』는 제2차 세계대전 후 미국 보스턴 예술박물관이 일본인에게서 사갔다. 남송 정사초(鄭思肖)의 『묵란도(墨蘭圖)』와 금나라 사람 왕정균(王庭筠)의 『유죽고사도(幽竹枯槎圖)』 중 하나는 당시에 국외로 흘러나갔고 다른 하나는 북경과 천진 등을 떠돌다가 결국에는 국외로 흘러나갔다.

『일목』 서화작품이 장춘의 만주국 "황궁"에 있을 때는 내내 비밀리에 "소백루"에 보관되어 있었고 일본이 이를 가져가려고 시도했으나 성공하지 못했다. "황궁"에서 흘러나온 후로는 외국인과 해외 화교가 손에 넣으려고 애썼다. 미국인 크로포드는 중국의 서화작품을 많이 소장해 널리 알려진 인물이었다. 그가 소장한 『일목』 서화작품은 대부분이 유리창의 "8공사"와 홍콩의 왕문백을 통해 구입한 것이었다. 프랑스에 거주하다가 후에 미국으로 건너간 화교 노근(盧芹)은 일종의 다국적 골동품상을 경영했는데 파리에 본사를 두고 북경과 상해에 지사를 두고 있었다. 노근은 해마다 시베리아를 횡단해 중국으로 와서 문물을 사갔다. 그는 유리창의 골동품상 악빈(岳彬)과 긴밀하게 왕래했고 『일목』 서화작품 다수를 사들였다. 당 진굉(陳閎)의 『팔공상(八公像)』, 송 이공린의 『화암변상도(華巖變相圖)』와 『유선도(劉仙圖)』, 남송 미우인(米友仁)의 『운산도(雲山圖)』와 요정미(姚廷美)의 『유유한도(有游閑圖)』는 물론이고 『일목』에 나오지 않는 원 조옹의 『임이백시인마도(臨李伯時人馬圖)』 등은 모두 본인이 직접 사들여 소장했거나 미국의 대형 박물관을 대리하여 사들인 것이었다.

개인 수집가들 이외에 미국의 대형 박물관도 중국의 서화를 열심히 사들였다. 뉴욕 메트로폴리탄 미술관이 소장하고 있는 430여 점의 중국 서화작품 가운데서 『일목』 서화작품은 17점이다. 미국으로 이주한 서화 감식가 왕계천이 1970년대에 내놓은 25점의 송·원 시대 서화 가운데는 북송 굴정(屈鼎)의 『하산도(夏山圖)』, 남송 이당(李唐)의 『진문공복국도(晋文公復國圖)』, 마화지(馬和之)의 『홍안지집도(鴻雁之什圖)』, 무명씨의 『호가십팔박도(胡茄十八拍圖)』, 미우인의 『운산도』, 원 전선(錢選)의 『왕희지관아도(王羲之觀鵝圖)』, 방종의(方從義)의 『운산도』 등 7점은 『일목』 중의 걸작이다. 그로포드가 메트로폴리탄 박물관에 기증한 많은 작품 가운데서 『일목』 서화작품은 북송 곽희의 『수색평원도(樹色平遠圖)』, 교중상(喬仲常)의 『후적벽부도(後赤壁賦圖)』, 고극명(高克明)이 발제를 한 『계산설제도(溪山雪霽圖)』, 원 조맹부의 『삼세인마도』와 선우추(鮮于樞)의 『석고가(石鼓歌)』 등이 있다. 프린스턴대학 박물관이 소장한 중국 서화작품은 백여 점이나 되는데 1950년대에 『일목』 작품 7점을 구입했다. 그 중에서 원 조맹부의 『조씨일문합찰(趙氏一門合札)』과 가구사(柯九思)의 『상경궁사(上京宮詞)』 두 점은 홍콩의 수장가 담경으로부터 사들인 것이다. 송 미불(米芾)의 『삼찰첩(三札帖)』(세풍歲豊, 유간留簡, 도서逃暑)은 일본인에게서 산 것이다. 이 작품은 원래 5첩이었고 남은 2첩은 현재 일본에 있다. 캔자스 넬슨 박물관(William Rookhian Nelson Gallery of Art and Atking Museum of Fine Arts)은 비교적 일찍부터 중국 서화를 소장하여 이름을 얻었다. 박물관장 시크먼(Sickman)은 1940년대와 50년대에 『일목』 서화가 돌아다닌다는 정보를 입수한 후 여러 방면으로 자금을 모아 당 진굉의 『팔공상』과 북송 왕이용(王利用)의 『노군별호사실도(老君別號事實圖)』와 당 시대의 작품이라고 알려진 『십육응진도(十六應眞圖)』 등 10점과 『일목』 이외의 작품인 송 교중상의 『후적벽부도』와 남송 마원의 『아집도(雅集圖)』를 사들였다. 미국 클리블랜드 박물관, 보스턴 박물관, 워싱턴 프리어 박물관 등 대형 박물관이 『일목』 서화작품을 소장하고 있다. 특히 프리어 박물관이 소장한 중국의 역대 서화작품은 1,200여 점에 이른다.

현재 소재가 밝혀진 『일목』 서화작품은 미국과 일본에 많이 있다. 미국에 있는 『일목』 서화작품 중에서 송·원대의 작품만 해도 5~60점이 된다. 일본은 이보다 약간 적은데 원 추복뢰(鄒復雷)의 『춘소식도(春消息圖)』 같은 일부 작품은 제2차 세계대전 후에 미국으로 흘러들어갔다. 일본에 있는 작품은 금 왕정균의 『유죽고사도』, 북송 이공린의 『오마도(五馬圖)』(소실)와 연문귀의 『계풍도』, 원 조맹부의 『란국도』 등이다. 일본 도쿄대학 스즈키(鈴木敬)가 1975년, 1977년, 1979년 세 차례에 걸쳐 미국, 동남아, 유럽, 일본을 돌며 각국이 소장하고 있는 중국 고서화를 조사하여 『해외소장 중국회화목록』과 『중국화총합도록』 사진집 6권을 발간하여 중국 미술사 연구와 중국 서화 유실 상황을 파악하는데 귀한 자료를 제공했다.

## 13
# 국내외를 놀라게 한 동릉도굴사건

1928년 7월의 어느 날 깊은 밤, 국민혁명군 제12군 군단장 손전영(孫殿英)이 부대를 끌고 와 하북성 준화(遵化)현 청 동릉 건륭황제의 유릉(裕陵)과 자희태후의 정동릉(定東陵)을 폭파한 후 관을 열어 시체는 버리고 부장된 보물은 모조리 쓸어갔다.

### 왕기(王氣)가 서린 청 동릉

청 황제의 능침은 대체로 명의 제도를 따랐다. 황제가 즉위하면 곧바로 자리를 골라 능침 건설공사를 시작했다. 이렇게 고른 자리를 "만년길지", "만년복지"라고 불렀다. 온전한 능침은 황제 자신의 능과 황후와 비빈의 능까지 포함하며 공사하는데 일반적으로 수년 또는 10년, 어떤 경우는 수십 년이 걸린 경우도 있었다. 황제의 능침 몇 기가 이어져 있으면 규모가 큰 능원이 되었다. 청 왕조는 태조 누르하치로부터 시작하여 마지막 황제 부의에 이르기까지 12 명의 황제가 재위했고, 능침을 만들지 않은 부의를 제외하고 나머지 황제와 그 황후 비빈들은 3곳의 능원—동북 심양의 "성경릉(盛京陵)", 하북 준화현의 "동릉(東陵)", 하북 역현(易縣)의 "서릉(西陵)"— 에 나누어 묻혔다. 이밖에도 지금의 요령성 신빈현(新賓縣)에는 청 왕실의 조상들을 모신 "흥경릉(興京陵)"이 있다.

"성경릉"에는 복릉(福陵)과 소릉(昭陵)이 있다. 두 능은 청이 아직 중원을 차지하기 전이었기 때문에 생전에 능을 축조한 것이 아니라 사후에 중수한 능이다.

복릉은 심양 교외 혼하(渾河) 북쪽 기슭의 천주산(天柱山)에 있으며 청 왕조를 창업한 태조 누르하치와 그의 황후 효자고황후(孝慈高皇后) 예흐나라(葉赫納拉)씨의 묘지이고 순치(順治) 8년(1651년)에 완공되었다.

소릉은 심양 북쪽에 있으며 태종(太宗) 홍타이지(皇太極)와 효단문황후(孝端文皇后) 보르지기트(博爾濟吉特)씨의 능묘이고 순치 8년에 완공된 후로 강희, 건륭, 가경 때에 여러 차례 중수하였다.

서릉은 북경에서 서남쪽으로 125km 떨어진 하북 역현 영정산(永定山) 아래에 있으며 청 왕조가 중원을 차지한 후 동릉에 이어서 축조한 거대한 제왕 능묘군이다. 이곳은 구릉지로 사면이 산으로 둘러싸여 있고 풍광이 빼어나다. 능원의 면적은 북으로는 기봉령(奇峰嶺), 남으로는 대안교(大雁橋), 동으로는 양격장(梁格莊), 서로는 자형관(紫荊關)에 이르는 800㎢이다. 능원 내에는 4기의 황제릉, 3기의 황후릉, 3기의 비빈릉과 4기의 공주·황자·황족 능이 있고 총 76명이 묻혀 있다.

태릉(泰陵)은 서릉에서 가장 먼저 축조된 규모가 가장 큰 능으로 옹정제 윤진이 묻혀 있다. 옹정제는 생전에 동릉의 구봉조양산(九鳳朝陽山)에 자신의 능침을 축조하려고 준비했으나 그곳이 "규모는 크나 지세가 완전하지 못하고 혈(穴)에서 모래가 나와 쓸 수가 없다"며 생각을 바꾸었다. 그는 사람을 보내 살펴보게 한 후 "역주(易州) 경내의 태정산(泰定山, 후에 이름을 영정산으로 바꾸었다) 천평욕(天平峪)은 건곤취수(乾坤聚秀)와 음양합회(陰陽合會)의 만년길지"라며 능침 자리를 서릉으로 바꾸었다. 이때부터 청 황제의 능침은 수도를 기점으로 점차 동릉과 서릉 양대 능원으로 나뉘기 시작했다.

서릉에는 가경제의 창릉(昌陵), 도광제의 모릉(慕陵), 광서제의 숭릉(崇陵)도 자리 잡고 있다.

"성경릉"이나 "서릉"과 비교할 때 북경 동쪽 125km 지점인 준화 경내에 위치한 동릉은 청의 3릉 중에서 가장 규모가 크고 능묘의 배치가 온전한 체계를 갖춘 능원이다. 면적은 2,500㎢이며 능원 내에는 황제릉 5기, 황후릉 4기, 비빈릉 5기가 있으며 황제 5명, 황후 15명, 비빈 136명, 황자 1명 등 도합 157명이 묻혀있다.

동릉은 청 왕조가 중원에 들어와 전국적인 통치정권을 수립한 후의 첫 번째 황제 순치제 복림(福臨)이 직접 선정한 곳이다. 복림이 이곳을 선정한 데는 다음과 같은 전설이 전해온다. 어느날 사냥을 나간 황제가 우연히 준화현 마란욕(馬蘭峪) 서쪽 창서산(昌瑞山) 아래에 이르러 그곳의 그윽하고 아름다운 풍광에 너무나 매료되어 돌아갈 생각을 하지 않았다. 그는 수행한 대신들에게 이렇게 말했다. "이 산에는 왕기가 가득 모여 있으니 나의 능침을 쓰기에 족하다." 그는 끼고 있던 패섭(佩韘, 옛날 사람들이 활을 쏠 때 끼는 깍지)을 벗어 던지며 시종들에게 "패섭이 떨어지는 장소가 길지이니 그곳에 즉시 능침 공사를 시작하라"고 명했다. 순치 18년(1661년) 순치황제의 효릉(孝陵) 축조공사가 시작되었다. 순치황제 사후에 그의 관은 강희 2년(1663년) 6월 지궁(地宮)에 안장되었다. 그는 생전에 "능침에는 장식을 하지 말고 금은과 옥으로 만든 그릇을 함께 묻지 말라"고 유언을 해두었다. 바로 이 때문에 훗날 동릉이 여러 차례 도굴을 당할 때마다 효릉은 해를 입지 않았다. 동릉에서 도굴되지 않은 유일한 능침이 효릉이다.

순치제가 직접 선정한 능침 자리는 풍수설에 비추어볼 때는 분명히 길지였다. 연산(燕山)산맥의 한 봉우리인 창서산은 동서로 뻗으면서 주봉이 정중앙에 자리 잡고 양쪽 날개에 해당하는 봉우리들이 점차로 낮아지는 웅장한 산세에다 산 전체에 소나무와 잣나무가 울창하여 풍경이 장관이다. 동릉에는 순치제의 효릉 이외에 강희제의 경릉(景陵), 건륭제의 유릉, 함풍제의 정릉(定陵), 동치제의 혜릉(惠陵) 등 황제의 능침이 5기가 있다. 황후의 능침으로서는 효장문황후(孝莊文皇后, 순치제의 생모)의 소서릉(昭西陵), 효혜장황후(孝惠章皇后)의 효동릉(孝東陵), 효정현황후(孝貞顯皇后, 자안태후慈安太后)의 보상욕 정동릉(普祥峪 定東陵), 효흠현황후(孝欽顯皇后, 자희태후慈禧太后)의 보타욕 정동릉(普陀峪 定東陵) 등 4기가 있다. 여기에 비빈의 능침 5기를 더하여 14기의 능침과 그에 부속된 300여 채의 단독 건물이 창서산 아래 효릉을 중심으로 하여 동·서 양쪽으로 분포되어 있다. 능원지역은 동쪽으로는 마란욕에서 시작하여 서쪽으로 황화산(黃花山)까지, 북쪽으로는 무령산(霧靈山)에서 시작하여 남쪽으로는 마주보고 선 천대(天臺)와 연돈(烟墩)의 두 산까지 이른다. 중간에는 흥륭구(興隆口)라 부르는 출입구가 동릉 전체의 천연적인 문호가 되고 있다. 능원 전체는 창서산을 따라 축조되었고 산천의 자연미와 건물의 경관이 조화를 이루도록 배치하였기에 "능침의 배치와 산수가 상응한다"는 풍수설의 목적을 달성했다. 능침을 축조한 후에도 끊임없이 나무를 심었다. 청 말의 기록을 보면 나무가 대략 800만 그루로서 능원 전체가 푸른빛이 해를 가리고 숲이 바다처럼 끝 간 데가 보이지 않았다고 한다.

순치제의 효릉은 동릉의 여러 능 가운데서 가장 웅장하고 완벽했다. 능침 축조 방식은 기본적으로 명 13릉의 제도를 따르면서 확대·발전시켰다. 효릉 이후에 축조된 황제의 능침은 기본적으로 효릉의 체제를 따랐다. 효릉 앞에는 너비 12m의 신도(神道)가 남쪽으로 10여 리에 걸쳐 뻗어나가 능원 전체의 대문 격인 흥륭구에 이른다. 신도의 남쪽 끝에는 6주(柱) 5간(間) 11루(樓)의 돌 패방(牌坊)을 세웠는데 그 조각이 정교하고 조형이 장관이며 북쪽 대홍문(大紅門)과 30여 미터 높이의 신공성덕비(神功聖德碑)와 짝을 이룬다. 북쪽으로 둘러싼 작은 산이 천연의 영벽(影壁)을 이룬다. 18쌍의 석상은 그 수량이나 조각의 정교함에 있어서 청 왕조 다른 황제들의 능침을 초월한다. 능침 전체의 건축은 신도비각에서 시작하여 북쪽으로 차례대로 동·서 조방(朝房), 융은문(隆恩門), 동·서 요로(燎爐), 동·서 배전(配殿), 융은전(隆恩殿), 능침문(陵寢門), 이주문(二柱門), 석오공(石五供), 월대(月臺)와 방성(方城), 명루(明樓), 월아성(月牙城), 보성(寶城), 보정(寶頂)으로 구성되었다. 능침 주위에는 붉은색 높은 담장을 둘렀는데 전체 길이가 5,600m에 이른다.

효릉 동남쪽에 있는 강희제의 경릉은 강희 20년(1681년)에 축조되

「건륭황제능」

었고 규모는 효릉 다음으로 크다. 효릉과 비교할 때 경릉은 그 배치가 좀 더 엄숙하고 축조 기술 수준도 높아졌다. 네 명의 황후와 한 명의 귀비가 합장되었다.

건륭제의 유릉은 효릉의 서쪽 승수욕(勝水峪)에 자리 잡고 있다. 건륭제는 즉위 후 그 아버지 옹정제를 따라 서릉에 능침을 축조할 계획이었으나 그렇게 하면 동릉이 쓸쓸하고 황량해 보일까 염려했다. 그는 동·서릉이 함께 흥성해야 한다는 생각에서 자신의 능침 자리를 동릉으로 바꾸었고 후손들도 이 방침을 따르도록 규정을 만들었다.

유릉의 규모는 경릉과 큰 차이가 없고 건륭 8년(1743년)에 축조공사를 시작하여 건륭 17년(1752년)에 주요 공사가 끝났다. 공사비로 은 203만 냥이 소비되었다. 능침 공사를 시작할 무렵에는 청 왕조의 전성기여서 천하의 좋은 재료를 사들이는데 돈을 아끼지 않았다. 목재는 사천, 광동, 광서. 운남, 귀주, 흥안령(興安嶺) 등지의 원시 산림지대에서 가져왔는데 귀한 목재로 치는 녹나무가 가장 많았다. 석재는 북경 방산(房山)과 계현(薊縣) 반산(盤山)의 채석장에서 가져왔다. 벽돌은 산동 임청(臨淸)과 강소의 전용 공장에서 만들었고 기와는 북경 서쪽의 유리창에서 날라 왔다. 유릉은 전체 규모가 크고 배치가 엄숙하며 사용한 재료가 우수하고 동원된 공예기법이 정교한 것으로 이름났지만 특히 지하 현궁(玄宮)의 건축 품격과 기술 수준이 뛰어난 것으로 유명하다.

유릉의 지하 현궁은 전통적인 아치형 건축방식을 채택하여 만들어졌다. 천정과 사면의 석벽에는 불교를 소재로 한 조각 작품이 빈틈없이 새겨져 있다. 유릉은 석조조각 예술의 보고이자 장엄한 지하 불당이다. 지하 현궁으로 들어가는 석문(石門)의 문루는 온전한 한 덩어리의 청백석을 쪼아서 만들었고 문루 위에는 월광석 반원형 안에 불상과 공작새 깃털을 조각하였다. 지하 현궁의 네 석문에는 보살 입상 8기가 조각되어 있다. 첫 번째 석문의 동쪽 문짝에는 지혜를 상징하는 문수보살(文殊菩薩)을, 서쪽 문짝에는 힘을 상징하는 대세지보살(大勢至菩薩)을 조각하였다. 두 번째 석문의 동쪽 문짝에는 자비를 상징하는 관세음보살(觀世音菩薩)을, 서쪽 문짝에는 희망을 상징하는 지장보살(地藏菩薩)을 조각하였다. 세 번째 석문의 동쪽 문짝에는 개장(蓋障)을 제거해주는 제개장보살(除蓋障菩薩)을, 서쪽 문짝에는 정덕허공(情德虛空)을 상징하는 허공장보살(虛空藏菩薩)을 조각하였다. 네 번째 석문의 동쪽 문짝에는 부귀를 상징하는 자씨보살(慈氏菩薩)을, 서쪽 문짝에는 대행(大行)을 상징하는 보현보살(普賢菩薩)을 조각하였다. 보살 입상의 높이는 약 1.5m, 두터운 부조 기법을 사용하였고 몸체는 풍만하며 자태는 자연스럽다. 머리에는 연화불관(蓮花佛冠)을 썼고 차림새는 매우 우아하다. 석문의 뒤쪽에는 모두 불교의 "팔보"가 조각되어 있다. 첫 번째 석문 안쪽의 궁륭(穹窿) 동·서 양쪽 벽에는 조각된 사천왕상이 위풍당당하게 궁문을 지키고 있다. 깊이 5m의 지하 현궁 본당의 양쪽에 거대한 "오욕공(五欲供)"이 조각되어 있고 5벌의 그릇 대좌 위에 다섯 송이의 연꽃이 솟아 있고 연꽃송이가 각기 거울, 비파, 도향(塗香), 과일, 천의(天衣)를 받쳐들고 있다. 현궁 본당 천정에는 자세가 각기 다른 24불이 줄을 지어 늘어선 모습을 조각하였고, 24불의 둘레에 법륜(法輪), 화주(火珠), 보저(寶杵), 연꽃을 장식하였다.

지하 현궁의 맨 안쪽인 주건축 금권(金券)에는 너비 12m의 애엽청석(艾葉青石)으로 만든 침상 위에 건륭제와 그의 두 황후, 세 귀비의 관이 놓여 있다. 금권의 원형 천정부에는 세 송이의 큰 연꽃이 조각되어 있고 연꽃의 중앙에는 범어(梵語)와 불상이 새겨져 있다. 연꽃 주위에는 산호와 화주가 무리지어 있다. 동·서 양쪽 벽에는 각기 불상 하나와 여러 형식의 팔보 도안이 조각되어 있다. 침상을 에워싼 난간에는 범어로 경문을 빈틈없이 음각하였다.

유릉의 지하 현궁은 건륭제가 편안하게 "극락세계"로 들어가도록 호위해주는 화려한 지하 불당이다. 건륭제 자신은 상상도 못했겠지만 불법은 그를 전혀 보호해주지 못했다. 죽은 지 백여 년이 지나 그는 관 밖으로 들려나와 머리와 몸통이 분리되었다.

유릉 서쪽의 평안욕(平安峪)은 함풍제의 정릉이다. 함풍제는 즉위 초에 능침 공사를 시작했는데 그가 죽었을 때에도 공사가 아직 끝나지 않았고 동치 4년(1865년)이 되어서야 완성되었다.

동릉의 황제릉 가운데서 규모가 가장 작은 것이 마지막으로 동릉에 묻힌 동치제의 혜릉이다. 이 능은 광서 원년(1875년) 4월에 공사를 시작하여 광서 3년에 완공되었다. 청 말기에는 국고는 비었고 시간도 급박하여 혜릉의 공사 내용이 빈약했다.

동릉의 100여 기에 이르는 황후와 비빈의 능침 가운데서 가장 유명한 것은 당연히 함풍제의 황후인 자안황태후 뉴후루씨(鈕祜祿氏)의 보상욕 정동릉과 자희태후 예흐나라씨의 보타욕 정동릉이다. 두 능침은 동치 12년(1873년)에 동시에 공사를 시작하여 광서 5년(1879년)에 완공되었다. 광서 7년에 자안황태후가 사망하자 곧바로 보상욕 정동릉에 장사지냈다. 그러나 자희태후는 자신을 위한 능침이 완공된 후에 맘에 들어 하지 않았다. 광서 21년(1895년)에 그는 시간이 많이 흘렀음으로 수리해야 한다는 핑계로 능침의 지상 건축을 철거하고 다시 짓게 하였다. 중수한 후의 융은전과 동·서 배전의 대들보와 창틀은 이름난 황화이목(黃花梨木)을 사용하였고 전각 안팎으로 도합 2,400마리의 천태만상의 금칠한 용을 그려 넣었다. 전각 안의 벽에는 꽃을 정교하게 조각한 벽돌 30장을 끼워 넣었다. 이 벽돌 둘레에는 만초(蔓草蓮花)와 구슬 무늬를 장식하였고, 무늬의 돌출부에는 모두 적금(赤金)을 칠하고 들어간 부분에는 황금을 칠해 휘황한 빛이 돋보이게 하였다. 자금성에서 황권의 위엄을 대표하는 태화전에도 금을 칠한 기둥은 6개뿐인데 자희태후의 능에는 금칠한 기둥이 64개였다. 금칠한 기둥 위에는 구리로 만들고 금으로 도금한 반 입체의 꿈틀거리는 용을 새겨 넣었다. 용의 머리 위에는 피리를 얹고 용의 수염이 그것을 연주하는 형상을 만들었다. 공기가 흐르면 용의 수염이 스스로 흔들렸다. 융은전 앞의 용봉 계단석은 기왕의 예를 벗어났다. 다른 능의 계단석에는 용이 위로 가고 봉황이 아래로 왔으나 이 계단석에는 봉황이 위로 가고 용이 아래에 있다. 중수한 후의 자희태후능은 지상 건축의 내부 장식과 조각공예에 있어서 청 왕조의 어떤 황제릉보다 뛰어났다.

「자희태후」

「손전영」

## 천지를 놀라게 한 도굴사건

자희태후가 화려한 관속에 누워 편안하게 잠든지 20년이 못되어 세상을 놀라게 한 동릉 대도굴 사건이 일어났다. 태후의 시신은 관 밖으로 팽개쳐졌고 그를 따라 관 속에 들어갔던 무수한 보물은 무장강도가 깨끗하게 쓸어갔다. 자희태후와 그의 조상들은 천하의 명당자리가 시신조차 편히 쉴 수 없는 몹쓸 땅이 될 줄은 꿈에도 생각지 못했을 것이다.

대도굴 사건은 1928년 7월 군벌 손전영이 저지른 것이었다.

능원 지역을 안전하게 보호하기 위해 능원 지역 주위에는 풍수설에 따라 40km에 이르는 장벽을 쳤고 풍수상 "전권(前圈)"과 "후룡(後龍)"에 해당하는 곳에 사는 백성들은 모두 능원 지역 밖으로 이주시켰다. 잘못하여 능원 지역으로 들어간 백성은 가벼운 경우 엄벌에 처했고 무거운 경우 현장에서 즉결처분 되었다. 동릉의 관리업무는 여러 기관에서 엄격하게 집행했다. 내무부는 일상 업무를 관리했고 예부(禮部)는 능침의 제사를 관리했으며 공부(工部)는 공사와 공사 자재 공급을 맡았고 병부(兵部)는 경비를 책임졌다. 최정예의 팔기 병사가 직접 각 능침을 지켰다. 청 말 광서 연간에 동릉에 주둔한 팔기 병력은 1,100여 명에 이르렀다. 이밖에도 마란욕에 주둔한 녹영병(綠營兵)이 능원 외곽 경비를 맡았는데 광서 9년에 녹영 병사의 수가 3,157명이었다.

신해혁명으로 청 왕조가 멸망한 후에도 민국 정부의 8가지 청 왕실 우대조건에 따라 동릉의 경비 인원과 기구는 그대로 유지되었다. 민국정부는 동릉 관리기구를 설치하고 팔기병 400명을 주둔시켜 동릉을 경비하게 했다. 1914년, 동릉을 지키는 병사들이 생계유지를 위해 토지를 개간했고 이때부터 능원 지역 안의 토지와 수목이 대량으로 파괴되기 시작했다. 1921년, 북양정부 직례(直隸) 성장 조예(曹銳)가 동릉개간국을 설치했다. 이때부터 동릉은 북양군벌의 수중에 들어갔고 파괴의 정도도 급격하게 늘어났다. 1924년, 봉천(奉天) 군벌의 군대가 대거 산해관을 넘어오면서 장종창(張宗昌) 부대가 동릉에 진입하고 약탈한 후 남하했다. 동릉 산림의 개간 사업은 이제 봉천군 장군 이경림(李景林)의 수중에 들어갔다. 1925년, 풍옥상의 국민군이 동릉을 장악했다. 1926년, 봉천군이 재차 산해관을 넘어왔고 동릉의 개간 사업도 다시 봉천군의 수중에 들어갔다. 1927년, 동릉 개간 사업이 청 왕실의 전임 마란욕 경비부대의 책임자에게 맡겨졌다. 1928년, 국민혁명군 북벌 부대가 북경에 진입하자 봉천군은 다시 산해관 밖으로 퇴각했다. 북벌군이 동릉을 접수했지만 동릉을 보호하기 위해서는 단 한 명의 병사도 파견하지 않았다. 군벌이 혼전을 벌이던 10년 동안에 동릉의 관리기구는 형체만 남았고 능원지역의 울창한 숲은 베어지고 팔려나갔다. 지난날 하늘을 가렸던 숲의 바다가 민둥산으로 변했다. 동릉의 지상 건축 또한 각 군벌의 부대가 약탈하고 훼손했다. 1928년 북벌군이 도착했을 때 동릉은 누구도 관심을 갖지 않는 진공상태에 놓여 있었다. 청 왕실이 임명한 호릉대신(護陵大臣) 육팽(毓彭)은 관리에는 관심이 없고 오히려 각 능 앞의 융은전 월대(月臺)에 설치된 정로(鼎

爐), 동학(銅鶴), 동록(銅鹿)을 떼어내 팔아서 자기 주머니를 채웠다. 현지의 토호들도 다투어 능원 지역으로 들어와 전각을 훼손하고 돈이 될 만한 것은 내다 팔았다. 그 중의 한 도굴범은 마침내 혜비(惠妃)의 능침을 파헤쳐 관을 열고 보물은 가져가고 시신은 팽개쳤다. 이 무렵 북경과 천진 지역에는 도망병이 떼를 지어 다녔고 동릉은 이들의 약탈 활동의 무대가 되었다.

1928년 5월과 6월 사이에 준화의 지방 비적 마복전(馬福田)이 동릉을 도굴할 계획을 세웠다. 마복전이란 인물은 원래 제법 큰 비적 무리를 거느리고 마란욕 일대에서 활약하고 있었는데 후에 봉천군에 편입되었다가 봉천군이 퇴각하자 다시 부하 4~5백 명을 이끌고 산으로 들어가 비적이 되었다. 그는 현지 주민들로부터 더 긁어낼 재물이 없어지자 동릉에 눈독을 들였다.

마복전 무리가 동릉의 지상 건축에서 돈 될 만한 것은 모조리 걷어간 후 황제와 황후의 능침을 도굴할지 말지 망설이고 있을 때에 손전영이 거느린 국민군이 비적 토벌의 명분을 내세워 당당하게 동릉에 진입했다.

손전영(1889~1947)은 하남성 영성현(永城縣)의 가난한 농민 집안에서 태어났다. 어릴 때에 천연두를 앓아서 사람들은 그를 "손 곰보"라고 불렀다. 그는 10대부터 지방 불량배가 되었고 노름방을 드나들며 기술을 익혀 주사위 던지기에서는 백발백중의 솜씨를 자랑했다. 그는 노름으로 벌어들인 큰돈을 이용해 각지의 불량배들과 관계를 맺었다. 그의 또 다른 돈벌이 수단은 아편밀매였다. 총을 들어야 권세를 얻을 수 있음을 깨달은 그는 하남 군벌의 군대에 들어갔다. 군대란 보호막이 생기자 그의 아편 밀매 사업은 날개를 얻은 호랑이가 되었다. 북으로는 대련에서 남으로는 영파와 상해까지, 서쪽으로는 섬서와 감숙 지방까지 그의 판매망이 뻗어나갔다. 그는 하남의 민간 종교 단체인 "상선묘도회(上仙廟道會)"에 가입하였고 단시일 내에 하남 동부와 서부 양파 묘도회의 우두머리가 되었다. 훗날 그가 군벌로서 입신하고 여러 번 쓰러졌다가 다시 일어설 수 있었던 데는 묘도회 경력이 중요한 역할을 했다. 그는 묘도회의 미신을 이용해 무리를 모으고 이들을 조종하여 자신의 병사로 만들었다. 그는 비정하고 악독했으며 군대에서 비적으로, 비적에서 다시 군대로 변신을 거듭했고 그때마다 계급이 올라갔다. 그는 약탈이나 부녀자 납치 등 그 어떤 악행도 가리지 않았다. "꿩 잡는 게 매"란 신조에 충실했던 그는 군벌 이쪽저쪽을 기웃거리며 깃발을 여러 차례 바꾸었다. 1926년, 군벌 장종창의 휘하에 들어간 그는 직례·산동 연합군 제25사단장에 임명되었다가 후에 다시 동북군벌 장작림(張作霖) 밑에 들어가 제14군 군단장에 임명되었다. 국민혁명군이 북상하면서 여러 군벌이 무너졌고 손전영은 1928년 봄에 하북으로 패주했다. 6월 29일에 그는 동릉과 인접한 하북성 계현까지 퇴각했다. 더 이상 달아날 곳이 없어진 그는 장개석(蔣介石)의 회유를 받아들여 그의 휘하에 들어가 국민혁명군 제12군 군단장이 되었다. 나라의 보물이 모인 청 왕실 동릉이 이제 불량배 군벌의 주둔지가 된 것이다.

손전영은 계현에 주둔하고 있을 때 마복전이 동릉을 도굴할 계획을 세우고 있다는 정보를 입수했다. 그는 부하 중에서 신임하는 사단장 담온강(譚溫江)의 부대를 동릉에서 멀지 않은 마신교(馬伸橋)로 이동시켰다. 담온강은 재빨리 동릉의 상황을 파악했다. 1928년 7월 1일 담온강은 손전영의 명령에 따라 부대를 보내 동릉으로 들어오는 요로를 봉쇄했다. 한편으로 그는 현지 경찰과 민단(民團)을 통해 마복전 무리의 동향을 파악하고 동릉에 대한 경비를 강화했다.

바로 그날 한밤중에 마복전이 부하들을 끌고 강희제의 경릉을 찾아왔다. 영은전 뒤쪽을 몇 자 정도 파내려가자 갑자기 땅속에서 누런 흙탕물이 분수처럼 솟아올랐다. 그는 할 수 없이 부하들을 이끌고 순치제의 효릉으로 옮겨갔다. 봉분을 세 자 정도 파내려 갔을 때 그는 효릉에는 부장품을 묻지 않았다는 전설을 떠올리고 다시 무리를 둘로 나누어 하나는 함풍제의 정릉으로, 다른 하나는 동치제의 혜릉으로 보냈다. 마복전이 여기저기 기웃거리고 있을 때 담온강의 부대가 달려와 그들을 포위했다. 양측은 산으로 둘러싸이고 여러 전각 건물이 우뚝 솟아있는 동릉에서 한바탕 격전을 벌였다. 마복전 무리는 점차로 힘이 달려 버티지 못하고 달아났고 일부는 포로가 되었다.

다음날, 손전영은 "비적을 막고 능원을 보호한다"는 핑계로 담온강 사단과 유월정(劉月亭)의 2개 여단 병력을 동릉에 진주시키고 계엄을 선포했다. 동릉으로 통하는 모든 길이 막혔고 동릉 내부의 어로(御路)와 신도(神道)도 통행금지시켰다. 능원지역 부근의 동구촌(東溝村)과 서구촌(西溝村), 대홍문 밖의 마란욕과 위자욕(葦子峪) 일대에는 "마을을 소개시키고 산림을 뒤져 남은 비적무리를 일망타진 할 것"이란 포고문이 나붙었다. 비적을 소탕한다는 "관군"의 행위는 비적 무리의 행위와 다를 바가 없었다. 그들은 마을에 들어와 재물을 탈취하고 부녀자를 농락했다.

당시 동릉 주위에는 다른 부대와 비적 무리가 활동하고 있었기 때문에 손전영은 "주머니 속의 보물"이 다른 사람의 손에 들어가지 않도록 즉각 행동을 시작했다. 그가 한 준비는 하찮은 비적 무리와는 비할 바가 아니었다. 그의 비서장 양낭선(梁朗先) 등이 도굴을 위한 사전 준비와 사후 수습책까지 마련했다. 그들은 청 왕실의 전임 동릉 경비 책임자와 공사에 참여한 기술자와 인부들까지 찾아가 지하 현궁의 입구를 알아냈고, 준화현에는 보물을 실어 나를 운송 수단을 준비시켰으며, 상부에 주둔지 변경까지 요청해두었다. 보물이 일단 손에 들어오면 부대는 동릉을 떠나고 도굴의 죄명은 비적이나 현지 주민들에게 뒤집어씌울 생각이었다.

동릉의 속사정을 알아내기 위해 양낭선은 북경으로 가서 오래 전부터 알고 지내던 하(何) 태감을 찾았다. 그는 하 태감을 통해 태감의 우두머리 이연영(李蓮英)의 조카 이성무(李成武)가 기록한 『애월헌필기-자희장보도기(愛月軒筆記-慈禧葬寶圖記)』를 손에 넣을 수 있었다. 이제 자희태후와 건륭제 능침의 보물 부장 상황이 대체적으로 밝혀졌다.

7월 8일 오후, 계현에 있는 손전영 부대의 본부에서 회의가 열렸다. 회의에서 각 부대의 도굴관련 임무가 결정되었다. 담온강 사단이 자희릉을, 시운승(柴雲昇) 사단이 건륭릉을, 정불정(丁紱庭) 사단이 강희릉을, 유월정 사단은 봉천군 잔여 병력을 섬멸하고 양명경(楊明卿)

「자희태후능 도굴 입구」

사단은 능원 지역의 경계를, 전손자유(顓孫子瑜)의 공병 연대는 도굴 지원을 맡기로 했다.

그날 밤, 각 부대는 마신교의 담온강 부대 주둔지에 집결했다. 손전영의 명령에 따라 몇 개 부대가 칠흑 같은 어둠을 타고 살기등등하게 능원 지역으로 진입했다.

이때 동릉 지역은 엄격하게 봉쇄되어 있었고 비적을 토벌하고 동릉을 보호한다는 명목으로 주위 30리 안에는 사람의 통행을 금지시켰다. 능원 지역 사방에는 기관총 중대와 박격포 중대가 교대로 경계했고 계곡과 숲에는 초소를 촘촘하게 세웠다. 기마대가 끊임없이 순찰을 돌았고 3개 연대의 보병이 수시로 총소리를 내어 시위했다.

전대미문의 도굴 작전은 이렇게 시작되었다.

담온강 사단장은 보물이 가장 많이 부장되었다고 알려진 자희태후 능을 도굴하는 영광스러운 임무를 맡았다. 그는 청 왕실의 전임 호릉대신 소필탈림(蘇必脫林)을 납치해왔다. 늙은 대신은 살해 위협에 굴복하여 마침내 자희릉 현궁으로 들어가는 입구를 알려주었다. 그가 가르쳐 준 대로 수십 명의 병사가 명루(明樓) 근처 유리 조벽(照壁) 아래를 파헤치기 시작했다. 병사들은 지치면 교대로 밤새 땅을 팠다. 새벽녘에 유리 조벽 아래에 직경 수 미터의 커다란 구덩이가 생겼다. 계속 파내려가자 견고한 청석 벽돌로 쌓아올린 벽에 가로막혔다. 이 벽이 바로 지하 현궁을 막아주고 있는 금강장(金剛墻)이었다. 금강장은 삽이나 괭이로는 꿈쩍하지 않았다. 담온강은 공병 연대를 불렀다.

전손자유의 공병대가 금강장에 작은 구멍을 뚫고 폭약을 심었다. 거대한 폭발음과 함께 유리벽 아래로부터 부서진 돌조각이 날아 올랐다. 금강장이 뚫리고 시커먼 동굴 입구가 나타났고 자희릉 지하 현궁으로 들어가는 길이 마침내 뚫렸다.

공병 대장 전손자유가 직접 수십 명의 병사를 이끌고 캄캄하고 음산한 지하 현궁 안으로 기어들어 갔다. 현궁으로 들어가는 입구는 아래로 기울어진 수십 미터의 경사로였다. 이 길은 능침 공사를 할 때 관이 미끄러져 내려가도록 만든 용도(甬道) 부분이었다. 열몇 명이 어둠 속에서 손전등과 총을 들고 조심스럽게 미끄러져 내려갔다. 힘들여 끝 부분에 이르렀을 때 거대한 한백옥석(漢白玉石)으로 만든 문이 앞을 가로막았다. 희미한 손전등 불빛을 받아 문짝에 새겨진 무서운 형상의 짐승 머리 상이 보일 듯 말듯 모습을 드러냈다.

전손자유는 부하들에게 힘을 합해 문을 밀라고 명령했다. 석문은 꿈적도 하지 않았고 삽과 괭이도 도움이 되지 않았다. 나중에 밝혀졌지만 석문 뒤쪽에는 거대한 바위가 받치고 있었다. 이 바위는 "자래석(自來石)"이라 부르며 장방형으로서 아래 부분과 윗부분이 사전에 파놓은 홈에 끼워져 문을 뒤쪽에서 받쳐주었다. 지하 현궁을 폐쇄할 당시에 석문에 비교적 큰 틈을 남겨 놓아 문 밖에 있는 사람이 쇠로 만든 "?" 모양의 열쇠를 이용하여, 사전에 파놓은 홈 위에 직립 상태로 세워진 바위를 천천히 끌어당겨 석문이 닫힐 때 비스듬한 자세로 받치게 만들었다.

전손자유는 목봉으로 석문에 충격을 가하는 방법을 생각해냈다. 병사들은 지하 현궁 입구를 다시 기어 올라와 능침 뒤쪽 산에서 소나무를 잘라 약 1장 5척 길이의 목봉을 만들었다. 전손자유의 구령에 맞추어 40여 명의 건장한 병사들이 소나무 기둥을 들고 석문을 향해 돌진했다. "탕, 탕, 탕" 세 번을 부딪치자 천근 무게의 "자래석"이 몇 조각으로 갈라지고 석문이 활짝 열렸다.

그들은 같은 방법으로 두 번째 한백옥석 문을 열었다. 두 번째 석문이 열리자 소름끼치는 찬바람이 몰려나왔다. 손전등을 비추자 몽롱한 안개 기운 속에 보일 듯 말 듯 거대한 검은 물체가 드러났다. 자희태후의 관이었다.

시간은 7월 9일 밤이었다. 담온강은 자희태후의 관을 찾아냈다는 보고를 받자 전손자유와 부관에게 20여 명의 병사를 데리고 가 관을 열고 보물을 꺼내라고 명령했다.

밝은 등불 아래서 자희태후의 관은 금빛을 내뿜으며 당당한 자태를 보였다. 관은 유명한 금사남목(金絲楠木)으로 만들었고 시신을 관 속에 안치한 후에도 관의 바깥을 금칠로 덮었다. 금칠 한 위에는 라마 승려가 티베트어로 사대천왕 경문을 적었다. 관의 안쪽에는 붉은 칠을 하고 금을 바른 내관(內棺)을 앉혔다. 내관에도 티베트어로 사대천왕 경문을 적었다. 관 두껑 위에도 아홉 부처와 봉황모란문, 해수강애문(海水江崖紋) 등 도안을 새겼다. 부처와 신령의 보호를 기원하는 도안과 경문을 새기는 것이 청 왕실의 독특한 관습이었지만 무장 강도들 앞에서 부처나 신령은 아무 것도 보호해주지 않았다.

칼과 도끼가 순식간에 금빛 찬란한 관을 쪼갰다. 병사들은 외관(外棺)을 해체하고 붉은 칠을 한 내관을 들어냈다. 내관 안의 보물이 칼과 도끼의 충격에 상하지 않도록 전손자유는 병사들을 각별히 단속했다. 관 두껑 아래에 날카로운 도끼를 이용해 장방형의 틈을 내고 틈새에 괭이를 밀어 넣고 눌러 틈을 넓혔다. 다시 날카로운 도끼를 밀어 넣고 눌러 관 두껑을 열었다. 관 속의 시신과 보물은 얇은 "칠성판"으로 덮여 있었다. 칠성판을 들어내자 부드럽고 밝은 빛을 내는 구슬을 꿰어 만든 이불이 드러났다. 구슬 이불을 걷어내자 온갖 색깔의 보석이 등불 아래서 빛을 발했다. 보석이 반사하는 빛은 지하 현궁까지 밝혀주었다.

관 안에는 화려한 수의를 입고 봉황관을 쓴 자희태후가 온갖 빛을 발하는 진기한 보석 속에 조용히 누워 있었다. 자희태후는 잠자는 듯 가볍게 눈을 감았고 얼굴은 생전의 모습과 같았다. 시신은 신선한 공기에 노출되자 순식간에 수축하고 뭉개지기 시작했다. 자희태후의 얼굴색은 붉은색에서 흰색으로, 다시 흰색에서 검은색으로 변했고 두 손은 맹렬하게 수축하면서 위로 들려지고 두 줄의 치아가 노출되었다.

"시체가 일어섰다!" 긴장한 병사가 큰 소리로 외치자 모두들 놀라 밖으로 뛰어나갔다.

"빨리 관을 닫아!" 전손자유가 소리치자 병사들이 돌아와 관 두껑을 닫고 칼과 도끼로 눌러 놓았다. 한참이 지난 후 관 내부에서 아무런 움직임이 없자 전손자유가 직접 보물을 꺼냈다. 자희태후의 시신은 지하 현궁 한 쪽 구석의 관 두껑 위에 팽개쳐졌다.

눈부신 보물이 하나씩 모습을 드러냈다. 거기에는 금 나한, 비취 말, 산호 나뭇가지, 옥 연뿌리, 비취 배추, 보석 수박, 자옥 포도, 홍보석 대추, 황보석 자두 등이 있었다.

손전영은 지하 현궁이 열렸다는 보고를 받고서 융은전에서 밤을 새우며 기다렸다. 심복이 기다리고 있는 그에게 두 상자의 진기한 보물을 가져왔다.

양낭선이 주의를 환기시켜 병사들은 자희태후의 관 바닥 아래에 있는 "금정(金井)"에서 값을 매길 수 없는 보배라는 평가를 받았던 18알 진주 팔찌와 금팔찌, 옥패(玉佩), 옥여의(玉如意), 금 주전자, 금 쟁반, 염주, 금 불상, 옥 불상 등 중요 보석을 끄집어냈다. 이것만 해도 한 상자를 가득 채울 수 있었다.

손전영은 흥이 올라 양낭선과 담온강을 대동하여 지하 현궁으로 들어갔다. 그곳에서는 병사들이 혹시 흘린 보석이 있을까 하여 사방을 뒤지고 있었다. 자희태후의 시체를 살펴보던 중 시체의 입 속에서 녹색 빛을 내뿜는 야명주(野明珠)를 발견했다. 전설에 따르면 야명주는 서늘한 기운을 내뿜기 때문에 더위를 막을 수 있고 죽은 자의 입속에 이 구슬을 넣어주면 시체가 상하지 않고 살아있을 때와 마찬가지의 상태를 유지한다고 하였다. 야명주를 꺼내기 위해 자희태후의 입을 찢었다. 야명주는 크기가 달걀만 하고 둘로 나누어 졌는데 합치면 둥근 모양이 되면서 내뿜는 녹색의 차가운 빛이 밤중에 백보 밖에서 사람의 머리카락을 구별할 수 있을 만큼 밝다고 하였다.

손전영은 야명주를 손에 들고 거듭 중얼거렸다. "절세의 보물이로세, 절세의 보물…" 마음이 흡족해진 손전영은 병사들에게 지하 현궁에 들어가 남은 보물을 주울 수 있도록 20분의 시간을 허락했다. 그가 지하 현궁을 나가자마자 뒤쪽에서 "탕탕탕탕" 총소리가 났다. 병사들 간에 서로 먼저 주우려는 다툼이 총격전으로 번진 것이다. 손전영이 기관총을 들고 지하 현궁 안으로 쏘아대자 안쪽의 총성이 멈추었다. 자희태후의 용포는 찢겼고 봉황관은 납작해졌으며 바지와 저고리에 달려 있던 보석과 패물은 남김없이 뜯겨나갔다.

손전영은 떠나기 전에 사람을 보내 지하 현궁을 정리했다. 총격전으로 숨진 병사 둘의 시체와 부상당한 병사 셋을 옮기고 버려진 괭이와 삽, 도끼 등을 깨끗이 정리하고 지하 현궁으로 들어가는 입구는 자갈과 흙으로 매웠다.

자희태후의 능침이 도굴되고 있던 시각에 시운승 부대도 건륭제의 유릉을 도굴하고 있었다. 7월 9일 한밤중, 자희태후의 능침을 도굴한 방법을 따라서 그들은 명루 앞의 유리벽 아래에 4장 깊이로 파내려가 금강장을 만났다. 거기서부터 다시 1장을 더 파내려가자 2평방척가량 넓이의 입구가 나타났다. 여단장 한대보(韓大保)가 신임하는 병사 둘을 시켜 들어가 아래를 살펴보게 하였더니 뜻밖에도 지하 현궁에는 4~5척 깊이로 지하수가 가득차 있었다. 두 병사는 경사진 용도를 따라 내려가다가 두텁게 낀 이끼에 미끄러져 현궁 깊은 곳의 오수 속에 빠지고 말았다. 두 사람은 한편으로는 "살려 달라"고 고함치면서 한편으로는 동굴 입구 쪽으로 권총을 쏘아 신호를 보냈다. 동굴 밖에 있던 한대보 등은 동굴 안의 사정을 알 수가 없어 발만 구르는 사이에 두 병사는 물에 빠져 죽고 말았다. 한대보는 현궁 입구를 폭파하라는 명령을 내렸다. 입구가 넓혀진 후 다시 사람을 내려보내 내부를 살펴본 후 비로소 사정을 알 수 있었다. 한대보는 시운승과 손전영에게 밤을 새워서라도 천진으로 사람을 보내 소방용 양수기를 사와야 한다고 보고했다.

가장 운이 나빴던 부대는 정불정 사단이었다. 그들은 강희제의 경릉을 맡았는데 지상에서 3척 정도만 파내려 가면 어디서든 지하수가 솟아올랐다. 손전영은 그에게 경릉을 포기하고 시운승과 합류하여 건륭제의 유릉을 함께 파라고 명령했다.

날이 밝은 후 양수기가 도착했고 현궁의 물을 반 넘게 퍼냈다. 한

대보는 나무 기둥을 든 40여 명의 병사를 이끌고 현궁으로 내려가 세 곳의 석문을 무너뜨려 열었다. 마지막 석문은 아무리해도 열리지 않아 폭파할 수밖에 없었다. 폭발음과 함께 석문이 무너지자 문 아래에는 관 3개가 깔려 있었다. 지하수에 잠겨 떠돌아다니던 관이 물이 빠져나가면서 물의 흐름을 따라 석문 뒤쪽으로 흘러왔다가 깔려버린 것이다.

유릉의 지하 현궁에는 건륭제의 시체 이외에 효현황후(孝顯皇后), 효의순황후(孝儀純皇后), 혜현황귀비(慧賢皇貴妃), 철민황귀비(哲憫皇貴妃), 숙가황귀비(淑嘉皇貴妃) 등 5명의 후비의 시신이 안치되어 있었다. 황제와 황후의 관 안쪽에는 범어 다라니경을 5색 금실을 넣어짠 비단 5필과 여러 모양의 금룡(金龍)을 짜 넣은 채색 비단 8필, 도합 13겹의 비단이 덮여 있었다.

풍류를 즐겼던 건륭제는 생전에 시 읊기를 좋아했고 그의 필적은 전국에 널리 퍼져 있었다. 그는 이름난 서화첩과 진기한 골동품을 널리 수집했는데 죽은 후에는 수집품의 대부분을 무덤으로 가지고 갔다. 앞에서 언급한 융은전 진설품은 그 중의 일부에 지나지 않았다. 무덤 속에 얼마나 많은 보물이 부장되었는지는 현재 기록이 남아있지 않아 짐작하기 어렵지만 그가 관 속에 들어갈 때 입었던 의복만 보아도 감탄을 금할 수 없다.

한대보는 병사들을 이끌고 지하 현궁으로 들어가 석문에 깔렸던 3개의 관 뚜껑을 날카로운 도끼를 이용해 부수고 관 속에 든 시신과 부장품을 함께 끄집어냈다. 침상에 놓여있던 비빈 세 사람의 관도 뚜껑을 부수고 시신을 끄집어내 머리에 쓴 관과 몸에 걸친 의복을 모조

「건륭 황제능 지궁(地宮)」

「건륭황제능 지궁 석문」

리 벗겨냈다. 병사들이 달려들어 상·주 시대의 동정(銅鼎), 송 시대의 자기, 금과 옥으로 만든 불상, 옥과 상아, 산호로 만든 문구와 노리개를 깨끗이 쓸어 담았다. 건륭제가 평생 동안 애착을 갖고 모았던 희귀한 서화첩, 고서와 부채는 불학무식한 병사들이 썩은 종이라 생각하여 발로 밟아 뭉개거나 흙탕물 속에 던져 넣었다.

손전영이 가장 만족스러워 한 노획물은 만고에 이름이 더 높은 막사검(莫邪劍)이었다. 전설에 따르면, 춘추시대에 오(吳) 왕 합려(闔閭)가 민간의 저명한 대장장이 간장(干將)에게 검을 만들라고 명령했다. 간장의 처 막사가 용광로에 몸을 던져서 간장이 세상에 보기 힘든 보검 두 자루를 만들 수 있게 되었다고 한다. 웅검(雄劍)은 간장, 자검(雌劍)은 막사라고 불렀다.

병사들은 세 시간 만에 보물을 모조리 약탈한 후 현궁을 떠났다.

7월 10일 밤, 마신교의 임시 막사에서 손전영은 도굴한 보물을 점검하고 고위 지휘관들에게 나눠 준 후 부대를 그날 밤 안으로 순의(順義)와 회유(懷柔) 일대로 이동시켰다. 3일 밤낮으로 계속된 역사상 유례없는 문물 약탈 작전은 이렇게 막을 내렸다.

## 보물의 향방

손전영의 부대가 떠나자 곧이어 동릉 부근에 은신하고 있던 비적과 각종 도망병 무리가 몰려와 자희태후와 건륭제의 능을 다시 파헤쳤다. 현지 주민들도 무리를 지어 몰려와 갈퀴로 흙탕 속을 긁어내 광주리에 담았다. 광주리에는 건륭제와 후비들의 뼈와 자잘한 보석 조각들이 진흙에 섞여 담겼다. 주민들은 능원 지역 밖의 개울에서 광주리를 물속에 담가 흔들어 부스러기 보석들만 골라내고 뼈 조각은 개울물에 흘려보냈다.

비적무리가 동치제의 혜비 능침을 파헤쳤다. 혜비의 얼굴은 산 사람처럼 생생했지만 비적들은 시신의 옷을 모조리 벗겨냈다. 나체가 된 시신은 지하 현궁의 석판 위에 팽개쳐졌고 관은 조각조각 쪼개지고 부장품은 남김없이 사라졌다.

동릉이 약탈당한 후 얼마 동안은 관부에 보고한 사람이 아무도 없었다. 북경에 거주하던 청 왕조의 전 도통(都統) 형량생(衡良生)과 청 종실 부근(溥伒)이 상황을 알게 되어 종실의 재영(載瀛) 등에게 알렸다. 재영, 재택(載澤), 부근, 진보희 등은 북경위술사령부에 도굴 사실을 알리고 범인 색출을 간곡히 부탁하는 한편 천진 조계 안에 머물고 있던 폐위된 황제 부의에게도 알렸다.

북경·천진 지역 위술사령관 염석산(閻錫山)은 보고를 받자 즉시 1개 대대 병력을 동릉으로 보내 경비하게 하고 헌병 부대에 명해 북경과 천진 일대의 요로를 봉쇄하게 하였다. 전국 경찰국과 세관에도 통지하여 의심 가는 인물과 물건을 조사하게 하였다. 북경과 천진의 보석상, 전당포와 은행에 사복 경찰과 정보원이 깔렸다.

8월 2일, 천진의 장원에서 보고를 받은 부의는 그 자리에서 기절했다. 청 왕실의 옛 신하들이 장원으로 달려와 "어전회의"를 열었다. 회의에서는 청 왕실과 옛 신하들의 이름으로 국민정부에 범인의 색출을 요구하고 전국의 옛 신하들에게 통지하여 동릉을 수리할 자금을 모금하기로 결정되었다. 기수(耆壽), 보서신(寶瑞臣), 진이중(陳詒重), 서용생(徐榕生) 등 옛 신하들이 현장 수습을 위해 동릉으로 갔다.

바로 이 무렵, 담온강은 손전영의 지시에 따라 도굴한 보물 중 일부를 가지고 천진과 낭방(廊坊)에서 시험적인 판매를 했고 그 후 북경으로 숨어들어 유리창의 골동품 상인 황백(黃百)을 만나 상담을 벌이다 경찰의 정보망에 걸려들었다.

담온강이 체포되자 크게 놀란 손전영은 양낭선을 북경으로 보내 직속 상사인 제6군단 총지휘 서원천(徐源泉)에게 도굴한 보물의 일부와 현금을 바치고 담온강의 보석을 위해 나서달라고 청탁했고 사건 조사를 맡은 국민당 정부 관계자와 북경·천진지역 위술사령부 고위 간부들에게도 큰 선물을 보냈다. 손전영의 뇌물은 효과가 있어서 염석산은 서원천의 보증이 있다는 명분으로 담온강의 석방을 명령했다.

8월 4일, 청도(靑島) 경찰청이 뜻밖에도 손전영의 당번병 장기후(張岐厚) 등 3명을 체포하고 그들이 갖고 있던 도굴한 진주 36알을 압수했다. 그들의 진술에 의하면, 자희태후의 능이 도굴된 후 날이 밝자 병사 몇 명이 지하 현궁으로 들어가 흘린 진주를 찾아 챙기고는 탈영했다.

동릉 도굴사건이 점차로 신문지상에 알려지자 전국적으로 엄청난 반향이 일어났다. 청 왕실과 옛 신하들이 염석산에게 여러 차례 전보를 보냈고 북경문화임시유지회, 중화전국상연회(商聯會), 중화동방학회 등이 동릉 도굴사건을 엄중하게 처리할 것을 요구하는 전보를 잇달아

보냈다. 각지의 신문과 잡지도 가세하여 사건의 내용을 보도하였다. 동릉 도굴사건은 당시에 전국적인 관심을 끌어모은 중대 사건이 되었다. 국외 신문들도 가만히 있지 않았다. 일본의 한 신문은 다음과 같은 지독한 평론을 실었다. "민국 정부가 청 왕실을 이처럼 대우한다면 중화민국이란 실제로 비적 단체에 불과할 뿐 국가라고 부를 수 없다."

들끓는 국내외의 여론을 잠재우고 사건을 신속하게 처리하기 위해 국민정부, 하북성 정부, 청 왕실이 각자 사람을 동릉으로 파견하여 상황 조사와 사후 처리에 나섰다. 이제 동릉 도굴 사건의 전모가 세상에 드러나게 되었다. 그 중에서 청 왕실 측 인원들이 남긴 보고서와 일기가 가장 상세하게 진상을 알려주고 있다.

1928년 8월 19일, 청 왕실 인원들이 동릉에 도착했다. 소서릉, 건륭제의 유릉, 자희태후의 정동릉을 둘러본 그들은 능원 지역의 그토록 울창하던 소나무와 잣나무 숲이 베어져 거의 사라졌고 비각과 석상은 부서져 절단되었음을 알게 되었다. 유릉과 정동릉 향전(饗殿)의 훼손이 특히 심해서 문틀과 금속 장식은 거의 남지 않았고, 지하 현궁으로 들어가는 입구는 벽돌과 흙으로 막은 후에 큰 바위를 올려놓았는데 그 틈으로 빗물이 흘러들어가 현궁은 물바다가 되었다. 그들은 은화 8위안을 주고 자희태후의 수의 두루마기와 건륭제의 능에서 나온 뼈 네 토막을 회수할 수 있었다.

그 후 며칠 동안 청 왕실 인원들은 건륭제와 자희태후의 능을 수습했다. 자희태후의 관은 지하 현궁 돌 침상에 비스듬히 걸쳐 있었고 태후의 시신은 현궁 서북쪽 구석에 팽개쳐진 관 뚜껑 위에 놓여 있었다. 시신은 얼굴을 아래로 향한 채 두 손은 등 뒤로 꺾여 있었고 머리카락이 풀어 헤쳐졌으며 상의는 완전히 벗겨지고 하의는 바지와 버선만 남아 있었다. 시신을 돌려서 반듯이 눕히자 전신에 곰팡이가 흰색 꽃처럼 피어 있었고 입 가장자리는 찢겨 있었다. 왕실 인원들은 태후의 시신을 누런 비단 이불에 싸서 부서진 관 안에 뉘었다.

건륭제의 유릉 지하 현궁에는 빗물이 가득차 있어서 양수기를 동원해 물을 빼내야 했다. 물을 빼내자 드러난 상황은 태후 능이나 마찬가지로 참혹했다. 네 번째의 한백옥석 문은 왼쪽 문짝은 비스듬히 매달려 있었고 오른쪽 문짝은 폭파되어 바닥에 파편이 흩어져 있었다. 관 하나가 파편 위에 놓여 있었다. 부서진 관 조각이 현궁 여기저기에 널려 있었고 시신을 덮었던 이불은 쓰레기처럼 쌓여 있었다. 해골은 흙탕물 속에 사방으로 흩어져 있어서 누가 황제이고 황후인지, 누가 비빈인지 분간할 수가 없었다. 진흙탕 속에서 두개골 4개와 다수의 늑골, 효의황후의 완전한 유해를 찾아냈다. 관 하나에서 두개골 하나를 찾아냈는데 건륭황제의 것으로 밝혀졌다. 청 왕실 인원들은 황제, 황후, 비빈의 두개골 다섯 개와 사방에 흩어진 늑골과 대퇴골을 관 하나에 함께 담을 수밖에 없었다. 관 안에는 황룡단(黃龍緞) 이불 세 겹과 요 다섯 겹을 덮고 그 위에 곤룡포 한 벌을 올려놓았다. 이 관을 가운데에 두고 서쪽에는 효의황후의 온전한 유해를 담은 관을, 동쪽에는 나머지 옷을 담은 관을 안치했다. 건륭제와 그의 다섯 황후와 비빈은 이렇게 초라하게 다시 묻혔다.

약탈되고 남은 부장품은 겨우 몇 건밖에 되지 않았다. 건륭제의 능에서는 금장식 하나를 수습하여 다시 관 안에 넣었다. 자희태후의 부장품은 그래도 몇 가지가 남아 있어서 단향목으로 만든 "향보(香寶)"(印), "향책(香冊)", "불(佛)" 자를 수놓은 용포, "복(福)" 자를 수놓은 상의, 평금단수(平金團壽) 홑저고리, 황단퇴능수하화(黃緞堆綾繡荷花) 베개, 포융채수하화(鋪絨彩繡荷花) 요 등을 수습할 수 있었다. 그 중 가장 값나가는 물건은 금실 다라니경(陀羅尼經) 이불이었다. 가로 280cm, 세로 274cm인 다라니경 이불은 명황단(明黃緞) 바탕에 금실을 꼬아 한자 다라니경을 짜 넣었고 꽃무늬가 정교하며 부처와 연꽃 둘레에 복(福) 자와 수(壽) 자를 빈틈없이 늘어놓았다. 이불의 중심에는 『금강경』 문구를 탑 모양으로 짜 넣었고, 『마하반야바라밀다심경』과 『관세음경』도 짜 넣었다. 경전 내용의 전문이 들어갔다거나, 이불의 크기와 세공의 정교함, 도안의 아름다움에 있어서 이 작품은 유례를 찾기가 어려운 것이었다. 이불 위에는 원래 백은으로 16만 냥 어치의 진주 820알이 달려 있었으나 아쉽게도 하나도 남김없이 도굴범들이 뜯어갔다. 청대 다라니경은 밀종 불교의 신성한 경전으로 여겨져 오직 황제와 일부 왕공 귀족만 차용할 수 있었다. 다라니경은 "불가사의한 공덕"을 갖고 있어서 그것이 새겨진 이불을 덮으면 고난을 초탈하여 빨리 "극락세계"로 들어갈 수 있다고 믿었다.

동릉의 복장(復葬)이 끝난 후 범인을 엄벌에 처하라는 여론이 다시 끓어올랐다. 청 왕실은 북경시 법원에 담온강 등을 범인으로 지목하여 고소하면서 동릉 도굴 사건의 실상을 낱낱이 열거하고 증거로서 손전영의 부하 장군 시운승의 명함을 제시했다. 북경, 천진, 하북, 산동 등지에서 동릉 도굴 보물을 소지하고 있는 사람들을 체포했다는 소식이 잇달아 전해졌다. 천진에서는 도굴에 참여한 혐의를 받고 있던 양진국(楊震國) 등 여러 명이 체포되었다.

여론의 추이를 살피고 있던 염석산은 한편으로는 국민 정부에 수사를 명령하면서 한편으로는 특별군사법정을 설치했다. 1928년 12월 중순에 특별법정은 동릉 도굴사건의 조사를 선언하고서도 몇 달이 지나도록 아무런 움직임을 보여주지 않았다. 손전영의 뇌물작전이 주효한 탓이었다.

측근들과 상의한 손전영은 곤경을 벗어나기 위해서는 아깝지만 보물을 일부 내놓기로 결심했다. 그는 도굴한 보물 가운데서 최상품 몇 가지를 골라 정부의 고관들에게 보냈다. 심부름을 맡은 양낭선 등이 보정(保定)으로 특별법정 심판장과 하북성 주석 상진(商震)을 찾아가 청피백자황양(靑皮白籽黃瓤) 비취 참외를 선물했고 상진은 관심을 갖겠다고 답했다. 그 후 양낭선 등은 북경으로 돌아가 북경시장 장음오(張蔭梧), 위술사령부 총참모장 주수광(朱綬光) 등에게도 선물을 내놓았고 사람들은 "웃으며 받았다."

손전영은 다시 풍양전(馮養田)을 태원(太原)으로 보내 북방의 정무를 관장하던 염석산을 만나게 했다. 노회한 염석산은 자희태후 능에서 나온 비취 복숭아 등 보물을 받고는 전 북양군벌 장종창 부대의 잔당을 소탕한다는 명분을 내세워 손전영 부대를 산동으로 이동시켜 도굴 책임을 벗겨주었다.

이어서 풍양전은 남경으로 공상희(孔祥熙)와 송애령(宋靄齡)을 찾아갔다. 공·송 부부는 자희태후 능에서 나온 비취 배추를 보자 기쁨을 감추지 못했다. 풍양전은 기회를 놓치지 않고 건륭제의 능에서 나온 막사검과 자희태후의 입속에서 빼내온 야명주와 진주 한 주머니를 내놓으면서 장개석 부부에게 전해달라고 부탁했다. 이 밖에 국민당정부의 고관 하응흠(何應欽) 등에게도 약간의 보물이 전달되었다.

손전영은 12군단을 이끌고 산동으로 옮겼다. 장종창 잔당에 대한 토벌 작전을 성공적으로 끝낸 손전영은 하북성 대명(大名)의 진수사(鎭守使)에 임명되어 나름대로 지반을 갖게 되었다.

손전영은 보물을 처분하기 위해 심복인 군수처장 이덕록(李德祿)을 시켜 다섯 상자의 보물을 상해에서 비밀리에 팔려고 했다. 이덕록은 상해 암흑가의 실력자 황금영(黃金榮)과 두월생(杜月笙)에게 속아 세 상자를 황금영에게 뺏기고 두 상자는 처분하지 못한 채 갖고 돌아왔다. 손전영은 남은 두 상자의 보물은 의형제를 맺은 염석산 휘하의 여단장 전해천(田海泉)에게 보관을 부탁했다. 그런데 이 전해천이란 인물이 맡긴 물건을 잃어버렸다고 둘러대고는 자신이 삼켜버렸다.

온갖 지혜를 짜내고 힘든 노력 끝에 손에 넣은 보물을 뇌물로 소비한 게 아니라 속임수에 걸려 빼앗긴 손전영은 화가 치밀어 올라 남은 보물을 천진과 청도의 조계로 옮겨 비밀리에 처분하고 거액의 달러와 금괴로 바꾸었다. 그는 이 돈을 이용해 무기를 사들여 자신의 군사력을 확대하는데 사용했다.

1929년 4월 20일, 각계의 호소와 여론의 압력 때문에 특별법정이 예심을 시작했다. 압수된 주요 장물은 공심탁(空心鐸)(팔찌) 한 쌍, 팔보석탁(八寶石鐸) 한 쌍, 산호금탁(珊瑚金鐸) 한 쌍, 진주로 만든 꽃 4송이, 옥 허리띠, 패옥 2알, 쌍옥 허리띠 1개, 그리고 진주와 보석 몇 주머니였다. 장물은 고궁박물관의 고고전문가 마형(馬衡)과 북경의 골동품상연합회에서 나온 전문가가 공동으로 감정하였다. 6월 15일, 특별법정은 심리보고서를 남경으로 보내고 중앙군 정부의 처리를 기다렸다. 그동안에 사건 관련 장교 담온강, 대명덕(戴明德), 파건공(巴建功), 장기후는 북경 위술사령부 구치소에 구금되었다.

그 후 얼마 지나지 않아 폭발한 중원대전(中原大戰)은 동릉 도굴범들에게는 법망을 빠져나가 활개칠 수 있는 좋은 기회였다. 1930년 4월, 장개석과 풍옥상·염석산 연합군 사이에 대군을 동원한 중원대전이 시작되었다. 손전영은 풍·염 연합군 측의 유인을 받아들여 "장개석 토벌 제5로군 총지휘"에 임명되었다. 그는 이 기회를 이용하여 염석산에게 "오인 체포된" 부하 장수 담온강을 석방해달라고 요청했다. 중원대전은 나중에 장학량이 산해관을 넘어와 장개석 편에 서면서 풍·염 연합군의 패배로 끝났다. 손전영 부대는 산서로 퇴각했다가 중앙국민혁명군 제41군단으로 개편되어 다시 한 번 중앙군으로 변신했다.

손전영은 산서와 하북 일대에서 항일 전쟁에 참가했다. 1943년, 손전영 부대는 일본군의 포위를 뚫지 못하고 항복하여 일본군의 앞잡이가 되었다. 항일 전쟁 승리 후에 그는 다시 국민군에 편입되었다. 1947년 탕음전투(湯陰戰鬪)에서 손전영은 인민해방군의 포로가 되었고, 1947년 10월에 울화병으로 사망했다.

동릉 도굴사건은 부의와 그의 소조정에 큰 충격을 주었다. 부의는 일본에 의탁했다가 만주로 탈출하여 일본이 세운 허수아비 정권 만주국의 황제가 되었다. 부의의 변신 과정에는 매우 복잡한 원인이 작용했겠지만 동릉 도굴사건과 이 사건을 처리하는 국민당 정부의 소극적 자세 또는 범인을 비호하는 태도가 큰 영향을 미쳤음은 의심의 여지가 없을 것이다.

동릉 도굴사건에서 나온 대량의 보물은 대체로 다음과 같은 경로를 거쳐 흩어졌다. 첫째, 국민당 정부가 압수한 장물과 국민당 정부의 고관들이 받은 것들은 대만으로 갔다. 둘째, 시장을 통해 상당량이 민간 혹은 국외로 흩어졌다. 셋째, 손전영이 군자금을 조달하기 위해 조계에서 보물을 팔아치울 때 대량의 보물이 국외로 흘러나갔다.

만주국이 성립된 후 1933년부터 "만주국" 병사와 일본 헌병대가 동릉에 진주했다. 항일 전쟁 승리 후에 시국이 혼란해지자 현지의 비적과 불량배들이 동릉 지하 현궁의 입구를 수시로 열어젖혔다.

1945년 8월 일본의 투항 후, 손전영이 동릉을 도굴할 때 쫓겨났던 마복전과 왕소의(王紹義)가 돌아왔다. 왕소의가 비적들을 지휘하여 강희제의 경릉, 함풍제의 정릉, 동치제의 혜릉, 자안태후의 정동릉을 도굴했다. 시신은 흩어지고 보물은 깨끗이 사라졌다. 경릉에서 도굴된 보물 가운데서 가장 유명한 것은 강희제가 생전에 끔찍이 아끼던 구룡옥배(九龍玉杯)였다. 이 잔은 장방형이며 백옥으로 만들어졌고 가로 9cm, 세로 4cm, 높이 3cm였다. 네 면에는 각기 구슬을 입에 문 두 마리의 용이 새겨져 있었고 손잡이는 한 마리의 용이었다. 백옥 재료가 섬세하고 조각 기술이 정교했다. 잔에 술이 가득차면 아홉 마리의 교룡(蛟龍)이 꿈틀거리는 모양을 잔 바깥에서 볼 수 있었다.

가장 충격적인 사건은 동치제와 그의 황후 혜비(惠妃) 능침 도굴일 것이다. 왕소의 무리는 지하 현궁으로 들어가 황제와 황후의 시체를 관에서 꺼냈다. 동치제는 한 줌의 말라빠진 뼈만 남아 있었으나 황후 알루트씨(阿魯特氏)는 죽은 지 70년이 지났어도 시체가 산 사람처럼 온전하게 보존되어 있었다. 비적 무리는 황후의 의복을 모두 벗겨내고 시신을 땅바닥에 팽개친 채 금은과 보석을 가져갔다. 그 후에도 비적들이 여러 차례 능 안에 들어갔다. 황후는 자살하기 위해 금 덩어리를 삼켰다는 얘기가 있어서 비적들은 황후 시체의 배를 갈랐다. 황후의 나신은 천정을 바로 보며 반듯이 누워 있었고 얼굴 모습은 온전하며 두 눈을 가볍게 감고 있었다. 머리는 풀어헤쳤고 복부에서는 내장이 흘러나왔다.

손전영이 1928년에 처음으로 대규모 도굴을 자행한 후 중화인민공화국 수립 전까지 동릉은 순치제의 효릉을 제외하고는 모든 능이 도굴되었다. 극소수의 보물만 회수되었을 뿐 대부분의 부장품이 비적과 도망병들의 손에 들어 간 후 지금은 어디로 갔는지 알 수 없다.

1952년에 동릉 문물관리보호소가 설치되었고, 1962년에 동릉은 국가 중점보호 문물로 지정되었다.

# 14
# 혼란스러운 민국시기의 문물시장

문물의 심각한 해외 유출은 20세기 상반기 중국의 고서시장과 골동시장의 일반적인 현상이었다. 민국 시기에는 문물의 해외유출을 금하는 법령도 없었고 고서시장과 골동시장을 관리하는 제도도 없었기 때문에 국보급 문물이 아무런 제약도 받지 않고 해외로 흘러나갔다. 현재 유럽, 미국, 일본 등의 박물관과 개인이 소장하고 있는 수많은 중국의 진기한 문물은 중국 침략전쟁 중에 직접 약탈한 것이거나 "학술조사"란 명목으로 공개적으로 가져간 것도 있고 국내외 간상모리배들이 결탁하여 사고 판 것도 있으며 골동시장에서 "합법적"으로 구매한 것도 적지 않다. 중국의 문물에 눈독을 들인 외국 상인들은 문물이 모이는 북경, 상해, 천진 등에 무역상을 차려 전문적으로 중국의 문물을 사들였고 일부 중국 골동품상들도 서양인만을 상대하는 점포를 운영했다.

수백 년 고도 북경은 문화의 중심지로서 근현대에 들어와 유리창으로 대표되는 문물시장이 형성되었다. 이 유리창을 중심으로 하여 민국 시기의 문물 유실 상황을 살펴보기로 한다.

북경성 서남쪽에 위치한 유리창은 국내외에 널리 알려진 문화의 거리이다. 청 시대에 이곳은 고서와 문물이 모여드는 곳이었다. 도광 말년에 섬서성 기산(岐山)현 주원(周原)에서 출토된 모공정(毛公鼎)은 유리창 골동품상의 손을 거쳐 금석학자 진개기(陳介祺)의 소장품이 되었다. 모공정의 출현은 금석학이 다시 흥기하는 계기가 되었지만 달리 말해 유리창 골동업의 발전을 자극하는 사건이기도 했다. 1899년 하남 안양 소둔촌에서 갑골문이 출토되자 문인과 학자들 사이에서 하(夏)·상(商)·주(周) 3대의 청동기, 옥기, 갑골, 간독, 인장, 봉니(封泥), 와당(瓦當)을 수집하는 열기가 일었고 유리창 골동품상은 연구 자료를 수집해주는 조수의 역할을 맡게 되었다.

외국인이 유리창을 기웃거리기 시작한 것은 1860년 영·불 연합군이 원명원을 불태운 다음의 일이었다. 제국주의 열강이 중국의 고문물을 약탈해간 이후로 국외에서는 중국의 문물에 대한 관심이 높아져 외국상인들이 북경에 양행을 세우고 골동품 교역을 시작했다. 1900년, 8국 연합군이 북경을 침입했을 때 유리창 일대는 독일군의 점령지가 되었고 골동품 상점의 고서화와 금석 도자기 등의 문물을 독일군이 강탈해가고 남은 것이 별로 없었다. 또한 연합군 군대는 궁정과 고위 관료들의 저택에서 강탈한 문물을 시장에 내다 팔았다. 『청계야사(淸季野史) 제1편-도문식소록(都文識小錄)』은 다음과 같이 기록하고 있다. "경자년(更子年)에 『사고전서(四庫全書)』의 장서가 절반 넘게 파괴되고 사라졌다. 북경 사람들이 전하는 말에 따르면 영·불·독·일 4국이 가져간 게 적지 않다고 한다. 또 말하기를, 서양 군대가 입성했을 때 그 책들 중에서 두께가 2촌 가량이고 길이가 1척쯤 되는 것이면 군용 기물을 받치는 벽돌 대신으로 썼다고 한다. 태사(太史) 유보진(劉葆眞)이 책 몇 권을 주었는데, 보니 모두가 『영락대전』이었다." 이렇게 나온 고서와 문물은 돌고 돌아 유리창으로 흘러들었다. 1900년에서 1927년 사이에 외국인이 유리창에서 사들인 골동품과 고서화 작품, 동기, 옥기, 도자기, 칠기, 석각, 벽화, 상아조각, 자수 작품은 매우 많았다. 그중에서 가장 오랜 기간 동안 가장 많은 수량을 최고가에 사들인 인물은 미국인 퍼거슨과 일본인 야마나카였다.

퍼거슨(John Calvin Ferguson)은 1886년에 중국에 도착해 선교사와 교육자로 활동했다. 1942년 일본군에 의해 미국으로 송환되기 전까지 전문학자로 행세하며 유리창에서 문물을 사들였다. 일본인 야마나카(山中定次郎)는 1900년부터 북경에 산중상회(山中商會)를 열고 제2차 세계대전이 끝날 때까지 반세기 가까이 골동품을 사들였다. 일본 문구당(文求堂)서점 주인 다나카(田中慶太郎)는 청 말기부터 매년 유리창을 찾아와 고서와 서화작품을 싼 값에 사들였다. 일본 상인들은 유리창 골동품상을 내세워 『영락대전』을 사들였는데 한 권에 은화 100위안을 주고 수십 권을 사갔고 귀양(貴陽)의 진숭산(陳崧山)이 소장했던 명 시대 판각본 수십 상자도 모두 사갔다. 청말 중국 주재 제3대 프랑스공사였던 위당(H. A. Widen 중국명 위무달魏武達)은 중국 문물 수집가로 이름을 날렸다. 중국 골동품 감식 전문가였던 그는 퇴임 후 파리에 중국 골동품점을 열었다. 북경 최대의 골동품상 악빈(岳彬)은 그의 후원에 힘입어 거부가 되었다. 1933년에 중국을 다시 찾은 그는 악빈으로부터 국보인 상 시대의 쌍봉중이(雙鳳重耳) 이(彝)를 사갔다. 제2차 세계대전 중 파리가 함락되면서 쌍봉중이 이는 물론 위당 본인의 행방도 알 수 없게 되었다.

민국 시기에 세대는 교체되고 사회는 혼란에 빠졌다. 청 왕실의 진기한 보물들이 은행의 저당물이 되고 권문세가의 후예들은 조상들이 물려준 골동품과 문물을 팔아 생계를 유지했다. 자금성의 문물이 도난당하고 군벌 손전영이 동릉을 파헤치는 사건이 일어났다. 만주국이 멸망하자 부의가 갖고 나갔던 역대의 서화 걸작 1,200여 점이 민간에 흩어졌다. 수많은 문물이 시장으로 유입되어 국내외의 고객을 불러들였다. 이틈에 진기한 문물이 대량으로 이국 타향으로 흘러나갔다.

서양과 중국의 골동품상들이 결탁한 수백 건의 문물 불법거래 사건이 일어났고 이 때문에 각지에서 고분을 도굴하고 문물을 밀매하는 바람이 불었다. 하남 낙양의 용문(龍門)석굴, 산서 대동의 운강(雲岡)석굴 등 석각 예술의 보고가 도처에서 훼손되었다. 주조상(周肇祥)이 쓴 『유리창잡기(琉璃廠雜記)』에는 다음과 같은 기록이 나온다. "하남 낙양 근처에서는 최근 석상의 반출을 금지하였는데 외부인이 술수를 부려 부처의 머리를 사들이기 때문이다. 현지인들이 부처의 머리를 잘라 광주리에 담아 도시로 가져온다. 조각이 정교한 것은 백 수십 원을 쳐준다. 용문 낙양산 절벽의 불상 가운데서 머리가 잘려나간 것이 숱하다. 먼저 온 자가 부처의 머리를 훔쳐 가면 다음에 온 자는 부처의 몸통을 실어간다. 남은 것은 폐석뿐이니 슬플 따름이다."

조학방(趙鶴舫)이 "권모과(拳毛騧)"와 "삽로자(颯露紫)"를 훔쳐 판 사건과 악빈이 『제후예불도(帝后禮佛圖)』를 훔쳐 판 사건은 민국시기의 문물 절도의 대표적인 사건으로서 반세기가 지난 지금도 사람들의 기억 속에서 사라지지 않고 있다.

조복령(趙福齡)(1881~1936)의 자(字)는 학방, 북경 광안문(廣安門) 밖에서 태어났다. 그는 15세에 유리창의 기관각(寄觀閣)에 점원으로 들어가 골동품 감별 기술을 익혔다. 그 후 그는 몇몇 고위관료의 측실들의 자금 지원을 받아 상해에서 가연고재(家延古齋)란 골동품 가게를 열었다. 1912년, 북경으로 돌아온 그는 유리창에 연고재(延古齋)란 점포를 연 후 5년이 못되어 큰돈을 벌었다. 그가 돈을 번 주요 원인은 소릉(昭陵)에 있던 말 조각 두 개를 훔쳐 판 것이었다.

소릉은 당 태종(太宗) 이세민(李世民)의 능묘이며 섬서성 예천(禮泉)현에 있다. 중국을 통일하고 당 왕조를 연 이세민은 평생을 전장에서 보내면서 6필의 준마를 탔는데 그 이름이 "집벌적(什伐赤)", "청추(靑騅)", "특륵표(特勒驃)", "백제마(白蹄馬)", "권모과", "삽로자"였다. 이 여섯 필의 준마는 수많은 전장을 누비며 공을 세웠기 때문에 이세민은 천하의 조각 명장을 불러 모으고 화산(華山)의 좋은 돌을 날라와 여섯 준마의 각양 자태를 석상으로 조각하였다. 이세민이 세상을 떠난 후 여섯 준마의 석상은 소릉 앞에 두 줄로 세워졌다. 이런 내력을 가진 예술품에 조학방이 눈독을 들였다.

조학방은 원세개의 둘째 아들 원극문(袁克文)과 친교를 맺었다. 당시 원세개는 황제가 될 준비를 하고 있을 때여서 아랫사람들이 아첨하느라 그에게 "원씨 집안 정원"을 만들어 바쳤다. 조학방은 원극문에게 정원에 기이한 돌로 산을 꾸미자고 부추겨 공사에 필요한 물자를 나를 때만 붙이는 "봉인지"를 받아냈다. 조학방은 "봉인지"를 받아내자 섬서로 사람을 보내 원 대총통의 관저를 장식하는데 필요하다며 "소

「권모과」, 펜실베이니아대학 박물관 소장

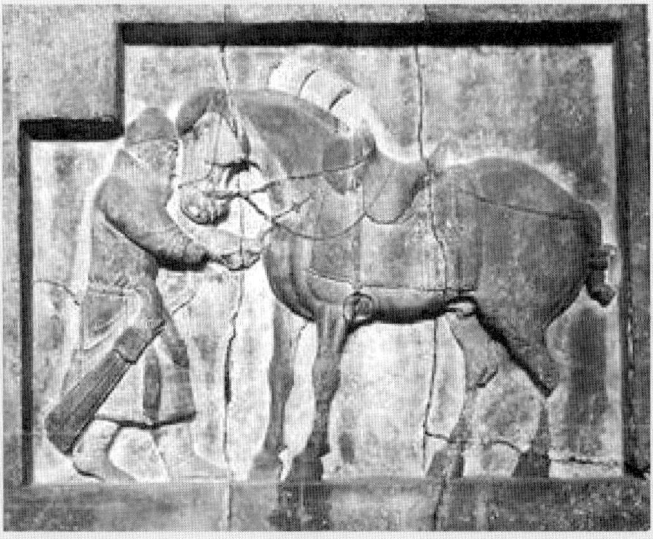

「삽로자」, 펜실베이니아대학 박물관 소장

릉 여섯 준마"를 지목했다. "권모과"와 "삽로자"는 봉인지 덕분에 아무런 제지도 받지 않고 북경으로 옮겨졌다. 조학방은 원씨 집에 여러 가지 기이한 형상의 돌을 날라주고 준마 석상 두 개는 미국 펜실베이니아대학 박물관에 팔아넘겼다. 때는 1914년이었다. 전하는 얘기에 따르면, 석상을 훔쳐올 때 처음에는 6필 모두를 움직였으나 현지 농민들이 들고 일어나 4필을 빼앗았다고 한다. 이렇게 해서 천년 국보가 돌아오지 못할 길을 떠났다.

골동계의 거물 악빈은 불상의 머리를 훔쳐 팔아 돈을 벌었다가『부처 그림(佛圖)』때문에 목숨을 잃었다.

악빈은 1896년 하북 통현(通縣) 장각장(張各莊)에서 태어났다. 집안이 빈한하여 1910년에 북경의 작은 골동품 가게에 점원으로 들어갔다. 1917년, 그는 중국 주재 프랑스 공사를 지낸 위당과 알게 되었고 위당을 위해 칠기, 경태람과 법랑을 사들였다. 그는 넓은 정보망을 갖고 있어서 미국인은 청동기와 균요(鈞窯) 자기를, 프랑스인은 법랑·칠기·경태람을, 일본인은 옥기와 용천(龍泉) 자기를, 영국인과 독일인은 고고학적 가치가 높은 물건을 즐겨 사들인다는 사실을 잘 알고 있었다. 청 말에 골동품상 영보재(永寶齋)가 산서 대동(大同)에서 북위(北魏) 시대 석조 불상의 머리 7개를 사들였다. 20년대에 악빈은 일본의 수장가들은 석조와 목각을 수집하고 서양 고고학자들은 중국 고대의 석조 작품을 연구한다는 사실을 알게 되었고, 이때 북위 석조 불상이 매우 높은 예술적 가치를 갖고 있음도 알게 되었다. 그는 400위안이란 돈을 들여 영보재가 갖고 있던 불상 머리 7개를 사들였다. 그는 우선 불상 머리 하나를 800위안에 일본 산중상회에 팔았다. 이 사실이 알려지자 외국의 골동품상들이 끊임없이 찾아와 불상 머리를 사갔다. 그렇게 10년을 팔아도 다 팔지 못했다. 악빈은 조각가를 불러다가 석조 불상의 머리를 복제하고 송 시대의 목각 불상을 모조했다. 복제품과 모조품을 진짜로 속여 파는 것은 악빈의 치부의 길이자 그가 역사 문물을 파괴하는 길로 들어서는 전주곡이기도 했다.

악빈은 돈을 번 후 "빈기(彬記)"라는 상점을 열었다. 빈기는 당시에 북경 최대의 골동품 상점이었다. 그의 점포에는 상·주·진·한 시대의 청동기와 석조상, 당삼채(唐三彩), 진전과 한와(秦磚漢瓦), 송·원·명·청 시대의 명품 자기·법랑·옥기·자수 작품·카펫·상아 작품 등이 가득했다.

악빈이 용문석굴의 북위 시대 석조 『제후예불도』를 훔쳐다 판 일은 그의 악행 중의 악행이라고 할 수 있다. 1931년, 미국인 프리스트(Allan Priest)(훗날 뉴욕시 예술박물관 동양부 주임이 된다)이 낙양을 여행하던 중 용문석굴을 구경했다. 용문석굴은 북위 시대에서 당 시대에 이르기까지 오랜 세월에 걸쳐 조성된 석굴사로서 낙양시 남쪽 25리에 위치하며, 현존하는 석굴 불감이 2,100여 점, 조각된 인물이 10여 만 명, 부조 불탑이 40여 기, 비문과 제기(題記)가 2,780점이나 된다. 빈양(賓陽) 중동(中洞)은 그 중에서 핵심이 되는 동굴의 하나이며 북위 시대에 조성되었다. 중동의 입구 남측에는 대범천(大梵天)을, 북측에는 제석천(帝釋天)을 새겼고 삼면의 벽은 삼세불(三世佛)을 새겼으며, 굴의 안쪽 벽에는 위로부터 아래로 "문수보살(文殊菩薩)과 유마힐(維摩

詰) 거사의 대좌 설법도", "살타나(薩埵那) 태자와 수대가(須大駕) 태자의 본생고사(本生故事)", "황제와 황후의 예불도", "십신왕도(十神王圖)"가 순서대로 새겨져 있다. 이른바 『제후예불도』는 북위의 효문제(孝文帝)와 문조황태후(文照皇太后)가 예불하는 상황을 조각한 것이다. 『제후예불도』에 반한 프리스트는 작품을 사진으로 찍었다. 북경으로 돌아온 그는 악빈을 만나 4만 위안의 돈을 주고 5년 이내에 『제후예불도』를 미국으로 가져가기로 계약을 맺었다. 악빈은 혼란스러운 당시의 시국을 이용하여 낙양에 주둔한 군부대에 뇌물을 주고 『제후예불도』를 여러 조각으로 잘라 북경으로 옮겨왔다. 악빈은 전문가를 불러 조각을 풀로 접합한 후 오랜 시간을 묵혀 두었다. 두 상자나 되는 나머지 파편들은 접합할 방법이 없어 그냥 버렸다. 『제후예불도』는 『황제예불도』와 『황태후예불도』 두 부분으로 구성되는데 『황제예불도』는 현재 뉴욕 예술박물관에 있고 『황태후예불도』는 미국 캔자스 넬슨 박물관에 진열되어 있다.

악빈은 치밀한 사전 준비를 거쳐 대동 운강 석불을 잘라냈다. "빈기"는 당시에 북경 최대의 골동품 상점이자 최대의 모조품 생산기지였다. 운강 석굴은 북위 시대에 조성된 중국의 또 하나의 석굴예술의 보고이며 산서성 대동시 서쪽 교외 16km 지점 무주산(武周山) 남쪽 자락에 자리 잡고 있다. 현존하는 동굴은 252개이며 조각된 인물은 5만여 명이다. 1933년, 악빈은 운강 석굴의 작품을 모사하여 원작과 거의 같은 석조를 만들고 북위 시대의 석조라고 속여 미국의 석유재벌에게 3만 달러에 팔았다. 1936년, 석유재벌이 친지들을 초청하여 소장한

「제후 예불도」, 켄자스시티 넬슨 박물관 소장

「황태후 예불도」, 켄자스시티 넬슨 박물관 소장

「제후예불도가 뜯겨나간 자리」

중국 문물을 공개했을 때 어떤 사람이 원본이 아직 운강 석굴에 남아 있는 모조품이라고 지적했다. 석유재벌은 악빈에게 전보를 쳐서 대금의 반환을 요구했다. 악빈은 군벌 손전영의 부하 연대장에게 거금 3천 위안을 뇌물로 주고 원본 운강석불을 파괴했다. 그런 다음 그는 석유재벌에게 만약 원작이 남아 있다면 배상하고 어떤 처벌이라도 받겠지만 그렇지 않다면 명예훼손의 책임을 지라는 내용의 전보를 보냈다.

1952년, 새로운 중국 정부가 악빈이 나라의 보물인 『제후예불도』를 훔쳐 프리스트에게 판 사실을 밝혀냈다. 악빈은 옥중에서 죽었다.

악빈과 같은 간상모리배와는 달리 중국의 문물을 지켜낸 애국적인 학자와 의로운 수장가도 있었다. 그런 사람 가운데서 가장 유명한 인물이 문물수집가인 장백구(張伯駒)라 할 것이다.

『평복첩(平復帖)』은 삼국시대 동오(東吳)의 명장 육손(陸遜)의 손자 육기(陸機)가 친구의 병이 나은 것을 축하하며 써 보낸 서찰인데 현존하는 중국의 가장 오래된 서찰이다. 현대 서화가 부심여(溥心畬)가 이 서찰을 소장하고 있었다. 1936년, 장백구는 부심여가 소장한 당시대 한간의 명화 『조야백도(照夜白圖)』가 상해의 한 상인에게 팔렸다가 다시 영국인의 손에 넘어갔다는 소식을 들었다. 『평복첩』까지 흘러나갈 것을 염려한 그는 유리창의 열고재(閱古齋) 주인 한박문(韓博文)에게 『평복첩』이 자신의 손에 들어오게 해달라고 부탁했다. 부심여는 거금을 요구했고 장백구가 돈을 마련하지 못해 거래는 성사되지 못했다. 1937년, 장백구는 부심여가 모친의 병환 때문에 급전이 필요하다는 소식을 듣고 서지(書誌) 전문가인 부증상(傅增湘)의 주선으로 『평복첩』을 사들일 수 있었다.

장백구가 소장했던 수 나라 전자건(展子虔)이 그린 『유춘도(游春圖)』는 현존하는 중국의 가장 오래된 산수화이다. 장백구는 이 보물을 구하기 위해 가산을 탕진하는 것도 아까워하지 않았다. 그는 유리창의 모든 골동품상을 내세워 이 작품의 소재를 찾아 나섰다. 만주국이 넘어가자 부의가 가져갔던 1,200여 점의 귀중 서화작품이 동북에서 흩어졌고 북경 유리창의 골동품상들이 이를 사들이기 위해 바쁘게 움직였다. 장백구는 『유춘도』가 유리창의 골동품상 마제천의 손에 들어가 있으며 외국인에게 팔려고 준비하고 있을 뿐만 아니라 몇몇 귀중한 작품은 이미 외국인에게 팔렸다는 소식을 들었다. 장백구가 즉각 나섰다. 마제천은 그림 값으로 황금 800냥을 요구했고 고궁박물관은 구입할 여력이 없었다. 고궁박물관장 마형과 장백구가 거듭 상의한 후 유리창의 골동품상 마보산과 이탁경(李卓卿)을 내세워 마제천과 흥정했다. 그림 가격이 황금 200냥으로 낮아졌고 장백구는 자신의 저택을 팔아 돈을 마련했다. 마제천은 황금의 품질이 좋지 않다는 핑계로 20냥을 더 요구했다. 장백구의 부인이 흔쾌히 자신의 패물을 팔아 돈을 마련했고 『유춘도』는 마침내 그의 손에 들어왔다.

장백구는 또한 황금 110냥을 주고 유리창의 골동품상 근백생(靳伯生)으로부터 송 시대 범중엄(范仲淹)의 『도복찬(道服贊)』도 사들였다. 그는 근백생이 당 시대 두목(杜牧)의 글씨 『증장호호시(贈張好好詩)』를 들고 상해로 갔다는 얘기를 듣고 즉시 마보산을 상해로 보내 5천여 위안을 주고 이를 사들였다.

1952년과 1956년에 장백구는 평생 동안 심혈을 기울여 수집한 『유춘도』, 『평복첩』, 『증장호호시』, 『도복찬』과 당 시대 이백(李白)의 『상양대첩(上陽臺帖)』 등 국보급 문물을 국가에 기증했다.

## 15
# 동쪽 이웃의 절도

청일전쟁에서 항일전쟁(제2차 세계대전)까지 반세기에 걸친 일본 제국주의의 침략은 중국과 중국 인민에게 막중한 재난을 가져왔다. 군사적 침략의 뒤에는 언제나 문화적 침략이 따라왔다. 일본의 일부 어용 "학자"는 이 시기에 중국에서 침략적인 고고학 탐사활동을 벌여 중국의 문물을 약탈하고 파괴했다.

일본은 가장 먼저 중국의 문화유산을 도굴, 약탈, 파괴한 나라 중 하나다. 일찍이 광서 9년(1883년)에 일본 육군 참모본부의 간첩 사가와(酒匈景信)가 길림성 집안(集安)에 잠입하여 『호태왕비(好太王碑)』 탁본을 몰래 만들어 갔다. 『호태왕비』는 고구려 역사 연구에 중요한 실물 자료로서 학술적 가치가 매우 높다. 1905년 도리이 류조(鳥居龍藏), 1913년 세키노 타다스(關野貞), 1918년 쿠로이타(黑板勝美) 등 일본 학자들이 집안에 와 조사하였다. 일본 군부는 처음부터 중국의 문물을 절취하는 활동에 직접 개입했다. 일본의 수차례에 걸친 중국 침략에는 중국의 문물과 고적 약탈이 뒤따랐다.

1894년, 일본 학자 도리이는 중국 동북지역 여순·대련에 와서 고대 유적을 조사했고 얼마 후에 대만으로 가 활동했다. 1905년, 도리이는 고고 조사를 목적으로 요동반도를 누비고 다녔다. 그의 활동 범위는 집안을 포함한 동북 지역 대부분과 내몽고 동부까지 확대되었다.

그는 마음 내키는 대로 유적을 발굴했고 수많은 출토 문물을 일본으로 가져갔다.

군국주의의 지원을 등에 업고 일본 학자들은 끊임없이 중국으로 와서 조사와 발굴 활동을 벌였다. 1902년, 이토 추타(伊東忠太)는 산서 대동에서 운강 석굴을 조사하였고 화북 지역에서 고건축을 조사했다. 1903년, 오타니 탐험대가 신강에 와 쿰투라(庫木吐喇) 석굴과 키질 석굴을 조사하고 수바쉬 고성에서 석굴 벽화와 브라미어 경전을 도굴해갔다. 1908년, 오타니 탐험대는 다시 다치바나 등을 파견하여 처음에는 천산 남북 지역에서 고고 조사를 벌였고, 이후 누란 고성에서 수백 건의 필사본 경전이 든 나무 상자를 도굴해갔다. "이백 문서"라 불리는 이 문헌은 16국 시기에 전량의 장사(長史) 이백(李柏)이 서역의 오아시스 국가에 보낸 위무 서신의 초고로서 서역사를 연구하는데 중요한 1차 자료이며 1909년에 도굴하여 일본으로 가져갔다. 이때 다치바나는 쿠차의 수바쉬 고성에도 와서 불탑에 있는 수많은 필사본 불경을 포함한 문물을 도굴해갔다. 1910년, 다치바나 일행은 다시 누란을 찾아와 서진에서 당에 이르는 시기의 고창국 거주민의 공동묘지 아스타나(阿斯塔那)를 도굴하여 대량의 문물을 가져갔다. 1911년 가을에서 1912년 초 사이에 다치바나와 요시카와가 감숙 돈황에 와서 도사 왕원록으로부터 학술적 가치가 매우 높은 막고굴 장경동 필사본 불경 두루마리 600여 점을 속여 사갔다.

동경제국대학의 세키노도 1906년과 1907년에 하남 공현(鞏縣)과 낙양의 용문 석굴, 섬서의 한·당 시대 고분, 산동의 한 시대 화상석(畵

像石)을 불법적으로 조사했다. 1910년에서 1912년 사이에 일본 교토제국대학의 하마다(濱田耕作)가 동북 여순의 조가둔(刁家屯) 등지에서 한 시대 고분을 조사·도굴했다. 1911년, 도리이도 재차 동북을 찾아와 길림성 연길(延吉)과 혼춘(琿春) 등지에서 고고학 조사를 벌였다.

중화민국 성립 후에도 일본인은 "고고조사"의 명목 하에 계속해서 중국의 문물을 도굴했다.

1918년, 세키노가 하북, 산서, 하남, 산동, 강소, 절강에서 고대 건축과 능묘와 불교예술에 관한 광범위한 조사활동을 벌였다.

1922년, 토키와(常盤大定)가 하북 한단(邯鄲)의 남북 향당산(響堂山) 석굴을 조사했다. 그 후 향당산 석굴의 적지 않은 조각 작품이 잘려 갔는데 대부분 일본으로 빠져나갔다.

1928년, 일본 동아시아고고학회가 동북 여순·대련 지역에서 조사활동을 벌이고 목양성(牧羊城) 유적을 도굴해갔다.

1930년, 코마이(駒井和愛)와 미즈노(水野清一) 등이 내몽고 돌론노르(多倫諾爾) 세석기 문화유적을 조사했다. 미즈노와 에가미(江上波夫)가 내몽고 시링골(錫林郭勒) 등지에서 세석기 문화유적을 발굴했다.

1931년, 일본인이 여순·대련 지역 영성자(營城子)의 벽화를 도굴했다.

1933년에서 1934년 사이에 하라다(原田淑人), 이케우치(池內宏), 도리야마(鳥山喜一郎)가 이끄는 일본 동아시아고고학회 발굴대가 일본군 점령 지역인 "만주국"에 와서 발해국(渤海國)의 도성—상경용천부(上京龍泉府), 지금의 흑룡강성 영안현(永安縣) 동경성(東京城)—유적을 파헤쳤다. 궁전유적 6곳, 사찰유적 1곳, 능묘유적 1곳에서 발굴한 유물은 현재 동경대학이 소장하고 있다. 그 후 도리야마가 두 차례 더 발굴했고 유물은 모두 일본으로 가져갔다.

1933년, 도쿠나가(德永重康), 나오라(直良信夫) 등이 이끄는 "만·몽(滿·蒙)학술연구조사단"이 하얼빈 교외에서 고향둔(顧鄕屯) 세석기 유적을 발굴했다. 석기, 골기 등 출토 유물 300여 건과 고생물 화석 60여 종 등 수백 점은 와세다(早稻田)대학이 소장하고 있다. 이 해에 일본인이 산서 태원 천룡산(天龍山) 석굴의 불상 머리를 다수 해체하여 일본으로 가져갔다.

1934년, 일본인이 흑룡강성 잘라이누르(扎賚諾爾) 유적을 불법적으로 발굴했다.

1935년, 일본 동아시아고고학회가 파견하고 교토제국대학 교수 하마다가 이끄는 발굴대가 열하(熱河) 적봉(赤峰) 홍산(紅山) 후기 신석기시대 유적을 발굴했다. 이곳은 당시까지 동북 지역에서 가장 유명한 채도 문화유적이었다. 발굴대는 주거지역 2곳, 묘장지 31곳을 발굴하고 홍도(紅陶) 역(鬲) 16점, 골기 33점, 구멍 뚫린 돌도끼 2점, 청동기 14점, 옥구슬 380여 알, 인골 29구, 동물 골격 20구와 다수의 채집식품 화석을 찾아냈다. 출토 유물은 교토제국대학 고고학 교실로 가져갔다.

1935년에서 1936년 사이에 동경제국대학의 이케우치와 교토제국대학의 하마다가 이끄는 발굴대가 길림 집안에 와 고구려 고분군을 조사하고 발굴한 문물을 가져갔다. 발굴대는 고분 벽화를 사진으로 남겼다. 1937년 이후 매년 이곳의 고분을 발굴했다.

요(遼) 시대의 유물은 내몽고 주우 우다(昭烏達) 맹(盟) 바린(巴林) 기(旗) 일대에 많이 분포되어 있다. 1935년과 1939년, 일본인이 두 차례 바린에 있는 요 시대의 영경릉(永慶陵)을 발굴하고 능묘 안의 벽화를 일부 뜯어내 다른 부장품과 함께 교토대학으로 가져갔다. 이때 백탑자촌(白塔子村)의 경주(慶州) 유적도 파헤쳐 유물을 가져갔다.

1937년, 소노다(園田一龜)가 흑룡강성 아성현(阿城縣)에 있는 금(金) 초기의 도성 상경회녕부(上京會寧府) 유적을 대대적으로 발굴했다. 일찍이 청 말기에 시라도리(白鳥庫吉)도 이곳을 조사 발굴하면서 유적을 많이 훼손했다. 이 해에 일본 교토 동방문화연구소의 미즈노와 나카지마(長島敏雄)가 불법적으로 향당산과 천룡산 석굴, 용산 석굴을 발굴했다. 요녕성 요양현 강관둔(江官屯)에 있는 요·금 시대의 도요지는 1931년 "9·18사변"이 일어나기 전에 일본인들이 발굴하면서 파손했다. 1937년, 일본인들이 무순(撫順) 대관둔(大官屯)에 있는 요·금 시대의 도요지를 발굴하면서 유적을 크게 훼손하였다.

1937년 "7·7사변"(노구교盧溝橋사건) 후에 일본 제국주의는 중국 각지를 점령하면서 문물에 대한 약탈과 파괴를 서슴없이 저질렀다. 일본의 "학술단체"와 "학자들"이 일본군의 위세를 빌어 함부로 고고조사와 발굴을 벌였다.

1937년, 일본 교토 동방문화연구소의 미즈노와 나카지마 등이 대동 운강 석굴에 대한 조사를 벌이면서 동굴을 실측, 촬영했다. 특히 이들은 제9, 10, 19, 20호 석굴을 도굴했고 부근에 있는 북위 시대의 사찰 유적과 양고(陽高)의 한나라 고분을 도굴했다. 이들은 1944년에 이르기까지 도합 8차례나 "발굴" 작업을 벌이면서 귀중한 자료와 고문물을 대량으로 가져갔다. 1937년에는 일본의 동아시아고고학회도 내몽고의 원나라 상도(上都) 유적을 발굴했다.

1938년 봄, 오야마(大山柏率)가 이끄는 게이오(慶應)대학 북지나 학술조사단이 하남 안양에서 "고고학" 발굴 작업을 벌였다. 같은 해 가을에는 미즈노 등도 안양에 와 후가장(候家莊) 일대에서 조사, 발굴 작업을 진행했다. 또한 후지타(藤田亮策)는 길림 연길에 있는 신석기시대 유적을 발굴했다. 하라다는 북위의 평성(平城) 유적을 발굴했다.

1939년, 미야케(三宅俊成)가 길림 연길의 북대둔(北大屯) 고분을 발굴했다.

1940년, 동아시아고고학회와 동아시아문화협의회가 일본군 점령 지역 안에서 멋대로 "고고 조사"와 발굴을 벌였다. 하라다는 하북 한단 조왕성(趙王城) 발굴을 지휘했다. 또 한사람의 세키노(關野雄)는 산동 임치(臨淄)에서 제(齊) 나라 고성과 등(騰) 나라 고성, 설(薛) 나라 고성을 발굴했다. 이케우치는 무순 고이산(高爾山) 고구려 성터를 발굴하기 시작했다. 출토 유물은 모두 동경제국대학으로 가져갔다. 동경제국대학 발굴대가 안양 은허를 발굴하기 시작했다. 일본인은 또한 북경 주구점 유적까지 손을 뻗쳤다.

1941년, 와다(和田淸)와 시마다(島田好) 등이 청 태조와 관련이 있는 길림의 우라제(烏拉街), 후이파(輝發), 하다(哈達) 등지의 유적을 조사했다. 1941년부터 1943년까지 일본 학술진흥회란 이름을 내걸고 동경제국대학의 하라다가 이끄는 발굴대가 요녕성 요양(遼陽)에서 한·위 시대의 전실묘(磚室墓)와 석실묘(石室墓) 18기를 발굴했다. 그 가운데는 남림자(南林子)와 북원촌(北園村)의 벽화 묘 2기가 포함되어 있었는데 수십 상자 분의 출토 유물은 물론 벽화 사진과 모사본까지 모조리 동경제국대학으로 가져갔다. 그들은 북원촌 고분을 발굴하면서 벽화를 모사하고 사진 찍기에 편하도록 묘의 개석(蓋石)을 걷어냈고 발굴이 끝난 뒤에도 이를 복구하지 않아 귀한 벽화가 모두 훼손되었다.

길림 혼춘의 팔련성(八連城)은 발해국의 동경용원부(東京龍原府) 유적이다. 1942년 봄, 일본 주둔군이 궁전 유지와 사찰 유지를 발굴했는데, 높이 2~3척에 조각 기술이 정교한 석조 불상이 많이 나왔다. 같은 해 7월, 도리야마(鳥山喜一)와 코마이(駒井和愛) 등이 다시 이곳을 철저하게 발굴했고 출토 유물은 모두 동경제국대학으로 가져갔다. 같은 해, 세키노(關野雄)가 곡부(曲阜)에서 한 나라 때의 노영광전(魯靈光殿) 유적을 파헤쳤다.

1943~1944년, 도리야마가 길림 화룡현(和龍縣) 이도구(二道溝) 서고성자(西古城子)에서 발해국 중경현덕부(中京顯德府) 유적을 두 차례 발굴했고 부근의 북대둔(北大屯) 고분군 10여 기도 발굴했다. 출토 유물은 모두 일본으로 가져갔다. 같은 시기에 일본인이 조주(祖州)에 있는 요의 태조 아보기(阿保機)의 능침을 발굴했다. 아보기 부부의 옥책(玉册) 잔편이 나왔는데 매우 보기 힘든 유물이었다. 모든 출토 유물

은 동경 동방문화연구소로 가져갔다. 같은 시기에 요의 회주(懷州) 유적과 상경임황부(上京臨潢府) 유적도 부분적으로 파헤쳐졌다.

1944년, 일본인이 요의 상경 유적 안에 있는 도요지와 적봉 항와요둔(缸瓦窯屯)의 도요지를 발굴했다. 도요지는 무참하게 파괴되었다.

이상은 민국 시기에 일본인이 중국의 고고유적을 발굴하고 파괴한 사례의 일부에 불과하다. 여기서 일본 "학자들"의 이른바 고고조사와 발굴이란 대부분이 실제로는 비과학적인 채굴에 지나지 않았다는 점은 분명히 지적해야 할 것이다. 적봉 홍산 후기신석기시대 유적 발굴은 지표면에 드러난 유물을 보고 여기저기 한 구덩이씩 아래로 파내려 갔을 뿐이었다. 유적지 전체의 지형을 고려하지도 않았고 국제적으로 통용되는 탐사 방법을 적용하지도 않았다. 이런 발굴 방식은 유적지를 파괴했을 뿐만 아니라 출토된 유물도 단편적이고 미세해서 학문 연구에 혼란만 초래했을 뿐이다. 그들은 사진을 찍고 측량하고 기록을 끝내고 유적지의 사후 보존을 위한 어떤 조치도 취하지 않았다. 그들의 주 관심사는 유물을 깨끗이 걷어가는 것이었다.

갑골문이 출토된 후 20년 동안 일본은 갑골을 손에 넣기 위해서는 때와 장소와 방법을 가리지 않았다. 30년대 초에 도쿄와 교토의 9개 기관이 소장한 갑골편은 이미 3,000개를 넘었다. 어떤 학자의 추산에 의하면 일본으로 흘러 들어간 갑골편의 숫자는 대략 10,000여 개가 될 것이라고 한다. 일본은 중국 침략전쟁을 발동한 후로는 더욱 공공연하게 중국 문물을 약탈하고 절취했다. 1937년 8월 17일, 자금성과 이화원 소장 문물의 대부분을 일본군이 가져갔다. 1945년 9월, 대련의 일본인이 경영하던 원동착유공장(遠東搾油工場)에서 일본인이 사들였다가 가져가지 못한, 원래 나진옥이 소장했던 갑골편이 1,234개나 발견되었다.

일본은 자신들이 세운 "허수아비 만주국" 안에서는 문물을 약탈하는데 전혀 거리낌이 없었다. 여순항 동쪽의 황금산(黃金山) 뒤쪽에는 "당홍려경최흔착정기각석(唐鴻臚卿崔忻鑿井記刻石)"이 있었다. 이 각석은 당시 동북지역에서는 유일한 당 시대 비석이어서 역사적 가치가 매우 높은 것이었다. 일본은 여순을 점령한 후 곧바로 각석을 일본으로 가져가 천황에게 바쳤다. 요녕 신성(新城)은 후금(後金) 천명(天命) 연간에 수도였다. 신성 유적의 성문에는 돌로 된 편액이 걸려 있었다. 편액은 만주문자로 씌어졌고 "대금천명년(大金天命年)"이란 낙관이 남아 있어서 청 초기의 역사와 문자를 연구하는데 귀중한 사료였다. 일본은 "9·18사변"이 일어나기 전에 이 편액을 오사카로 가져갔다. 만주국 "봉천 박물관"에는 심양(沈陽)과 승덕(承德) 두 고궁의 소장품을 옮겨왔고 개관 후에도 지속적으로 문물을 사들였기 때문에 소장품의 수량이나 수준이 상당했다. 일본 관동군 사령부는 귀빈에게 보여준다는 명분으로 봉천 박물관에서 크고 정교한 옥기 120점, 명·청 시대 관요에서 만든 채화 자기 80여 점, 명·청 시대 칠기와 경태람 30여 점을 공개적으로 약탈해갔다. 일본은 동북을 점령한지 10년째 되는 해에 만주국 "건국 10주년" 기념 전람회를 열었다. 이 전람회에 봉천 박물관은 서화, 도자기, 자수작품 등 200여 점을 정선해 출품했는데 전람회가 끝나고 출품작이 돌아왔을 때는 절반이 사라지고 없었다. 봉천

박물관은 유명한 수집가 주계령(朱啓鈴)의 "존소당(存素堂)"에서 수집한 역대 자수 작품 79종 100여 점을 소장하고 있었다. 일본은 일본의 전문가에게 표구를 맡겨야 한다는 핑계로 그 중에서 송·명·청 시대의 걸작 34종만 골라 약탈해갔다.

일본의 중국 침략 전쟁은 적지 않은 중국의 문물과 고적을 직접 파괴했다. 1937년 8월, 일본군이 북경대학을 점령했을 때 북경대학 문과연구소가 소장하고 있던 『예풍당(藝風堂)』 탁본이 훼손됐다. 1938년, 일본군은 진기한 문물인 개봉의 철탑을 포격했다. 철탑의 북쪽 면이 포격에 맞아 부서졌다. 1942년 8월 21일, 북경시 정부가 자금성의 금항(金缸, 방화수를 담는 쇠 항아리) 등 쇠붙이 4만 근을 모아 일본군에 바쳤다.

일본의 중국 침략 전쟁 중에 중국의 귀중한 문물이 사라졌다. 1940년 11월, 북경대학 문학원이 소장하고 있던 당 시대 비문 탁본 3,000점이 없어졌다. 1943년, 광동 평석(坪石)이 함락되었을 때 중산대학 연구원이 해풍(海豊) 산미(汕尾)에서 발굴한 8상자분의 고대 유물이 모두 유실되었다. 1940년에서 1941년 초 사이에, 북경 협화의학원(協和醫學院)에 보관되어 있던 북경원인과 산정동인 화석이 전란을 피하기 위해 상자에 담아 옮기던 도중에 감쪽같이 사라졌다.

지금까지 열거한 사례는 단편적인 기록을 바탕으로 한 것일 뿐이다. 일본이 중국을 침략한 시기에 직접 전화의 피해를 입었거나, 일본군이 약탈해갔거나, 전란 중에 유실되었거나, 싼 값에 일본으로 팔려나간 중국의 문물은 정확하게 파악된 적이 없다.

1945년 10월, 민국정부는 수복 지구의 주요 고건축과 미술작품, 고적과 문물의 피해 상황을 조사하기 위해 전시문물 손실 정리위원회를 설치했다. 일본군이 약탈해간 문물과 도서의 행방을 추적하기 위해 위원회는 9인 조사단을 일본으로 파견했지만 주일 연합군사령부의 반대로 아무런 성과를 내지 못했다.

# 16
# 바다건너에서 불어온 수집 광풍

8국 연합군이나 일본군의 직접적인 약탈, 유럽과 일본의 "탐험가들"이 중국 서북지역에서 벌인 발굴 활동을 "호탕한 약탈"이라고 한다면 미국이 중국의 문물을 손에 넣은 수법은 돈의 위력을 내세운 "교묘한 절취"라고 할 수 있을 것이다. 그런데 뒤에 가서는 돈의 위력이 무력을 훨씬 앞질렀다.

미국인의 중국 문물 수집은 아편전쟁 직후부터 시작되었지만 1930-40년대 이후에 본격화, 대규모화되었다. 두 차례의 세계대전을 거치면서 세계의 채권자로 부상한 미국은 중국문물에 대해 갈수록 왕성한 탐욕을 보였다.

미국이 중국의 회화작품을 수집하기 시작한 것은 대략 19세기 후반부의 일이었다. 1890년, 미국인 비글로우(W. S. Bigelow)가 자신이 수집한 대량의 중국과 일본 문물을 보스턴 박물관에 기증했는데 그중에 중국의 초기 불화가 몇 점 포함되어 있었다. 1904년, 일본인 오카구라(岡倉)가 이 박물관의 동양부 책임자가 되면서 동원(董源)의 『평림추제도권(平林秋霽圖卷)』과 송 휘종의 『모장훤도련도권(摹張萱搗練圖卷)』 등을 사들였다. 오카구라의 후임인 로지(J. E. Lodge)는 수집의 규모를 대폭 늘렸다. 진용(陳容)의 『구룡도권(九龍圖卷)』은 그의 임기 중에 사들인 것이다. 염입본의 『역대제왕상』은 대재벌 로스(Ross)

가 이 박물관에 기증한 것이다. 미국의 철도 차량 재벌 프리어(Charles Lang Freer)는 1890년 무렵부터 동양 문물을 수집하기 시작했다. 중국 회화작품에 관심이 많았던 그는 송 시대의 『모고개지낙신도권(摹顧愷之洛神圖卷)』과 곽희의 『계산추제도권(溪山秋霽圖卷)』 등 명품을 사들였다. 후에 그는 소장품 전부와 이를 전시할 프리어미술관을 지어 미국 정부에 기증했다. 신문재벌 넬슨은 1933년에 캔자스넬슨 박물관을 지었다. 이 박물관의 동양부문 책임자 시크먼(Laurence Sickman)은 두 차례 중국을 방문하였고 그의 지휘 하에 수십 점의 회화 명품을 사들였다.

20세기 초만 해도 미국인의 중국 회화 감식 수준은 낮아서 당·송 시대 대가의 비단 수묵화라면 진위와 수준을 가리지 않고 사들였다. 뒤에 가서 이 방면의 전문가가 많아지자 송·원 시대의 회화뿐만 아니라 명·청 시대의 좋은 작품도 놓치지 않았다. 부의가 동북으로 가져간 그림이 제2차 세계대전 후에 흩어지자 미국인은 이 기회를 놓치지 않고 최소한 수십 점을 사들였다. 이들 작품은 비록 매입한 것이기는 하지만 미국인은 돈의 위력을 이용하여 유럽의 명화와 비교했을 때 형편없는 가격으로 사들였다. 일본이 투항한 후 국민당 정부는 일본으로부터 문물을 반환받으려 했으나 주일 미군 사령부의 방해로 한 건도 회수하지 못했다.

미국인이 중국의 청동기를 소장하기 시작한 것은 20세기 초의 일이었다. 그 이전에는 중국에 거주하는 상인이나 선교사가 가져간 청동기는 대부분이 모조품이거나 평범한 것들이었다. 그 후 일본의 "산중상회"가 뉴욕 등지에서 골동품 상점을 열자 청동기의 유출이 급격하게 늘었다. 중국 남방의 일부 골동품상은 수준과 진위를 가리지 않고 청동기를 미국으로 가져갔다. 비교적 초기에 미국으로 흘러들어간 중요한 청동기를 꼽으면 청 말의 대관료 단방이 소장했던 것들이 있다. 1927년에서 1937년까지는 청동기 수집의 두 번째 시기라고 할 수 있다. 이 시기에 청동기 시장의 중심이 유럽에서 미국으로 옮겨갔다. 미국은 재력을 바탕으로 유럽을 압도했다. 뉴욕 57번가 골동시장을 중심으로 중국의 우수한 청동기가 대량으로 미국으로 흘러들어갔다. 1940년대가 되면 청동기를 사들일 수 있는 재력을 가진 고객은 미국뿐이었다.

미국이 소장하고 있는 청동기는 상과 전국시대, 오르도스 청동기가 주류를 이룬다. 미국인은 무늬가 화려한 것, 동물 모양을 한 것, 기이한 모양의 것, 금은을 상감한 것, 미술적 가치가 높은 것을 선호했다. 50년대에 미국 전국의 50여 곳의 박물관이 중국 청동기를 소장하고 있었는데 비교적 중요한 박물관은 워싱턴, 뉴욕, 보스턴, 시카고, 캔자스 등으로서 각기 50점 이상의 대형 청동기를 소장하고 있었다. 중국 청동기를 소장한 개인 수집가는 대략 100여 명이었다. 미국 전체에 1천 점이 넘는 대형 청동기가 있고 그 중에서 일품이라고 할 만한 것은 최소한 백 점을 넘는다. 청 말에 이름난 청동기 수장가는 대략 30여 명이었다. 진개기, 진승습(陳承襲), 반조음(潘祖蔭), 유악(劉鶚), 유희해(劉喜海), 부륜(溥倫), 성욱(盛昱), 정인년(丁麟年), 단방, 조재규(曹載奎), 왕의영, 오대징(吳大澂), 오운(吳雲), 오식분(吳式芬), 섭지선(葉

志誂) 등의 소장품이 미국으로 흘러들어 갔다. 명문이 있는 중요한 청동기로는 성왕정(成王鼎), 번생궤(番生簋), 전장호(田章壺), 강공유(康公卣), 유영유(庾贏卣), 조생궤(琱生簋) 등이 있다.

제1차 세계대전 이후로 미국은 체계적으로 중국의 지방지(地方誌)를 사들이기 시작했다. 20여 년의 노력을 기울인 끝에 미국 의회도서관은 중국의 각 성, 부, 현의 지방지 약 4천 종을 소장하게 되었다. 미국은 다른 어떤 나라보다도 중국의 희귀본 고서를 많이 소장한 나라이다. 50년대에 미국에 있는 중국의 희귀 고서는 약 3천여 종, 그 중 의회도서관이 1,500여 종, 게스트(Guion Moore Gest)동아시아도서관이 1천여 종을 소장하고 있었고 하버드, 콜롬비아, 예일, 시카고대학이 나머지 5백여 종을 소장하고 있었다. 중국의 귀중한 국보라고 할 수 있는 『영락대전』 40책이 의회도서관에 소장되어 있는데, 35책은 8국 연합군이 북경을 침입했을 때 미국 군대가 약탈해 간 것이다. 이 밖에 의회도서관은 약 2천 종의 족보와 수많은 근대 백년사 자료를 소장하고 있다. 중국의 고건축, 석각, 조각, 도자기, 옥기, 칠기 등도 "구매" 또는 각종 루트를 통해 대량으로 미국에 유입되었다.

중국 문물을 소장하고 있는 미국의 대형박물관만 열거하면 아래와 같다.

1876년에 지어진 보스턴 미술박물관은 미국 내에서 역사가 가장 오래된 박물관이자 가장 먼저 중국문물을 소장한 박물관이다. 이 박물관은 미국 내에서 "가장 많은 동양문물을 소장한 박물관"이란 평을 듣고 있다. 소장하고 있는 중국 조각 가운데서 중요한 것을 열거하면 다음과 같다. 북위 정광(正光) 3년(522년)의 풍옹(馮邕)의 처 원(元)씨의 묘지석, 효창 2년(526년)의 천조(淺雕) 석실, 용문 만불동에서 잘라온 석사자, 향당산과 천룡산 석굴에서 잘라온 비천상 등과 중국 회화작품 가운데서 국보급 작품이 적지 않다. 당 염입본이 한 소제(昭帝)부터 수 양제(煬帝)까지 제왕 13명을 그린 『역대제왕도권』은 중국 인물화에서 매우 중요한 위치를 차지하는 작품이다. 중국 내에서 마지막으로 이 작품을 소장했던 양홍지(梁鴻志)가 팔아넘겼다(양홍지는 민국 시기의 10대 매국노로 꼽히는 인물이다). 오대 시대 남당(南唐) 동원의 『평림추제도권』은 남종화를 개척한 국보급의 작품인데 청 말에 경현(景賢)이 소장했다가 1920년에 보스턴 박물관으로 팔려갔다. 송 시대 이성의 『설산행려도축(雪山行旅圖軸)』은 청 동치 연간에 손(孫) 모가 소장했다가 후에 경현이 소장했고 다시 곡절을 거쳐 미국으로 흘러갔다. 송 시대 『북제교서도권(北齊校書圖卷)』도 경현이 소장했다가 1931년에 미국인에게 팔렸다. 송 휘종의 『모장훤도련도권』은 1912년에 일본인 오카구라(岡倉)가 이 박물관의 동양부 책임자일 때 사들였다. 송 휘종의 『오색앵무도권(五色鸚鵡圖卷)』은 건륭제 때에 자금성으로 들어갔다가 후에 공친왕에게 하사되었고 다시 여러 경로를 거친 후 1933년에 보스턴 미술관에 팔려갔다. 송 시대 진용의 『구룡도권』도 자금성으로 들어갔다가 후에 공친왕에게 하사되었고 다시 여러 경로를 거친 후 미국으로 흘러들어갔다. 송 시대의 산수화 『한고조입관도(漢高祖入關圖)』, 『동단왕출행도(東丹王出行圖)』, 『설산누각도(雪山樓閣圖)』와 하규의 『우여연수도(雨餘煙樹圖)』, 북송 조령양(趙令穰)의 『호장청하도

(湖莊淸夏圖)』, 남송 마화지(馬和之)의 『소아·남유가어지집도(小雅·南有嘉魚之什圖)』, 이공린의 작품이라 전하는 『화암변상도』 등의 뛰어난 작품도 같은 경로를 거쳤다. 이 박물관이 소장하고 있는 중요한 상·주 시대의 정(鼎)과 이(彝), 진한시대의 동경 등 청동기는 백여 점이나 되며, 그 중에서 1918년에 정정대불사(正定大佛寺)에서 출토된 북위 정광 5년(524년)의 조각상과 수 개황(開皇) 13년(593년)의 조각상 등 귀중 문물은 석유재벌 록펠러의 처가 기증한 것이다. 이밖에도 역대 유명 요의 도자기도 빼놓을 수 없다.

하버드대학 포그 박물관이 소장한 중국문물의 수량 또한 놀랄 정도로 많다. 송 균요 자기만 해도 70점이 넘고 낙양 금촌(金村)에서 출토된 옥기는 7~8상자나 된다. 이 박물관의 동양부 책임자 워너(L. Warner)는 중국에 와 돈황 벽화를 몰래 뜯어갔다. 1924년, 워너는 돈황 천불동에서 고무포와 접착제를 이용해 제320호, 321호, 323호, 329호, 331호, 335호, 372호 동굴의 당 시대 벽화 26점 등 도합 32,006㎠를 뜯어갔다. 그가 절취해간 벽화 중에는 초당 시대에 그려진, 한 무제가 불사리를 얻기 위해 장건을 서역에 파견한 내용을 그린 벽화가 있다. 뿐만 아니라 그는 328호 굴에서 중당 시대에 만들어진 1.2m 높이의 반궤관음(半跪觀音) 채색 소상(塑像) 몇 기를 가져갔다. 벽화와 소상을 도둑맞은 사실을 알게 된 돈황 주민들이 현정부와 천불동 주지 왕도사를 찾아가 강력하게 항의하는 일이 벌어졌다. 1925년, 워너는 프리스트와 함께 돈황을 다시 찾아왔다. 이번에는 258호 굴 전체의 벽화를 뜯어가려고 다량의 자재를 준비해 왔지만 현지 정부와 주민들이 일치하여 반대했기 때문에 빈손으로 돌아가야 했다. 포그박물관에는 그밖에도 천룡산 석굴에서 잘라온 수많은 아름다운 석상과 석굴 천정의 비천상 장식이 소장되어 있다.

뉴욕 메트로폴리탄 미술관은 미국 최대의 박물관이다. 이 박물관의 동양부 책임자 프리스트는 1925년에 돈황으로 가서 벽화를 뜯어 오려다 실패한 후 중국의 골동품상 악빈을 내세워 용문 석굴의 『예불도』를 잘라왔다. 『황제예불도』는 메트로폴리탄 미술관 동양부 전시실 입구 벽에 붙박이가 되어 걸려 있고, 『황태후예불도』는 캔자스 넬슨 박물관에 진열되어 있다. 메트로폴리탄 미술관이 소장하고 있는 중국 조각과 자기 명품 또한 적지 않다. 중국 회화작품 430점 가운데는 북송 굴정의 『하산도』, 남송 이당의 『진문공복국도』, 마화지의 『홍안지집도』, 무명씨의 『호가십팔박도』, 미우인의 『운산도』, 원 초기 전선의 『왕희지관아도』, 방종의의 『운산도』(이상은 왕계천이 70년대에 넘긴 것이다), 북송 시대의 『계산설제도』, 곽희의 『수색평원도』, 황정견(黃庭堅)의 『초서염파린상여전(草書廉頗藺相如傳)』, 남송 조맹견(趙孟堅)의 『자서매죽삼시(自書梅竹三詩)』, 오대 시대의 『별원춘산도(別院春山圖)』, 북송 이공린의 『빈풍도(豳風圖)』, 교중상의 『후적벽부도』(이상은 크로포드J. M. Crawford가 기증), 송 주동경(周東卿)의 『화어권(畵魚卷)』(영국인 바흐A. W. Bahe로부터 매입), 원 전선의 『귀거래도권(歸去來圖卷)』(민국 초기에 퍼거슨이 사들임), 원 예찬(倪瓚)의 『우산임학도(虞山林壑圖)』, 왕진붕(王振鵬)의 『유마불이도(維摩不二圖)』, 장우(張羽)의 『산수도』, 조맹부의 『쌍송평원도(雙松平遠圖)』, 『강희남순도(康熙

南巡圖)』 제3권, 당 한간의 『조야백도』 등 다수가 걸작품이다.

필라델피아대학 박물관은 중국의 조각 작품을 주로 소장하고 있다. 유명한 "소릉 여섯 준마" 가운데 두 개가 이곳에 진열되어 있다. 송 시대 사람이 모사한 『주문구궁중도(周文矩宮中圖)』에 나오는 궁녀의 복식과 기물은 당 시대의 제도를 그대로 보여주고 있어서 궁정생활과 음악사를 연구하는데 중요한 사료이다.

워싱턴의 프리어 박물관이 소장하고 있는 중국 회화 작품은 1,200여 점 가량 된다. 그 중에서 당 시대의 작품인 『석가모니불회도권(釋迦牟尼佛會圖卷)』, 송나라 사람이 모사한 고개지의 『낙신도권』, 송 곽희의 『계산추지도권』, 송 이숭(李嵩)의 『화귀권(畵鬼卷)』, 송 공개(龔開)의 『중산출유도권(中山出游圖卷)』, 왕암수(王巖叟)의 『매화권(梅花卷)』, 원 전선의 『내금치자도권(來禽梔子圖卷)』, 조맹부의 『이양도권(二羊圖卷)』, 오진(吳鎭)의 『어부도권(漁父圖卷)』, 조옹(趙雍)이 모사한 이공린의 『인마도(人馬圖)』, 추복뢰의 『춘소식도권』은 모두가 걸작이다. 조각과 불교문물로서는 금도금 불상, 당 시대의 필사본 불경, 송·원·명의 불화, 북위에서 워·명까지의 조소가 있고 그 중에서 운강, 용문, 천룡산, 하남 공현 석굴에서 온 것들이 적지 않다. 프리어 박물관이 소장하고 있는 청동기와 옥기 수준은 미국의 어느 박물관보다 앞선다.

시카고 박물관은 미국의 2대 박물관 중의 하나이며 소장하고 있는 중국문물 중에서는 청동기가 유명하다. 소장하고 있는 청동기는 100점 이상이다. 도자기 중에서는 송 용천요 대병(大甁), 명 영락 첨백암화고족(甛白暗花高足) 완(碗), 강두홍(豇豆紅), 녹랑요(綠郎窯) 병이

「청동 응준(應尊)」, 프리어 미술관 소장

「청동 편호(扁壺)」, 프리어 미술관 소장

「춘추후기 술그릇」, 프리어 미술관 소장

「청동 술그릇」, 프리어 미술관 소장

「청동 인면화(人面盉)」,
프리어 미술관 소장

프리어 미술관 소장

있다. 조각 작품으로서는 당 시대의 석각좌불상, 송 시대의 목각측신(木刻側身) 관음상 등이 있다.

캔자스 넬슨 박물관이 소장하고 있는 유명한 중국 조각으로는 『황태후예불도』 이외에도 용문 석굴 석사자, 천룡산 석굴 부조 비천상, 북조의 불상과 석수(石獸), 수 시대의 관음상, 당 시대의 불상과 백석(白石)에 앉은 사자상 등이 있다. 이 박물관이 소장하고 있는 중국 서화는 미국의 다른 어떤 박물관과도 비교가 되지 않는다. 걸출한 작품으로서는 다음과 같은 것들이 있다. 북송 허도녕(許道寧)의 『고두어부도권(高頭漁父圖卷), 이성의 작품이라 전해지는 『청만소사도(晴巒蕭寺圖)』, 남송 강참(江參)의 『임만적취도(林巒積翠圖)』, 하규의 『사단산수도(四段山水圖)』, 원 이간(李衎)의 『묵죽도』 앞부분, 임인발(任仁發)의 『구마도(九馬圖)』, 성무(盛懋)의 『산거납량도(山居納涼圖)』, 장언보(張彦輔)의 『극죽유금도(棘竹幽禽圖)』 등이 있다. 1940~50년대에 동양부 책임자(후에는 관장)였던 시크먼은 부의가 가지고 나갔던 서화작품들이 흩어지는 기회를 이용하여 당 진굉의 작품이라고 전하는 『팔공상』, 북송 왕이용의 작품이라고 전하는 『노군별호사실도』, 남송 시대의 『호남평이도(滬南平夷圖)』등의 명작을 사들였다. 이 박물관에 꾸며놓은 "중국 사당"의 입구에는 역주(易州) 모처의 황릉에서 잘라왔다는 유리 궁문을 세워 놓았고 천정에는 북경 지화사(智化寺)에서 뜯어온 화려한 천정 장식을 붙여놓았으며 벽에는 산서 방승사(方勝寺)에서 잘라온 벽화를 붙여 놓았다. 이 박물관이 소장하고 있는 상 시대의 도철문(饕餮紋) 존(尊), 상 시대의 옥기, 주 시대의 도자기 항아리, 장사(長

沙) 초칠(楚漆) 합(盒), 한·당 와기(瓦器)와 도용(陶俑), 송 자주요(磁州窯) 백지흑유용문(白地黑釉龍紋) 대병(大瓶), 송 분정모란문(粉定牧丹紋) 대반(大盤)은 모두 걸출한 작품이다.

# 17
# "북경인"-바람과 함께 사라지다

1998년 10월 10일자 《광명일보(光明日報)》의 눈에 잘 띄는 위치에 「"북경인"을 계속 찾자」란 제목의 호소문이 실렸다. 이 호소문에는 저명한 고고학자 가란파(賈蘭坡)를 포함한 중국과학원 원사 14명이 서명했다. 간절한 기대를 담은 이 호소문에는 다음과 같은 구절이 나온다. "중국의 과학자로서 우리는 이 일을 시종 잊은 적이 없다. 첫 번째의 북경원인 두개골이 발견된 1929년 12월 2일부터 인류는 자신의 과거에 대해 진정한 의미에서 다시 인식하게 되었다. 그러나 우리의 마음을 아프게 하는 것은 이 위대한 발견 가운데서 가장 값진 부분인 북경원인의 두개골 화석과 중국에서 발견된 기타 영장류 화석이 모두 제2차 세계대전 중에 사라져버린 일이다."

노과학자들은 감동적인 어조로 호소했다. "우리는 여기서 과학을 사랑하는 전 세계의 진보적인 인사들을 향해 다음과 같이 호소하는 바이다. 금세기가 끝나기 전에 모든 인류가 손잡고 나서서 북경인을 찾아내자."

## "북경인"의 탄생

주구점(周口店)은 북경 서남쪽 50km 지점에 위치한 흔하디 흔한 작은 농촌 마을이었다. 그곳은 산과 평원이 맞물리는 지역이었다. 서산(西山)은, 작은 농촌마을의 서쪽과 북쪽에서 달려오던 한 무리의 야생마가 갑자기 피로를 느낀 듯 발걸음을 늦추고 이윽고 멈춰 서서 동남쪽의 광대무변한 화북 대평원을 바라보는 듯한 모습을 하고 있었다. 주구점은 서산 자락에 조용히 누워있었다.

광서 25년(1899년), 평한(平漢) 철로의 지선이 이곳까지 연결되었고 작은 농촌마을에도 보잘 것 없는 번영이 찾아왔다. 산 위에는 오르도비스기의 석회암층이 있어서 캐다가 신작로를 깔 때 이용되었고 소석회를 만들기도 했다. 석회기의 지층 가운데에 석탄층이 끼어 있어서 이곳에서는 북방의 주라기 지층 중에서 최상급 석탄이 나오고 있었다. 화강석과 대리석도 상당히 풍부해서 주민들이 좋은 값을 받고 북경이나 천진으로 내다 팔았다.

1918년 3월의 어느 날, 금발에 푸른 눈의 한 서양인이 이곳에 왔다. 그의 이름은 안데르손(Johan Gunnar Andersson), 저명한 스웨덴 지질학자였다. 그는 북양 정부 농상부 광정국(鑛政局)에서 초빙한 고문이었다. 여러 분야에 관심을 가진 이 학자는 동물 화석과 기타 고고학 자료를 채집하여 연구했다. 그가 주구점에 온 이유는 석탄 광맥을 찾기 위해서가 아니라 꿈에서도 그리던 “용골”을 찾기 위해서였다.

“용골”은 일찍부터 고생물학자들의 시선을 끌었다. 8국 연합군이 북경을 점령하고 약탈한 1900년에 처지가 암담했던 독일인 의사가 황김에 보따리를 챙겨 모국으로 돌아갔다. 그는 북경의 한약방에서 사온 “용골” 한 상자를 독일의 저명한 고척추동물 학자 슐로써(Schlosser)에게 보냈다. 그 중의 화석 한 조각이 슐로써의 눈길을 끌었다. 그는 그것이 위턱 세 번째 어금니임을 알아냈다. 그러나 신중한 학자는 그것이 인간의 치아라고 단정하지는 않았고 유인원의 어금니일지 모른다고 밝혔다.

박학한 안데르손은 어금니의 중요성을 알아차렸다. 그는 중국에 오자 곧바로 기술자들을 모아 화북 각지를 다니며 화석을 채집했다. 한 달 전, 어떤 기술자가 붉은 점토에 묻힌 뼈 조각을 안데르손에게 보여주면서 주구점 부근의 계골산(鷄骨山)이라고 하는 곳에서 채집한 것이라고 말해주었다.

계골산은 기차역에서 서남쪽으로 4리 떨어진 곳에 있었다. 안데르손은 화석을 포함한 퇴적물 앞에서 이틀을 돌아다닌 후 "계골(鷄骨)" 몇 조각을 주워 왔다. 현지 주민들이 "계골"이라 부르는 이것은 실은 아득한 옛날에 살았던 설치류 동물의 화석이었다.

계골은 그의 호기심을 돋우는 한편 갑갑함도 부채질했다. 사람의 것인지 유인원의 것인지 알 수 없는 그 이빨은 어디서 나왔을까? 풀리지 않는 의문이 그를 따라다녔다. 북경의 약방에서 나왔으니 고향은 화북 지역 어디쯤인 것은 분명하지만 화북이 얼마나 넓은 곳인가!

3년 후 어느 여름날, 젊은 오스트리아 고생물학자 즈단스키(Otto Zdansky)가 안데르손 일행에 합류했다. 안데르손은 그에게 현장 경험을 쌓게 하기 위해 "계골산" 발굴을 맡겼다. 얼마 후 안데르손 자신도 계골산 발굴에 합류했다.

안데르손이 토끼 뼈를 조심스럽게 들어올리고 있을 때 석회석을 채굴하는 인부가 옆을 지나갔다. 인부는 한참을 머뭇거리다가 천천히 입을 열었다. "북쪽 산 동굴 속에는 좋은 용골이 많은데 왜 여기서 파고 있지요?"

기차역에서 서북쪽으로 멀지 않은 곳에 식빵 모양의 작은 산 하나가 있었다. 산허리 중간 부분에 크게 갈라진 틈이 있었다. 석회석을 채굴하는 일꾼들은 그 틈 안의 붉은 진흙 속에서 수시로 많은 양의 "용골"을 캐냈다.

안데르손 일행은 용골산에서 꼬박 하루를 작업했다. 이 날의 수확은 정말 괜찮았다. 그날 밤 안데르손은 피곤을 무릅쓰고 등불 아래서 수확물을 자세히 살펴보았다. 코뿔소, 하이에나, 곰의 뼈와 종골(腫骨) 사슴의 두툼한 아래턱 뼈 화석도 있었다.

채광 전문가들은 돌의 색만 보아도 많은 것을 알아낼 수 있다. 안데르손은 퇴적물 속에서 흰색의 날이 선 석영 조각을 발견했다. 날카로운 날은 인류의 조상이 짐승의 살을 자를 때 사용했던 것 아닐까? 안데르손은 용골산의 바위벽을 가볍게 두드리면서 즈단스키에게 말했다. "우리 조상의 유해가 여기 누워 있을 것 같은 예감이 들어!" 역사의 발걸음이 20세기의 문턱을 넘어서자 서양 문명의 물결과 서양 과학자와 탐험가들의 무리가 극동의 대지를 휩쓸고 지나갔다. 서양 고고학자와 고생물학자들의 그림자가 중국의 고원과 평원, 고비사막을 훑고 지나갔다. 전란은 빈번하게 일어났고 중국의 대지는 만신창이가 되었다. 이 대지를 파헤치고 지나간 수많은 서양 과학자들은 "문화침략"이란 개념도 없었고, 그것이 중국인들의 영혼에 어떤 고통을 주는지도

「주구점 발굴 현장」(1927년)

알지 못했다. 그러나 그들 가운데 일부는 인류의 과학 발전을 위해 헌신한다는 사명감과 열정을 가지고 묵묵히 일했다. 그들이 보여준 진지한 과학적 태도와 선진적인 기법은 중국 현대 고고학의 발전과 성취의 중요한 기반이 되었다. 20세기 전반기에 중국 선사 고고학의 네 가지 빛나는 업적—1921년 앙소(仰韶)문화의 발견, 1923년 하투(河套) 구석기 문화의 발견, 1926년 "북경인"의 발견, 1933년 산정동인(山頂洞人)의 발견—의 뒤에는 이러한 과학자들의 피땀이 어려 있다.

"북경인"을 언급할 때면 우리는 데이비슨 블랙(Davidson Black, 중국명 보달생步達生)을 잊을 수가 없다. 널찍한 얼굴에 체구가 왜소하고 등이 약간 굽은, 미국 국적의 캐나다인 인류학자 블랙은 생애의 마지막 몇 년 동안 전심전력을 다해 "북경인" 발굴 작업에 매달렸다. 주구점의 체계적 발굴을 촉진한 사람도 그였고, "북경인"이란 개념을 제시한 사람도 그였으며, 56편의 논문을 발표하여 "북경인"의 신성한 지위를 확립하는데 지대한 공헌을 한 사람도 그였다. 1934년 3월, 심장병으로 영원히 잠들면서 비로소 그는 "북경인"과 이별했다. 안데르손이 주구점에서 인류 화석을 발견했다는 소식은 "중앙아시아설"에 빠져 있던 블랙에게는 흥분제 주사와 같았다. 발굴 소식이 아직 정식으로 발표되기 전에 그는 이미 체계적인 발굴을 위해 동분서주했다. 그는 록펠러재단으로부터 발굴에 필요한 재정 지원을 받자는 계획서를 작성하여 협화의학원* 책임자 휴튼(H. S. Houghton, 중국명 호항덕胡恒德)에게 제출했고 이어서 중국지질조사 소장 옹문호(翁文灝)의 방문을 두드렸다.

1927년 2월, 옹문호가 기초한 중국지질연구소와 북경 협화의학원의 주구점 발굴 협의서에 양측 당사자가 서명했다. 그 내용은 아래와 같았다.

"1. 화북 제3기 및 제4기 화석 퇴적물 연구 전문 재단을 설립한다. 록펠러재단이 제공하는 24,000달러를 2년 동안의 연구비로 충당한다. 협력의 주목적은 선사 인류화석과 동시대의 동물화석을 발굴하고 연

* 미국 록펠러재단이 1917년에 북경에 설립한 의과대학으로 중국 최초의 8년제 의과대학이며 현재는 국립 북경협화 의학원.

구하는 것이다. 발굴 과정에서 획득한 예상하지 않았던 역사시대의 유물은 모두 관련된 중국의 박물관에 보낸다.

2. 북경 협화의학원 해부학과장 블랙 박사는 쌍방이 지정하는 전문가들과 협조해 야외 작업을 책임진다. 지질조사소 소속의 고생물학 전문가 2~3인을 목적사업과 관련된 고생물 연구 작업을 진행하도록 초빙한다.

3. 모든 채집표본의 소유권은 중국지질조사소가 갖는다. 다만, 인류학 자료는 중국 밖으로 반출하지 않는 조건 하에서 북경 협화의학원이 보관하고 연구 자료로 이용한다.

4. 모든 연구 성과는 《중국고생물지》 또는 중국지질조사소의 기타 간행물이나 중국지질학회의 출판물에 발표한다."

1927년 4월 16일, 주구점 야외 작업의 고문인 스웨덴 고생물학자 볼린(Ander Birger Bohlin)과 중국지질조사소의 젊은 지질학자 이첩(李捷)이 이끄는 발굴대가 용골산에 올랐다. 이후 수 십 년 동안 이어지는 주구점 발굴은 이렇게 시작되었다.

이보다 보름 전에 이첩은 용골산 구석구석을 누비며 지형을 측량하여 지도를 만들었다. 발굴에 참여한 주요 인원들은 이런 자료를 통해 그곳의 지형을 사전에 익혔다. 발굴 횟수는 예상하지 않았으나 전체적인 발굴 계획은 일찍부터 세워져 있었다.

전체 퇴적층의 중앙 부분이자 벌어진 틈의 서쪽에 해당하는 지점에서 볼린은 석회암 조각, 모래흙, 동물의 뼈 조각이 응고되어 형성된 퇴적물의 한 부분을 떼어 냈다. 그는 몸을 돌려 말했다. "여기서부터 시작합시다." 이첩이 미소지으며 고개를 끄덕였다. 삽질이 시작되었다.

블랙은 전체 발굴 작업이 2~3개월이면 끝날 것으로 낙관했다. 그런데 60여 년이 지난 후에도 석회암 바위를 두드리는 망치 소리는 그치지 않았다.

눈 깜짝할 사이에 10월이 찾아왔고 1년 동안의 작업이 종결되었다. 500여 상자의 화석 자료는 협화의학원 지하 창고로 옮겨졌다.

10월 19일 밤, 막 회의를 끝낸 블랙 박사가 집무실 문을 열자 기다리고 있던 볼린이 소파에서 용수철처럼 튀어 올랐다. 볼린은 먼지 묻은 작업복을 입은 채로 달려왔지만 얼굴 가득히 행복한 웃음을 짓고 있었다. "내가 뭘 가져왔는지 한 번 맞춰 보세요."

오른쪽 아래 어금니 하나가 블랙의 눈에 들어왔다. 볼린은 이것을 3일 전 발견했으며, 4년 전에 즈단스키가 첫 번째 어금니를 발견한 곳에서 멀지 않은 지점에서 찾아냈다고 설명해주었다. 블랙의 회색 눈이 빛을 냈다. "우리가 마침내 멋진 인간의 이빨을 찾아냈군!" 어금니를 받아 든 블랙은 흥분을 누르고 냉정하게 살펴보았다.

며칠 밤을 세워 연구보고서가 작성되었다. 블랙은 보고서에서, 이 어금니의 특징이 즈단스키가 발견했던 어금니의 특징과 일치한다고 밝혔다. 어금니의 주인공은 원숭이와 현대인 중간에 속하는 일종의 원시인류이고 지금까지 발견된 "자바원인"이나 "하이델베르크원인"과 구별되는 원시인류였다. 그는 이 원시인류에게 "중국원인 북경종(中國猿人北京種, Sinanthropus pekinensis)"이란 새로운 이름을 붙여 주었는데 속칭으로는 그냥 "북경인(Homo erectus pekinensis)"이라 불렀다.

"북경인"이라는 새로운 속(屬)과 종(種)은 이렇게 태어났다.

1928년 발굴은 그 전해 발굴했던 장소의 동쪽에서 이루어졌다. 발굴은 산 정상에서 시작하여 가로 20m, 세로 12m의 장방형 지면을 하나의 작업 단위로 파헤치고 아래로 내려가며 진행되었다. 폭파음, 끌과 삽이 부딪치는 소리가 일출부터 일몰까지 산허리에 메아리쳤다.

이해의 발굴 성과는 전해의 성과보다 좋았다. 일반적인 동물화석 이외에 봄에는 "북경인" 소녀의 아래턱뼈가 나왔다. 눈보라가 불어오기 시작하는 11월에는 다시 성인 남자의 아래턱뼈를 찾아냈다. 이 턱뼈에는 3개의 완전한 어금니가 남아 있었다. 이 해에 독일에서 갓 박사학위를 딴 고척추 동물학자 양종건(楊鐘健)과 북경대학 지질학과를 졸업한 스물네 살의 배문중(裴文中)이 발굴대에 합류했다.

배문중은 첫 번째의 아래턱뼈가 발견되던 상황을 선명하게 기억하고 있었다.

어느 봄날, 발굴대원들은 평소와 마찬가지로 산에 올랐다. 조금씩 내리던 빗방울이 점차로 굵어지면서 바람까지 몰고 왔다. 통상적으로 이런 날이면 숙소로 돌아가 화석을 정리했겠지만 이날은 그렇게 할 수가 없었다. 바위 속에 박힌 원인(猿人)의 아래턱뼈가 발견되었기 때문이다.

화석을 산위에 둔 채 내려간다면 화석의 안전을 보장할 수 없었다. 볼린은 안개비 속으로 배문중을 끌고 왔다. 두 사람은 흙탕 속에 꿇어앉아 조심스럽게 화석을 파내기 시작했다.

산위의 나무는 현지 주민들이 소석회를 만들어 파느라 일찌감치 베어가 남은 것이 없었다. 진흙과 모래를 품은 빗물이 아무것도 거칠 것이 없는 산허리를 타고 흘러내렸다. 일꾼들이 원을 그리며 둘러서서 기름을 먹인 종이우산을 펼쳐 비바람을 막아주었다. 모두가 흙탕 속에서 뒹굴고 있는 두 사람을 조용히 지켜보고 있었다.

마침내 볼린이 화석을 손으로 받쳐들고 일어섰다. 감동으로 붉게 달아오른 그의 얼굴에는 진흙 꽃이 만발해 있었다. 바로 그때 길을 잃은 산돼지 한 마리가 진흙탕 속을 비틀거리며 달려왔다. 산돼지도 온몸이 진흙투성이였다. 볼린이 웃음을 터뜨리며 말했다. "배 선생, 저 돼지도 화석을 발굴하러 왔나봅니다. 우리나 저 돼지나 꼴이 말이 아니군요."

두개의 아래턱뼈를 받아 본 블랙 박사는 크게 감격했다. 그는 지난해에 이빨 하나만으로 새로운 속종으로 자리 잡은 북경인이 보다 확실하고 충분한 증거를 갖게 되었다고 판단했다. 블랙 박사가 새로운 속종을 세웠을 때 일부 과학자는 비웃었다. "'북경인'이라고? 이빨 하나만으로? 블랙은 대담하지만 경솔한 인물이군!"

이제 보물창고의 문이 열렸고 더 아름답고 진기한 보물이 사람들의 손길을 기다리고 있었다.

## 두개골 화석의 등장

1929년에는 배문중이 주구점 발굴을 주도했다.

전해 말에 제5층까지 발굴이 끝나 있었다. 화석을 함유한 잿더미

층인 제5층은 탄산칼슘이 접착제 역할을 해 단단하기가 철판 같았지만 화석은 찾아볼 수가 없었다. 많은 사람들이 제5층은 "북경인"이 거주했던 동굴의 가장 아래층이고 그 아래에서는 "북경인" 화석 같은 것은 더 이상 나오지 않을 거라고 생각했다. 그러나 다른 생각을 가진 사람도 있었다. 만약 이층 아래에 화석이 있을 수 있다면 지금 포기하는 것은 너무 아까운 일이 아닌가?

볼린 박사는 사직하고 "중국·스웨덴 과학고찰단"이란 탐험대에 참가하여 곧바로 중국의 서북 지역으로 갔다. 양종건과 프랑스 국적의 드 샤르뎅(Pierre Teilhard de Chardin, 중국명 덕일진德日進) 신부는 산서와 섬서 일대에서 신생대 지질을 조사하고 있었다.

1년 전 지질조사소의 문을 두드렸을 때 배문중은 고척추 동물 화석이 무엇인지 몰랐으나 젊고 부지런한 그는 주구점이란 현장 교육을 통해 문턱을 넘을 수 있었다. 아직은 연약하다고 할 수 있는 그의 두 어깨에 이제 중책이 떨어졌다.

봄이 되자 블랙 박사, 드 샤르뎅 신부, 양종건, 배문중은 용골산으로 모였다. 그들은 토론을 거쳐 발굴 계획을 확정했다. 지난 두 해 동안 발굴했던 지점의 중간에서 제5층 아래로 계속해서 파내려가기로 했다.

배문중은 동료를 태우고 떠나는 기차가 내뿜는 연기를 우두커니 바라보는 일을 몇 차례 되풀이 했다. 산 속에는 유일하게 "선생"이라 불리는 배문중과 일꾼들만 남았다. 매일 계속되는 폭발음과 짙은 연기 속에서 발굴 작업은 느리게 진행되었다.

「북경인 두개골 화석을 든 배문중」

낮 시간은 긴장해야 했기 때문에 오히려 좋았다. 밤이 찾아오면 배문중은 혼자서 어둠 속에 흔들리는 등불을 마주한 채 적막과 번뇌와 씨름해야 했다. 그런 때면 그는 "계륵(鷄肋)"의 고사를 떠올리며 혼자서 쓴 웃음을 지었다. 이 빌어먹을 지층과 진전이 없는 발굴 작업은 정말 "계륵"이야! "먹자니 맛이 없고 버리자니 아까워!"

산위의 마른 풀이 점차로 푸른색을 띨 무렵 배문중이 씹던 "계륵"에서 마침내 맛이 흘러나왔다. 제5층 아래로 제6층과 제7층까지 비교적 순조롭게 파내려갔다. 각종 동물 화석층이 끊임없이 나타났다. 어느 날 종골 사슴의 턱뼈가 145개나 나타났다. 제8층과 제9층에서 북경인 이빨이 몇 개 나왔다.

가을이 찾아왔고 작업은 계속되었다. 북쪽 산의 나뭇잎은 불타는 노을처럼 변했고, 이윽고 바람에 날려 흩어졌다. 용골산의 발굴은 깊이를 더해갔고 침적층의 면적은 갈수록 좁아졌다. 배문중은 마침내 깔때기 모양의 갱의 맨 밑바닥에 도달했다.

11월 말, 맨 밑바닥에 도달했으니 쉬어야 할 때가 되었다. 눈발이 얼굴을 향해 달려들었다. 눈발과 함께 북경에서 전보가 날아들었다. "올해의 작업은 즉시 종결할 것."

배문중은 전보를 만지작거리며 생각에 잠겼다. 이렇다 할 발굴 성과는 없고 마음은 공허했다. 이틀만 더 파볼까, 그러면 혹시…….

겨우 몇 사람이 쭈그려 앉을 수 있는 깔때기의 밑바닥 부분 남쪽에서 망치와 정이 돌에 부딪치는 소리와 함께 자그마한 동굴 구멍이 나타났다. 밧줄로 허리를 묶은 채 매달려 배문중과 일꾼 한 명이 위에서 밧줄을 내려주는 대로 어두운 동굴 안을 더듬어 내려갔다. 동굴의 암흑 속에서 손전등 불빛이 벽면을 이리저리 훑어 내려갔다. 그 불빛 가운데서 화석이 신화처럼 모습을 드러냈다.

배문중은 동굴 밖으로 나온 후 발굴을 계속하기로 마음을 굳혔다.

동굴이 발견된 다음날인 1929년 12월 2일, 짧은 겨울 해가 기울자 오후 4시인데도 벌써 어둠이 찾아오기 시작했다. 용골산 위에선 지난 이틀 동안 내렸던 눈이 아직 그치지 않았고 삭풍이 날카로운 소리를 내며 불어왔다.

일꾼 몇 명이 동굴 안에서 작업을 계속했다. 너무 좁은 곳이라 일꾼들은 한 손에는 촛불을, 다른 손에는 망치와 삽 등의 연장을 들고 작업했다. 파낸 흙을 담은 광주리만 조용히 위로 끌어올렸다 내렸다 반복했다. 흔들리는 촛불 아래서 아무도 입을 열지 않았다. 금속이 바위에 부딪치는 차갑고 건조한 소리만 들렸다.

배문중은 동굴 입구 쪽에 앉아 있었다. 그는 올랐다 내려오기를 몇 번이나 거듭했는지 몰랐다. 잠시 쉬는 시간이었다.

갑자기 아래쪽 동굴 속에서 외치는 소리가 들려왔다. "배 선생, 여기 둥그런 물건이 나왔어요." 배문중은 엎드려 고개를 동굴 안으로 들이밀고 살펴보았다.

"사람 머리, 사람 머리야!" 배문중이 미친 듯이 소리 질렀다.

촛불 몇 개가 동굴 벽 침적물 속에 응고되어 박혀 있는 그 물체를 둘러싸고 비췄다. 그것은 둥그런 두개골이었다. 절반은 푸석푸석한 흙

속에, 절반은 바위처럼 굳은 흙 속에 묻혀 있었다.

마침내 찾았다!

"빨리 파내, 빨리."

"날이 어두워졌으니 내일 합시다. 파손될지 모르잖아요."

혼란스러운 토론을 배문중이 잠재웠다. "지금 파내시오! 지렛대를 사용하시오!"

두개골은 마침내 조심스럽게 암석 속에서 빠져나왔다.

가볍게 부딪치는 소리가 나면서 두개골에서 작은 파편이 떨어져 나왔다. 배문중은 후회의 한숨을 내쉬었다. 그러나 떨어져 나간 부분을 통해 "북경인"의 두개골이 현대인의 그것보다 훨씬 두껍다는 사실을 알 수 있었다. 다른 소득이 실수를 보상한 것이다.

첫 번째의 "북경인" 두개골은 50만 년의 긴 잠에서 깨어나 촛불 아래서 담황색의 빛을 반사했다.

오랫동안 기다렸던 일이 사실로 나타나면 사람들은 그래도 잠시 의문을 갖는다. 의문을 담은 전파가 북경으로 날아들었다. 정말 이런 행운이 일어날 수 있을까? 동굴 속에 떨어진 현대인의 두개골일 가능성은 없을까? 지금까지 확신에 차있던 블랙 박사도 잠시 의문을 품었나. "방금 두개골 하나를 찾았음. 상태는 안전, 사람의 두개골 같음." 전보를 받고 블랙 박사는 안데르손에게 편지를 썼다. "나는 이것이 진실이기를 바라네."

6일 새벽, 배문중은 겨울바람을 맞으며 역으로 가 북경행 장거리 열차에 올랐다. 출발하기 전 그는 밤을 새워 "북경인"의 두개골을 말렸다. 말린 두개골 위에는 다시 면으로 만든 종이, 석고와 마대 조각을 바른 후 솜이불로 말아서 가방에 넣었다. 북경역이 가까워오자 검문이 시작되었다. 배문중은 화석 몇 개를 꺼냈다. 검문 요원이 상자를 열려고 하자 배문중은 흥분했다. "제발 검문을 면제시켜주시오. 꼭 해야 된다면 마대와 종이는 걷어내지 마시오. 꼭 걷어내겠다면 먼저 나를 체포하시오." 놀란 검문 요원이 배문중을 한참 동안 쳐다보다가 그냥 가버렸다.

두개골을 받아든 블랙 발사의 손은 떨렸고 말소리도 떨렸다. "정말이구나, 정말이구나!"

원숭이에서 인간에 이르기까지는 세 단계를 거친다. 첫 번째는 지금부터 300만 년에서 100만 년 전인 남방고원류(南方古猿類, australopithecus afarensis) 단계이고, 세 번째는 지금부터 10만 년에서 1만 년 전인 지인(智人, Homo sapiens) 단계이다. 두 단계 사이가 직립인(直立人, Homo erectus) 단계로서 "북경인", "자바인", "하이델베르크인" 등이 여기에 속한다. 1929년 이전에는 "자바인"이나 "하이델베르크인"의 두개골 증거가 너무 적어서 그 존재를 인정받지 못했으나 "북경인"의 두개골이 발견되면서 직립인 단계는 확고부동한 근거를 갖게 되었다.

"북경인"의 두개골이 발견되었다는 폭발적인 뉴스는 신문배달 소년들의 목소리를 타고 북경의 모든 거리와 주택가와 곧이어 세계로 퍼져나갔다.

주구점은 인류 진화의 성지가 되었다.

첫 번째 북경인 두개골은 인류 진화의 수수께끼에 대한 해답을 제시했다. 원숭이 무리에서 뒤뚱거리며 떨어져 나온 "북경인"의 생활은 어떤 것이었을까? 그들에게도 "문화"라고 부를만한 것이 있었을까?

"북경인" 유적을 대규모로 발굴하기 시작한 이후로 유적지에서는 항상 석영 조각이 나왔으나 누구도 관심을 갖지 않았다. 1929년까지는 블랙 박사조차도 발표한 논문에서 "어떤 종류의 인공적인 물건"이나 "불을 사용한 흔적"을 발견하지 못했다고 밝혔다. 배문중은 두개골을 발견한 지점에서 타격의 흔적이 분명하게 남아 있는 석영 조각을 찾아냈다. 그러나 그것은 발굴이 끝난 퇴적물 속에서 주운 것이었기 때문에 누구도 그것과 두개골이 같은 지층에서 나온 것이라고 주장할 수가 없었다.

배문중은 용골산에서 가져온 석영 조각을 깨끗이 씻어 지질조사소 테이블 위에 늘어놓았다. 동료 한 사람이 그 중 한 조각을 집어 들고 다른 조각에 부딪치며 말했다. "이런 돌은 길에 널려 있어!"

1931년, 합자당(鴿子堂) 동굴의 발굴이 시작되었다. 그 동굴은 용골산 동쪽 비탈의 북쪽에 있었다.

두개골이 발견된 후 "원인(猿人) 동굴"에 대한 발굴이 활기를 띠게 되었다. 발굴 심도가 십 수 미터에 이르렀을 때 원인 동굴의 바닥이 두 갈래로 나뉘었다. 동쪽 동굴은 동남쪽으로 구부러지고 서쪽 동굴은 서남쪽으로 향하면서 화석 침적층의 밑바닥을 지나고 있었다. 동굴 안에서는 거대한 바위가 수시로 떨어졌다. 배문중은 한참을 생각한 후 합자당 동굴에서부터 서쪽으로 파서 원인 동굴과 통하게 만들기로 결심했다.

성적은 나쁘지 않았다. "북경인"의 턱뼈와 빗장뼈가 나왔다. 이것만 해도 사람을 흥분하게 만드는 성과이지만 더 흥분하게 만든 것은 "북경인"의 문명이 모습을 드러낸 일이었다. 많은 양의 석기가 수십만 년의 어둠을 떨쳐 내고 햇빛 아래 그 모습을 드러냈다.

얼마나 많은 유물이 나왔는지 정확하게 아는 사람은 없다. 매일 발굴 작업이 끝나면 큰 광주리에 담긴 석기와 석편은 사무실로 옮겨졌다. 가란파는 이렇게 날라온 석기와 석편, 인공의 흔적이 있는 석영, 수정, 사암들을 정리하고 번호를 붙이는 작업을 했다. 그는 8천 번까지 번호를 매긴 일은 기억하지만 그 뒤로 얼마나 번호가 추가되었는지는 기억하지 못한다.

배문중은 석영 한 조각을 집어 들고 생각에 잠겼다. 원래 석회암 지역에서는 석영이 나지 않는데 이곳에서 왜 이렇게 많은 석영이 나올까? 그의 눈길은 멀리 떨어진 강변을 향하고 있었다. 아마 저곳에서 가져왔겠지. 주워서 어디에 썼을까? 당연히 석기를 만드는데 썼겠지. 사암, 석영암, 부싯돌 등 자갈도 강가에서 주어 왔을 것이다. 수정은 몇 리 밖에 있는 화강암 산자락에서 주워 왔을 것이고…….

이런 석기는 "원인 동굴" 안 도처에서 발견되었다. 연구 결과 북경인은 석기를 사용했다는 사실이 입증되었다.

가란파는 1931년 합자당 동굴의 석기 발굴이 시작되던 때에 이곳으로 와 작업에 참여했다. 그는 흑색, 황색, 홍색의 부드러운 진흙층에서 작업했던 것을 기억했다. 화학 실험 결과 진흙층은 타고 남은 재였음이 밝혀졌다. 합자당 동굴뿐만 아니라 "원인 동굴"에서도 이런 진흙이 도처에 널려 있었다. 진흙층은 색깔이 선명하고 부드러웠으며 많은 양의 수분을 함유하고 있었다. 진흙 한 덩이를 움켜쥐면 가느다란 물방울이 베어 나왔다.

재 층에서는 불에 타서 갈라진 흔적이 있는 돌과 뼛조각이 무수히 나왔다. 불에 탄 적이 있는 뼛조각은 화려한 색깔을 띠고 있었고 어떤 것은 원래의 형태를 잃고 비뚤어져 있었다. 여기에 더하여 박태기나무 숯도 검은 재 층에서 발견되었다.

"북경인"의 발굴은 해를 거듭하며 진행되었다. 시간은 흘러 1936년이 되었다. 그리고 다시 행운이 찾아왔다.

1936년 11월 15일 일요일, 눈이 온 후에 날씨가 개었다. 원인 동굴에서는 제25수평층의 발굴이 진행되고 있었다. 발굴면은 가로, 세로 각 2m, 깊이는 1m의 몇 개의 사각 구획으로 나누었고 한 구획마다 인부 두 사람이 배치되었다. 북쪽 석회암 동굴 벽의 부드러운 흙 속에서 "찰칵"하는 소리가 났고 발굴 인부 장해천(張海泉)이 뼛조각 하나를 찾아냈다. 그는 그 뼛조각을 가볍게 훑어본 후 버드나무 광주리에 던져 넣었다.

이 광경을 지켜본 가란파의 심장이 뛰기 시작했다. 그는 급히 달려가 뼛조각을 집어 들었다. 노란색이 옅게 베어나온 뼛조각은 그의 눈에는 금보다 더 찬란하게 비쳤다. 그의 눈은 틀리지 않았다. 그것은 두개골 조각이었다. 뼛조각 주변 6m 사방이 "특별구"로 지정되었다. 가란파와 몇 명의 인부가 바닥을 샅샅이 훑었다. 침골(枕骨)이 나왔고, 미골(尾骨)과 이골(耳骨)도 나왔다.

정오가 되었을 무렵에 마지막 뼛조각이 출토되었다. 뼛조각은 하나의 완전한 두개골을 짜 맞추기에 충분한 양이었다! 좋은 일은 연이어 일어났다. 가란파가 흥분된 마음을 가라앉히기도 전에 뼛조각이 발견된 지점으로부터 북쪽으로 1m 되는 곳에서 지하로 0.5m쯤 파들어가자 또 다른 두개골이 나타났다. 배문중이 첫 번째 두개골을 발견한 후 두 번째 두개골이 발견된 것이다!

1934년에 블랙 박사가 숨을 거둔 후에 "북경인" 화석 연구는 정체 상태에 빠졌다. 지질조사소와 협화의학원은 다방면의 노력을 기울인 끝에 독일의 저명한 인류학자 봐이덴라이히(F. Weidenreich, 중국명 위돈서魏敦瑞)를 초빙했다. 이 노학자는 독일 민족이 일반적으로 주는 인상처럼 진지하고, 성실하며, 박학다식했지만 때로는 고집을 굽히지 않는 완고함도 보여주었다. 그는 주구점 발굴 작업의 경비를 극도로 세밀하게 따졌다. 이 때문에 동료들은 그를 "구두쇠 봐이덴라이히"라 불렀다. 그러나 그는 발굴 작업 자체에는 깊은 관심을 보였다. 그는 사흘이 멀다 하고 발굴 현장으로 달려와 가란파에게 질문을 쏟아부었다. "새로 나온 건 없어? 머리가 바로 밑에 있겠지?"

마침내 기쁜 소식이 전해졌다.

봐이덴라이히가 바람을 일으키며 발굴 현장 사무실의 문을 열어젖혔다. "두개골 어디 있어?" 가란파가 거룩한 물건을 모시듯 두개골을 받쳐들고 왔다. 그리고 신부가 결혼 예물을 내려놓듯 문서 상자 위에 두개골을 내려놓았다. 두개골을 받아든 봐이덴라이히는 두 손을 부들부들 떨었다.

12월 24일, 봐이덴라이히가 주재하는 기자회견이 열렸다. 기자회견 이틀 후, 그 흥분이 채 가시지도 않은 상태에서 또 다른 기쁜 소식이 날아들었다. 또 하나의 "북경인" 두개골이 발견되었다! 이번에 발견된 두개골은 앞서 발견된 어떤 것보다도 완전해서 부분적인 비골(鼻骨)과 안광골(眼眶骨)까지 갖추고 있었다.

세 개의 두개골은 모두 성인의 것이었다. 첫 번째와 세 번째 두개골은 남성이었고 두 번째는 약간 작아 여성의 것이었다. 검사 결과 "북경인" 성인의 뇌 용량은 1,015~1,225cc로서 현대인 평균 뇌 용량 1,400cc보다 적지만 현대 원숭이의 평균 뇌 용량보다는 훨씬 많았다.

봐이덴라이히는 보고서에서 두개골의 가치를 다음과 같이 평가했다. "최근 발굴한 작은 두개골과 지난 봄에 발굴한 두개골 조각은 자바원인을 둘러싼 논란을 해결해 줄 것이다. 자바원인은 오랫동안 넓은 어깨 원숭이의 화석이라고 인식되어 왔다. 자바원인 두개골과 중국원인 두개골의 특징이 같은 것으로 보아 자바원인은 중국원인과 같은 인류의 한 종임이 분명하다. 다시 말해, 자바원인은 중국원인의 진화 과정 중의 대표라고 할 수 있다."

"북경인" 두개골은 자신의 지위를 확립했을 뿐만 아니라 만 리 밖 "자바인"의 지위까지도 구해냈다.

"자바인"의 운명도 기구했다. 1887년, 네덜란드의 해부학자 뒤부아(Eugène Dubois)는 어떤 예감에 이끌려 자바섬에 가면 원시인의 유적을 찾을 수 있다는 확신을 갖게 되었다. 그는 네덜란드 식민 당국으로부터 위생관이란 직책을 얻어 머나먼 열대 섬으로 갔다. 직무에

「복원된 북경원인 두상」

그리 충실하지 않았던 이 "위생관"은 몇 년 후 트리닐이란 곳에서 인간 같기도 하고 원숭이 같기도 한 동물의 두개골과 아래턱뼈, 이빨 세 개, 대퇴골 하나를 찾아냈다. 그는 심사숙고한 끝에 그것을 "자바원인(Pithecanthropus erectus)"이라 이름을 붙였다.

두보아의 주장은 커다란 파문을 불러일으켰다. 유럽으로 돌아갔을 때 그는 만인의 비난의 표적이 되어 있었다. 많은 사람들이 그것은 기형적인 원숭이에 불과하며 근본적으로 인간의 근처에도 못 가는 존재라고 믿었다. 분개한 뒤부아는 표본을 박물관 금고에 감추었다. 오랜 세월이 흘렀어도 "자바인"의 진실한 신분은 혼란스러운 논쟁에 휘말려

결말이 나지 않았다. 결국 뒤부아는 "대중의 뜻"에 굴복하여 그것이 넓은 어깨 원숭이의 유골이라고 시인했다.

그렇게 침묵과 암흑 속에서 수십 년을 갇혀 있던 "자바인"이 이제 "북경인" 화석 덕분에 마침내 자신의 진정한 신분—인류 진화의 연결고리라는 숭고한 지위를 회복하게 된 것이다.

세 개의 두개골 발견으로 사람들의 인식은 바뀌었다. 이듬 해 봄에 유적 발굴은 계속되었다. "북경인"은 사람들의 황홀한 시선을 한 몸에 받으며 잇달아 등장했다.

## 실종과 수색

노구교(盧溝橋)에서 포성이 울렸다.

주구점은 노구교에서 가까운 곳이었다. 전쟁이란 괴물은 노구교를 짓밟고, 북경과 전 중국을 짓밟고, 북경인 발굴 사업도 짓밟았다.

1942년 8월 23일, 영문 《북경신문》에 "20만 년 전에 북경 근처에 거주했던 인류의 조상-저명한 중국원인의 두개골 도난, 그 자리에는 모형만 남아있어"라는 제목의 놀라운 뉴스가 실렸다. 수십 억 인류가 세계대전의 거센 불길 속을 헤매고 있는 상황에서도 이 소식은 청천벽력처럼 세계를 놀라게 했다.

"북경인"은 조용히 왔다가 바람과 함께 사라졌다.

"북경인" 화석은 그때까지 북경협화의학원 B동의 한 연구실 금고 안에 조용히 누워 있었다. 연구자들은 깊이 잠든 "북경인"을 깨우지 않기 위해 필요할 때는 원형과 똑같은 모형을 이용했다.

노구교의 포성과 함께 주구점의 발굴 작업도 중단되었다. 지질조사소도 후방으로 철수하지 않을 수 없었다. "북경인"을 포함한 지질조사소의 모든 재산은 협화의학원이 대신 보관했다. 태평양전쟁이 일어나기 전에는 협화의학원이 비교적 이상적인 안전지대였다.

1941년 초부터 일본과 미국의 관계가 갈수록 악화되었고 협화의학원도 폭풍우가 불어오기 전의 불안한 상태에 빠졌다.

"북경인"의 안전이 위협을 받게 되었다. 미국으로 가 뉴욕 자연사박물관에서 "북경인" 연구를 계속하려고 준비하고 있던 봐이덴라이히는 배문중과 여러 차례 상의한 끝에 "북경인" 화석을 미국으로 피난시킬 계획을 세웠다. "북경인"을 해외로 피난시킨다는 생각은 비교적 좋은 구상이었다. 배문중은 전쟁이 끝나면 다시 중국으로 반환한다는 조건으로 이 계획에 찬성했다. 그런데 이 방법은 이전에 체결한 발굴 협약서의 정신에 배치되는 것이었다. 협약서는 주구점에서 발굴한 인류학 자료는 "중국 밖으로 반출하지 않는 조건 하에서 북경 협화의학원이 보관하고 연구에 이용한다"고 규정하고 있었다.

봐이덴라이히와 배문중이 서명한 전보가 멀리 중경으로 피난한 옹문호에게 날아갔다. "북경인"의 해외 피난을 승인해줄 것을 요청한 전보가 발송되고 며칠이 지나도 답신이 없었다.

4월, 봐이덴라이히는 "북경인" 발굴 작업을 함께 한 동료들과 함께 협화의학원 서문 앞에서 기념사진을 찍은 후 중국을 떠났다. 그는 "북경인"의 모형 하나를 가지고 갔다.

옹문호의 답신 전보는 이곳저곳을 돌아다니다 11월이 되어서야 북경의 미국 공사관에 도착했다. 옹문호는 "북경인" 표본을 미국으로 피난시키는데 동의했다. 미국 공사관과 열심히 교섭한 배문중이 공사관으로부터 받은 회답은 뜻밖에도 중경의 미국 대사관으로부터 아무런 훈령이 없었다는 것이었다. 다시 한 번 곡절을 거쳐 미국 대사관으로부터 동의 전보가 왔을 때는 이미 11월 말이 되어 있었다.

이후의 일은 협화의학원장 휴튼과 총무부장 보웬(T. Bowen)이 맡아서 처리했다.

11월 하순, 봐이덴라이히의 조수 호승지(胡承志)가 포장 작업에 참여했다. 포장 작업은 주도면밀하게 준비했다. 먼저 화석을 현미경을 닦을 때 사용하는 얇은 면포 종이로 싸고 그 위에 다시 부드러운 종이로 쌌다. 그런 다음에 새하얀 의학용 솜으로, 그 위를 반투명 종이로, 마지막으로 의학용 세마포로 여러 겹을 쌌다. 그러고 나서 작은 나무 상자에 담고 뚜껑을 닫기 전에 빈 공간을 의학용 솜으로 단단하게 메웠다. 작은 상자는 하나씩 큰 나무 상자 두 개에 나누어 담았고 상자 밖에다 "CASE1", "CASE2"라고 표시했다. 두 개의 큰 상자는 협화의학원 총무부장 보웬의 사무실로 옮겨졌다.

호승지는 자신이 "북경인"을 마지막으로 본 중국인이 될 줄은 상상도 하지 못했다.

11월 말쯤, 트럭 두 대가 협화의학원으로 들어와 각기 "북경인"과 "산정동인" 화석을 담은 흰색 나무 상자 두 개를 실은 뒤 미국 공사관을 향해 출발했다. 공사관에 도착한 트럭은 다시 북경에 주둔한 미국 해병대 막사로 갔다.

12월 5일 새벽, 미국 해병대 전용 열차가 북경 전문(前門) 역에서 차가운 겨울바람을 가르며 진황도(秦皇島)를 향해 출발했다. 진황도에서는 미국 해병대가 "북경인" 화석을 담은 나무 상자를 미국 상선 "프레지던트 해리슨" 호에 옮겨 싣기로 되어 있었다.

12월 7일, 하와이 섬의 미국 해군기지가 불바다가 되었다. 그리고 태평양전쟁이 시작되었다. 12월 8일에 일본군은 북경, 천진, 진황도에 있는 미국 기관을 신속하게 점령했고 해병대 전용열차는 진황도에서 일본군에게 억류되었다. "프레지던트 해리슨" 호는 마닐라를 출발하여 진황도로 가던 도중에 상해에서 일본군에게 징발되었다. 일본군은 이 상선을 장강 부근에서 가라앉혔다.

이때부터 "북경인"이 사라졌다.

그 후 반세기 동안 "북경인"에 관한 소문이 때때로 흘러나왔으나 종잡을 수 없는 얘기뿐이었다. 어떤 사람은, 일본군이 미군 해병 전용열차에 실린 모든 상자를 내린 후 바지선 한 척에 싣고 천진으로 가는 배에 옮겨 실으려고 하던 중 큰 파도가 쳐서 바지선이 침몰했는데 이때 "북경인"이 수장되었다고 주장했다. 어떤 소문에는 이 화석의 가치를 몰랐던 일본인이 화석을 버렸거나 약재시장에 "용골"로 내다 팔았다는 얘기도 있었다.

모든 수색 작업은 결말 없는 탐정소설처럼 끝났다.

가장 먼저 움직인 쪽은 일본이었다. 12월 8일에 협화의학원을 접수한 일본군은 먼저 해부실 금고부터 뒤졌다. 조사는 사전 준비된 계획에 따라 진행되었음이 분명했다. "북경인"이 그들이 노리는 핵심 대상이었다. 태평양전쟁이 일어나기 훨씬 전에 동경제국대학의 두 학자가 북경을 찾아왔다. 한 사람은 인류학 교수 하세베(長谷部言人)였고 다른 사람은 지질학과 조교수 다카이(高井東二)였다. 그들은 중국인이 화석을 옮기기 전에 손을 쓸 계획을 갖고 있었다. 다카이는 협화의학원 실험실에서 일하게 해달라고 요청했다. 배문중은, 그가 화석에 대한 보안조치를 파악하고 중국 측이 화석을 어디로 옮길 것인지 탐지하려 했다고 믿었다. 하세베는 드러나지 않게 활동했다.

금고 속에는 일본인이 찾던 물건이 없었다. 그들은 곧 모든 수단을 동원해 조사에 나섰다. 배문중은 당연히 중요한 조사 대상이었다. 일본인은 그에게 강온 양면의 수단을 동원했다. 그는 "북경인" 이송 작업에는 참여하지 않았기 때문에 아무것도 모른다고 답했다.

그로부터 1년 반 후에 조지라는 이름의 일본인 첩자가 일본 군부를 대표한다고 자칭하면서 다시 배문중을 찾아와 화석의 행방에 관해 물었다. 하세베가 일본 군부를 움직여 조사에 나서게 했던 것이다. 조지는 똑똑하고 수완이 좋은 인물이었다. 그는 짧은 시간 안에 "북경인"과 관련 있는 모든 인물을 찾아냈다. 협화의학원 총무부장 보웬은 북경에 억류되어 있다가 조지에게 발각된 후 일본군 헌병대에 끌려가 닷새 동안 곤욕을 치렀다.

다시 한 달이 지나 갑자기 "북경인"을 천진에서 찾았다는 소식이 들려왔다. 봐이덴라이히의 여비서 히르슈베르크(C. Hirschberg)는 붙잡혀 천진으로 가는 기차를 탔다. 그는 열차의 층계를 내려서자마자 찾는 물건은 "북경인"과 관계가 없으니 돌아가라는 통지를 받았다. 이때 이후로 일본인은 다시는 "북경인"을 찾지 않았다. 일본인이 정말로 "북경인"을 찾아냈는지, 혹은 "북경인"의 일부 화석을 찾아냈는지는 알 수 없었다.

전쟁이 끝난 후 연합군은 도쿄에 전범재판소를 열었다. 이 무렵 도쿄의 한 잡지에는 비밀리에 도쿄로 운반된 "북경인" 화석을 연합군 법정이 찾아냈다는 기사가 실렸다. 1945년 11월 9일에 중앙통신사가 타전한 이 소식은 여러 사람을 기대에 부풀게 했다. 그러나 회수된 상자를 열었을 때 모습을 드러낸 것은 "북경인"의 석고 모형과 석기 모형이었다.

중국정부의 주일 대표단 고문이자 저명한 고고학자였던 이제(李濟)도 도쿄에서 여러 차례 "북경인"을 찾아 나섰으나 흔적을 찾을 수가 없었다.

제2차 세계대전이 끝나고 나서 중국은 다시 내전 상태에 들어갔고 모두들 "북경인"을 찾아 나설 여유가 없었다. 봐이덴라이히는 "북경인"의 실종 소식을 듣고 크게 놀라고 상심했다. 그는 1947년과 1948년 두 차례나 미국 정부의 관련 기관에 편지를 보내 도움을 요청했지만 아무런 성과도 없었다. 그는 다시 워싱턴 당국에 자신을 일본으로 파견하여 조사하게 해달라고 설득했지만 냉담한 반응만 돌아왔다.

미군을 따라 도쿄에 왔던 저명한 지리학자 휘트모어(F. C. Whitmore)는 지인에게 보낸 편지에 다음과 같이 썼다. "11월 8일, 우리는 방금 도쿄대학에서 북경 주구점에서 출토된 두골과 자료 일부를 보았다. 그 중에는 블랙 박사가 했던 기초적인 연구, 발굴 현장 약도, 1927년에서 1938년까지의 지출 경비 내역 등이 있었다." 휘트모어는 도쿄대학으로 스즈키(鈴木支吾) 교수를 찾아갔다. 스즈키는 "북경인"에 관련된 일은 잘 모른다면서도 "북경인"과 동시에 발견된 뼛조각과 사슴뿔을 보여주었다. 이것들은 학술적 가치가 크지 않아서 협화의학원에 보관되어 있을 당시에도 "북경인"과 함께 두지는 않았던 것이다. 휘트모어는 일본인이 약탈한 자료를 발견하고 중국으로 돌려보냈다. 지금 생각하면 "북경인"을 협화의학원에 그대로 두었더라면 일본인들이 귀한 보물로 모시고 갔을 것이고, 그랬더라면 전후에 안전하게 돌려받을 수 있었을 지도 모른다. 그러나 사람에겐 그런 선견지명이 없다.

50년대에 "북경인"을 찾으려는 노력이 잠시 고조된 적이 있다. 1951년 3월, "북경인"이 미국 자연사박물관에 나타났다는 소문이 돌았다. 중국의 언론 매체가 미국의 문물 약탈행위를 비난하는 기사를 싣자 《뉴욕 타임스》가 대응 기사를 실었다. 중국과 미국의 학자들 사이에 비난과 반박이 이어지자 미국 인류학회장 샤피로(H. L. Shapiro)가 《뉴욕 타임스》에 소문을 해명하는 글을 실었다.

결과적으로 소문은 오해에서 비롯된 것임이 밝혀졌다. 영국의 저명한 생물학자 왓슨(Watson)이 미국 자연사박물관을 방문해 관심 있는 소장품을 관람했다. 그가 봐이덴라이히를 방문했을 때 봐이덴라이히가 "북경인" 두개골 모형을 보여주었다. 사람들은 이 모형을 진품으로 오해했고 소식이 중국에 전해지자 무의미한 파란이 일어났다.

지금까지 북경인을 찾는 작업에 여러 사람이 다양한 단서를 제공했지만 미국 군의관 폴리(W. Foley)가 제공한 단서가 아마도 가장 가치 있는 단서일 것이다. 1941년 늦은 가을에 중국 주재 미국 공사관, 협화의학원, 지질조사소의 신생대 연구실은 여러 차례 협의한 끝에 "북경인"을 보호하기 위해 미국으로 반출하기로 결정했다. 이들은 운송을 맡을 적임자로 폴리를 선정했다. 폴리는 협화의학원에서 연구원으로 일한 적이 있었고 군의관으로서의 임기가 끝났기 때문에 그 무렵 미국 해병대와 함께 필리핀 마닐라로 갈 준비를 하고 있었다. 그는 마닐라를 경유하여 뉴욕으로 돌아갈 계획을 갖고 있었다. "북경인" 화석을 담은 군용 맨 상자에 폴리의 이름을 적어 개인물품으로 치장하여 북경에서 기차 편으로 진황도에 있는 미군 기지로 발송했고 진황도에서는 미군 해병 중사 데이비스가 접수하여 보관을 책임졌다. 1942년 12월 8일, 데이비스를 포함한 해병대원들은 진황도에서 일본군의 포로가 되었다. 같은 시기에 폴리도 천진에서 일본군에게 체포되었다. 얼마 후 폴리는 진황도 기지에서 보내온 개인 의류 상자와 화석을 담은 군용 맨 상자를 받았다. 폴리는 군용 맨 상자를 일부는 천진의 스위스인 소유 창고로 보내고, 일부는 천진의 파스퇴르연구소에, 일부는 신뢰하는 중국인에게 보내 보관하게 했다.

폴리는 그의 상급자의 이름이 적힌 군용 맨 상자에 관해서도 언급했다. 상급자의 상자 안에는 화석 가운데서 가장 중요한 부분이 들어 있었다고 한다. 두 사람은 상해 포로수용소로 이송되었다. 1945년 6월, 두 사람은 다시 북경의 수용소로 이송되었다. 그 동안 두 사람은 다양한 수단을 동원해 상자를 지니고 다녔다. 안타깝게도 전쟁이 끝났을 때 상자는 그 내용물과 함께 사라졌다. 폴리가 상자를 마지막으로 본 것은 그의 상급자와 헤어졌을 때였다. 두 사람은 따로 일본 안의 포로수용소로 이송되었고 그곳에서 종전을 맞았다. 그의 상급자는 전쟁이 끝난 후 몇 년 만에 세상을 떠났다.

50년대 초에 폴리는 가란파에게 편지를 보내 자신이 '북경인"의 두개골을 운반했다고 알렸다. 가란파는 그에게 답장을 보내 중국으로 와서 화석을 찾는 일을 도와달라고 부탁했다. 폴리는 요청을 수락했지만 주은래 총리를 만나게 해주어야 한다는 조건을 달았다. 최종적으로 그는 오지 않았다.

폴리의 주장과 설명은 정확하고 진실한 것일까? 그가 받은 군용 맬 상자는 검색을 당하지 않았을까? 세 곳의 포로수용소를 돌아다닌 그 상자는 어디로 갔을까? 천진에 두었던 몇 개의 상자는 온전하게 보존되었을까?

현재로서는 이런 의문에 대한 답을 찾을 수가 없다.

그밖에도 무수한 단서가 있었지만 가치 있는 것은 한 건도 없었다. 오늘날까지도…….

"북경인"의 이송에 관련했던 사람들의 절대다수가 이미 세상을 떠났고 내용을 조금이라도 알고 있는 사람은 대부분 그들의 2세나 3세이다. 그리고 시간은 계속 흐르고 있다.

"북경인", 너는 어디에 있는가?

# 역자 후기

중국문물학회의 통계에 따르면 1840년 아편전쟁 이후로 전쟁이나 정당하지 않는 무역 등의 원인으로 해외로 유출된 중국 문화재는 1,000만 점에 이른다고 하며 그 중에서 국가 1, 2급 문물이 100여 만 점이라고 한다.[1] UNESCO는 다른 기준의 숫자를 제시하고 있는데, 47개 국가의 200여 박물관이 중국문물 164만 점을 소장하고 있고 민간이 소장하고 있는 중국문물은 이보다 10배는 많을 것으로 추산한다.

보통의 중국인들이 학창 시절에 가장 배우기 싫어하는 교과 과정이 중국근대사가 아닌가 한다. 이 시기는 중국 역사에서 가장 굴욕적

1 중국은 문물과 고적의 역사적 가치에 따라 국가급, 성(직할시)급, 시 · 현급 문물보호단위를 정하고 있다. 국가급 문물은 중요도에 따라 1, 2, 3급으로 나누고 있다. 국가 1,2급 문물이면 우리의 국보나 보물과 대등하다고 볼 수 있다.

인 시기이기 때문에 이 시기에 관한 공부를 할 때 대부분의 중국인이 비애와 분노를 느낀다.

이 책의 내용은 바로 이런 시기에 중국인이 겪은 고난이 중국의 문물에 어떻게 투영되었는지를 소개하고 있다. 물론 대표적인 몇 가지 사례들을 중심으로 서술하고 있다는 한계는 있다. 역자는 이 책을 번역하면서 우리의 근대사를 생각해 보았고 그것이 우리 문물의 처지에 어떻게 투영되었는지를 생각해보았다. 과문이기는 하지만 우리 문물의 근대 수난사를 정리한 책은 아직 보지 못했다. 전문가들이 나서서 그런 책 한 권 엮어주기를 간절히 바란다.

역자는 20여 년 전에 그 이름도 당당한 대영박물관을 관람한 적이 있다. 잔뜩 기대를 갖고 들어갔다가 참담한 기분으로 나왔다. 뜯어내고 자르고 쪼갠 후 런던으로 옮겨다 대영박물관 전시실 벽에 다시 붙여놓은 파르테논 신전 신들의 부조는 너무 참혹했다. 그리고 수많은 이집트 미이라와 중국의 미술품들……. 어느 전시실의 한쪽 구석에 놓여있던 철불두상(鐵佛頭像)의 안내판에는 한국에서 왔고, 만들어진 시대와 원래 있었던 장소가 어딘지는 모른다고 적혀 있었다. 그곳에서 내가 본 것은 "인류 공동의 유산을 보관한다"는 대영박물관의 긍지가 아니라 유물 하나하나의 뒤에 숨겨진 분노와 고통의 역사였다. 그 후로 나는 "인디아나 존스"—이 책에도 인디아나 존스의 모델이 된 인물이 나오지만—식의 영화를 결코 재미있게 볼 수 없게 되었다.

이 번역서의 원전은 『백년 중국 문물유실 비망록』(百年中國文物流

失備忘錄), 장자성(張自成) 편, 중국여유출판사(中國旅遊出版社), 2001년 판이다(원전은 4개의 큰 단락과 각 단락 별 대표적 사례로 도합 24건을 소개하고 있는데, 네 번째 단락 7건의 사례는 최근 중국 국내에 발생한 도굴사건을 다루고 있기에 번역에서 제외했다).

편저자 장자성은 중국인민대학 역사학과를 졸업했고 현재는 중국문물출판사 부사장이다. 주로 중국 고고학에 관한 연구를 해왔고 저서로는 『명대정치사』(明代政治史), 『20세기 중국 문물유실 비망록』(20世紀中國文物流失備忘錄), 『부활한 문명』(復活的文明), 『단숨에 읽는 명사』(一口氣讀完大明史)가 있다.

미숙한 번역이 두렵지만 우리를 비추어 보는 거울로서 작은 역할을 기대한다.

2014년 봄, 역자 씀.

**근세 백년 중국문물유실사**

**발행일** 1쇄 2014년 4월 30일
**지은이** 장자성 편
**옮긴이** 박종일
**펴낸이** 여국동

**펴낸곳** 도서출판 인간사랑
**출판등록** 1983. 1. 26. 제일-3호
**주소** 경기도 고양시 일산동구 백석로 108번길 60-5 2층
**전화** 031)901-8144(대표) | 977-3073(영업부) | 031)907-2003(편집부)
**팩스** 031)905-5815
**전자우편** igsr@naver.com
**페이스북** http://www.facebook.com/igsrpub
**블로그** http://blog.naver.com/igsr
**인쇄** 인성인쇄 **출력** 현대미디어 **종이** 세원지업사

**ISBN** 978-89-7418-740-8 93910

* 책값은 뒤표지에 있습니다. * 잘못된 책은 바꿔드립니다.



이 도서의 국립중앙도서관 출판시도서목록(CIP)은 서지정보유통지원시스템 홈페이지(http://seoji.nl.go.kr)와 국가자료공동목록시스템(http://www.nl.go.kr/kolisnet)에서 이용하실 수 있습니다.(CIP제어번호: CIP2014011195)